당신 안의 평화

조셉머피 지음

김 민 번역

서른세개의 계단

조셉머피의
요한복음 강의

조셉머피 *Joseph Murphy*

1898-1981

하나님의 왕국은 우리 안에 있다.

인간의 무의식 깊은 곳에는
무한한 존재의 사랑과 힘, 지성이 있다.

이책에서
모든 문제는 그 해결책을,
갈등으로 가득 찬 마음은 평화를,
지친 이에게는 힘을,
병자에게는 건강을,
혼란스러운 사람에게는 빛과 지혜를 발견하게 된다.

Contents

012 머리말
020 역자 서문

023 요한복음 1장
048 요한복음 2장
064 요한복음 3장
078 요한복음 4장
095 요한복음 5장
107 요한복음 6장
130 요한복음 7장
138 요한복음 8장
152 요한복음 9장
165 요한복음 10장
178 요한복음 11장

요한복음 12장 *187*

요한복음 13장 *201*

요한복음 14장 *215*

요한복음 15장 *232*

요한복음 16장 *242*

요한복음 17장 *257*

요한복음 18장 *269*

요한복음 19장 *284*

요한복음 20장 *301*

요한복음 21장 *308*

머리말

 이 책은 미국과 세계 각지에서 행해졌던 강연과 학습모임에서 다루었던 요한복음의 내적 의미에 관한 내용을 기초로 만들었다. 나는 1948년에 이 책의 숨어있는 생생한 심리적 의미가 담긴 성(聖) 요한의 말씀 St. john speaks을 출판했다. 그 책은 인기가 있었고 많은 이들에게 성서의 문자적인 면에서부터 의미의 높은 단계로 끌어 올리는 도구가 되었다. 세계 각지의 수 많은 요청 때문에, 요한복음에 대한 강연의 핵심이 포함되어 있는 개정판을 내게 되었다.

 성서는 지적, 정신적 과정을 옳게 되도록 가르치는 책이다. 성서에 있는 비유, 풍자, 그리고 담화는 인간이 정신적으로 성장하고 전진하기 위해서 정신적 진리를 전달하는 도구이다. 남아프리카, 일본, 인도, 그리고 유럽 등 세계 각지의 강연에서 나는 청중에게 "만약 당신이 성서 내면의 심리적, 정신적 의미를 모르면, 당신은 성서를 가지고 있지 않은 것과 같다."

라고 말했다. 사도 바울은 다음과 같이 말했다.

이는 법문으로 한 것이 아니고 영으로 한 것이니, 법문은 죽이고, 영은 생명을 주기 때문이다. 고린도후서 3:6

성서는 오랜 세월 동안 내려온 함축된 지혜를 담고 있다. 작년에 인도에서 어떤 성인이 요한복음이 세상 어떤 성스러운 책 중에서 그리고 성서의 여러 책 중에서 가장 신비스럽다고 말했다. 그는 요한복음이 생명의 법칙을 다루는 가장 심원한 작품이라고 덧붙였다.

고대 성서의 작가들은 계몽(啓蒙)된 사람들이였다. 그들은 세 가지 방식으로 그들 사고를 표현했다. 문자 그대로, 비유적인 표현, 그리고 상형문자로.

앞의 두 방식은, 즉 글자의 문자적, 비유적 관점으로 구성된다. 그러나 세 번째 방식은 낱말이 구성된 문자에 의해서 단어의 상형적 모습을 알 수 있고, 그것은 볼 줄 아는 사람에게

만 의미가 있다.(참조 The Hebraic Tongue Restored, 저자 Fabre D'Olivet)

히브리 문자의 의미와 상징의 이해를 통해서 우리는 성서를 어려움 없이 해석할 수 있다. 나는 성서에 나온 이름의 의미를 결정하는데 있어서 두 가지의 책을 이용했다. *성서에서 나온 모든 단어가 알파벳 순서대로 정리되어 있는 방대한 책이다. 킹제임스 성경에서는 Strong's Concordance 와 Young's Concordance가 이용된다. 진리는 마치 칼과 같다. 왜냐하면 우리의 환상(단순히 성서의 역사적인 면에 대한 믿음)에 있어서는 우리는 죽어야 하고 심리적 중요성에 대해서는 깨어나야 하기 때문이다.

비록 성서에 나온 인물 중 많은 인물들은 의심할 것 없는 역사적인 사실이지만, 성서는 본질적으로 우리 자신의 이야기다. 성서에 나온 모든 이야기는 심리적 기능과 실용적인 형이상학을 가르친다. 그러므로 성서에 나온 특정 인물은 달성된

의식, 분위기, 느낌 그리고 사고의 상태를 의미한다.

현세적 마음(현재의식, 지성)은 영혼의 실체를 이해하는데 어려움이 있다. 이것은 신사상New Thought을 배우면서도 정신적으로 빨리 성장하지 못하는 이유이다. 그들은 역사적 인물에만 광적으로 집착하면서 완벽하고, 사랑스럽고, 유일한 존재인 그들 자신의 자아에 대해서는 믿음을 갖지 못한다. 그들은 외부의 신神들을 세우는데 바쁘고 그들 내부에 계신 신에 대해서는 묵살한다.

신사상 운동에서 예수님, 모세, 사도 바울 등의 역사성을 부정하는 것은 옳지 않다. 그런 것은 쓸데없는 사색이고 시간 낭비이다. 왜 역사적 사실(종교적 전문어나 신화가 아니다)의 뼈대에 형이상학적 실체와 지혜의 피와 살을 붙이지 못하는가? 나는 예수라는 사람이 있었고 소위 많은 치유의 기적을 행했다고 믿는다.

하지만 역사적인 예수는 또한 모든 사람 각자에 있는 우주적 원리를 의인화하고 상징화한 것이다. 성서에서 예수는 예수 그 자체 이상의 의미를 가지고 있다. 여호수와라는 말과 예수라는 이름은 의미상 같다. 여호수와(예수)는 "하느님은 구원자이다." "하느님은 구조자이다." 라는 의미이다.

성서를 읽을 때 예수님을, 테일러*Robet Taylor(1784-1844) 영국의 신학자가 말했듯이, 계몽된 이성이나 신에 대한 당신의 지식으로 간주하라. 예수님은 또한 당신 소망의 실현, 당신 문제의 해결책 또는 해방, 내부에 있는 신의 존재를 의미한다.

예수님은 버린 돌이 하느님의 성전을 짓는데 가장 중요한 것이 되었다고 했다. 우리 소망의 실현이 곤란한 상황에서 우리를 구해준다. 그러므로 바로 그것이 우리의 구원자인 것이다. 우리의 의식이나 확신이 우리를 구원해 준다.

너의 믿음이 너를 낫게 하였느니라.

이것은 어떤 인간이 구원하는 것이 아니고, 구원을 일으키게하는 의식의 상태가 기적을 가져온 것이다. 마음 속에 증오로 가득 찬 사람이 사랑을 발견하는 것이 그의 구원자이다. 왜냐하면 이것은 평화의 상태로 회복되기 때문이다. 이 같은 경우에는 사랑이 예수님, 혹은 사랑이 구원자라 할 수 있을 것이다.

  예수님께서 말씀하신 진리가 구원을 가져오는 것이지, 인간 예수가 구원을 가져오는 것은 아니다. 인간 예수는 자신에게 작용하는 진리를 발견했을 뿐이다.

  진리를 알게 되리니 그 진리가 너희를 자유롭게 하리라.

  예를 들면 당신의 부유에 대한 느낌과 분위기가 당신을 빈곤한 상황에서 구원한다.

  의심할 것 없이, 성서를 썼던 신비스런 위대한 사람들은 모든 사람들이 갈망하는 이상적인 사람으로 역사적인 예수를 이용했다. 그들은 또한 예수를 의식(意識)의 이상적 상태를 의인화 하는데 사용했다.

인간을 경배하기보다는 우리 자신에 대한 가치를 크게 만들자. 예수님을 신으로 경배하기보다는 예수님의 신을 찾고 경배하자. 우상이나 이상한 신들에게 절을 해서는 안 된다. 왜냐하면 당신의 의식이 유일한 살아있는 실체인 신이기 때문이다.

요한복음을 역사적인 관점으로 공부해서는 안 된다. 이것은 하느님에 대한 이해를 증가시킴으로써 당신 삶 속으로 어떻게 건강, 조화, 그리고 평화를 가져오는가를 가르친다. 세상에 대해서는 잠들고, 신에 대해서는 깨어있어야 한다. 그리고 영광에서 영광으로 전진하고, 항상 빛 속에서 걸어야 한다.

예수님은 다음과 같은 과제를 우리에게 주었다.

아버지 같이 완벽해져라.

이것은 우리가 인간의 상태, 현재의식의 상태에 있는 한 인간이기를 멈출 수는 없다는 것을 의미한 것은 아닌가? 따라서 우리의 신체, 마음 그리고 환경의 세계에 갇혀 있는 한 결코 신이 될 수는 없다.

신은 어디에나 존재한다. 그분은 우리 안에 있고 우리 생명 그 자체이다. 그분은 그 자신 안에 단일체와 완전성을 가지고 있다. 그러나 당신은 당신의 의식에 맞게 그분을 드러내고 있을 뿐이다.

조셉 머피

요한복음 1장

(1) 태초에 말씀이 있었고, 그 말씀이 하나님과 함께였으니, 그 말씀이 곧 하나님이었더라.

태초에 란 모든 창조과정의 시작을 의미한다. 위의 절을 즉시 우리 삶에 적용해보자. 성서에서 *그가 그의 말씀을 보내시어 그들을 고치셨으며*시편 107:20 라는 구절을 보았을 것이다. 당신이 어머니의 건강을 위해 기도한다고 가정해보자. 그때 다음과 같은 방식으로 말을 보낼 수 있다. 말은 당신의 소망 혹은 명확한 생각이나 개념을 의미한다. 당신의 소망, 즉 말은 명확하고 분명해야 한다. 지금 어머니가 완벽히 건강하다는 생각을 가지고 있어야 한다. 이 생각은 실제적인 것이다. 트라워드 [토마스 트라워드, 1847-1916] 판사였고, 퀸비와 함께 신사상 운동의 아버지로 평가 받는다 가 말했듯이 이것은 그 자체의 과학과 방식을 가지고 있다. 그

렇기에 우리가 강제로 이 씨앗(생각)에 생명을 줄 수도, 자라나게 할 수도 없다. 당신은 그것을 땅에 심고 물을 주고 거름을 주어서 성장을 촉진시킬 뿐이지, 강제로 자라게 할 수 없다. 그것 안에는 그 본연의 생명력과 스스로 자라나게 하는 힘이 있다.

그 말씀이 하나님과 함께 계셨으니. 이것은 당신이 해야 할 두 번째 단계이다. 여기서 *함께* 라는 것은 느낌에 의해서 두 개의 생각을 연결시키는 것으로 느낌과 확신을 의미한다. 마음을 고요히 만들고 어머니를 창조한 치유의 존재를 생각한다면 당신의 마음은 수용적receptive으로 된다. 이 수용적 마음은 소망이라는 씨앗을 심는 토양이다.

하나님의 치유력이 지금 당신의 어머니를 '조화, 건강, 평화라는 하나님의 완벽한 모습'으로 변화, 치유, 회복하고 있다는 것을 느끼고 알라. 마음속에서 건강하다는 상황과 분위기를 취할 때까지 이것을 계속하라. 심지어는 집에서 어머니가 늘 해오던 일을 하고 있는 것을 상상할 수 있을 것이다. 혹은 어머니가 하나님의 기적이 자신에게 일어나 놀라운 치유가 일어났다고 말하는 것을 상상할 수도 있다. 당신은 이런 것들을 신성한 마음의 작업터에서 굉장히 생생하고 현실적인 것으로 만들 수 있다.

건강하다는 느낌은 이제 당신 어머니의 마음에서 부활하고 어머니의 잠재된 치유와 건강의 힘을 깨어나게 한다. 이러한 일이 가능한 이유는 오직 하나의 마음이 있고 마음의 법칙에는 시공간의 제약이 없기 때문이다.

따라서 당신이 어머니가 완벽하게 건강하다는 생각을 한다면 어머니 역시 즉각적으로 느낄 수 있다. 신의 마음 세계에서 당신이 어머니에 대해서 생각하는 것은 어머니와 동일시된다. 수신처인 어머니는 당신이 쏟아내는 우주의 방송을 받는다. 왜냐하면 주관적으로 당신과 어머니는 하나이고, 주관적, 무저항적, 수용적인 마음의 상태에서는 이곳과 저곳이라는 공간적 제약이 없어 당신의 생각은 제약을 받지 않기 때문이다. 병원에서 무어라고 말하든 주위 사람들이 어떠한 견해를 말하든, 그것들에는 주의를 두지 않고 위와 같은 방식으로 하루 2-3차례 기도해야 한다.

당신의 생각과 느낌이 치유의 말words임을 깨달아야 한다. 당신에게는 이런 치유 능력이 있다. 당신은 정신적mental으로 신중한 수술을 행하는 정신적 의사인 것이다. 수술 도구(생각과 느낌)는 항상 잘 소독되어 있어야 한다. 단호하게 모든 공포를 거부하고 당신이 선언하는 것은 어머니의 신체를 다스리고 조정할 수 있다는 것을 앎으로써 확신을 가지고 말해야 한다.

요한복음 1장

생각은 그것에 맞게 발아發芽하고 성장한다는 것을 깨달음으로써 당신은 어머니가 건강하다는 개념에게 생명을 주는 것에 성공했다.

당신은 이것에 믿음과 기대라는 물을 주어 싹이 트도록 했다. 그리고 당신의 말(당신의 내적느낌, 건강에 대한 확신)은 신神이다. 또한 신God은 선(善)Good이다. (신God과 선Good은 동의어이다) 건강한 어머니에 대한 생각은 완벽한 치유를 일으킨다. 이렇게 기도의 공식을 적용시켰다. 요한복음의 내용 전체는, 의식이 어떻게 하나의 생각을 받아들여 그것이 경험과 사건이 되는지를 가르친다.

요나를 삼켰던 고래 이야기는 바로 그런 내용이다. 고래는 당신의 잠재의식을 나타낸다. 잠재의식은 어떤 생각(요나)을 사실로 느낄 때 받아들인다. 그리고 들어온 것은 밖으로 표현(땅으로 내뱉다)된다. 요나는 고래 배에서 3일 동안 있었다고 전해진다. 3일은 당신의 기도가 응답 받았다는 느낌이나 확신에 도달하는 시간의 길이를 의미한다. 이것은 실제 3일과는 무관하다. 숫자 3은 어떤 생각이 당신 의식 속에 완전히 흡수될 때까지 그 생각과 정신적으로 작업하는 시간의 길이를 표현한 것이다.

(2) 그 말씀이 태초에 하나님과 함께 계셨느니라. (3) 만물은 그에 의해서 지은 바 되었으며, 이미 지음받은 것 가운데 그가 없이 지어진 것은 아무 것도 없더라. (4) 그 분 안에 생명이 있었으니 그 생명은 사람들의 빛이라.

오직 하나의 창조의 힘이 있고, 하나의 근원이 있다. 신神은 인식認識, 절대적 의식Unconditioned Consciousness, 생명으로 불린다. 오직 하나의 생명이 있고 이 세상 모든 것은 생명이나 의식을 통해서 만들어진다. 성서에서는 신을 **나는**I AM이라고 부른다. 이것은 존재를 의미한다. 태양, 달, 별, 행성 등은 **나는**I AM이 스스로를 그렇게 생각해서 탄생된 것이다. 사실, 당신이 보는 모든 것은 **나는**I AM의 무한한 차별성으로 나타난 것이다. 오직 하나의 원인, 실체, 근원이 있다. 당신이 무엇이든지 **나는** I AM에 느낌으로써 결부시킨다면, 그것은 당신 세계에서 생성된다. 이것이 성서에서 말하는 *그와 같은 방식으로 만들어지지 않은 것은 없다* 의 의미이다.

느낌 없이는 아무것도 만들어지지 않는다. 만약 당신이 빈곤을 느끼면 당신은 가난해진다. 반대로 당신이 번영한다고 느끼면 번영하게 된다. 당신이 스스로 존귀하다고 느끼면 또 그렇게 된다.

*빛*은 성서에서 지성을 의미한다. 무한한 지성은 당신 안(I AM)에 있다. 당신의 모든 일이 신에 의해 인도된다고 느끼고 깨달아라. 그러면 당신은 정확히 그와 같은 것을 경험할 것이다. 그러면 *그 생명은 사람들의 빛이라* 라는 구절의 의미를 느끼고 알 것이다.

(5) 그 빛이 어두움 속에 비추어도 어두움은 그것을 깨닫지 못하더라. (6) 하나님께로부터 보내심을 받은 사람이 있었으니 그의 이름은 요한이라. (7) 그가 증인으로 왔으니 빛에 관하여 증거하려 함이며, 모든 사람이 그를 통하여 믿게 하려 함이더라.

*어두움*은 무지 또는 마음의 법칙에 대한 앎의 부족을 의미한다. 우리가 느끼고 생각하는 것 그대로 우리 자신이 된다는 것을 모를 때 우리는 *어두움* 속에 있게 된다. 인간은 하나님의 속성, 잠재력을 가지고 있는 절대적 존재가 스스로 제한적 상태에 머물러 있는 것이다.

인간은 자신이 누구인지 발견하기 위해서 존재한다. 인간은 로보트가 아니다. 긍정적이든, 부정적이든 자유롭게 선택할 수 있다. 좋은 일이든 나쁜 일이든 그 경험의 원인이 자신의 마음태도에서 기인한다는 것을 깨달았을 때 외부세계의 구속감에서 깨어나기 시작한다.

마음의 법칙을 알지 못하면 소망을 성취할 수 없다. 여기서 요한이라는 이름은 특정인을 지칭하는 것이 아니고, 인간이 진리를 인식하기 시작하는 의식상태를 의미한다. 우리 모두는 빛(신)의 증인이 되기 위해 이곳에 있는 것이다. 우리가 우리의 마음과 육체 그리고 우리의 주변에 조화, 건강, 평화를 나타낼 때 우리는 진정한 빛의 증인이 된다.

끊임없이 자신을 개선transcending시키는 것을 예수님으로 상징할 수 있다. 그는 모든 사람 안에 있는 힘을 설명해주는 길 안내자이다. 우리 모두에게 다음과 같이 말한다.

당신은 내가 하는 일을 할 것이요, 이보다 더 큰 일들도 할 것이다.

예수님이 사용했던 힘은 우리 개개인 모두 안에 있다. 만약 우리가 예수님이 했던 것처럼 수용受容의 지점 까지 우리의 의식을 올리면 우리도 역시 장님 눈을 뜨게 하고, 귀머거리 귀를 트이게 할 수 있다. 예수님이 했던 모든 것을 우리도 할 수 있다. 왜냐하면 우리는 믿기 때문이다.

(8) 그 사람은 그 빛이 아니었고 그 빛에 관하여 증거하라고

보내심을 받았더라. (9) 세상으로 들어오는 모든 사람에게 비치는 참 빛이 있었으니 (10) 그가 세상에 계셨고 세상이 그에 의해서 지은 바 되었으나 세상은 그를 알지 못하더라. (11) 그가 자기 백성에게 오셨으나 자기 백성이 그를 영접하지 아니하더라.

8절에서는 당신의 지성(요한의 또 다른 이름)이 진실한 빛이 아니고, 내부의 무한한 지성의 표출이 진실한 빛이라 말하고 있다. 그러나 신의 지혜에 의해서 나의 지성이 물들고 계몽될 때 나는 빛을 목격한다.

이것을 설명하기 위해서 다음과 같은 예를 들겠다. 나는 이 장을 쓰기 며칠 전에 해결하기 곤란한 어려운 문제에 직면했다. 그 때 마음을 차분히 하고 긴장을 풀고 다음과 같이 말했다. "무한한 지성은 해답을 알고 있다. 지금 그 해답은 나의 것이 되었다." 나는 이 문제에 더 이상 신경 쓰지 않았고 집필을 계속했다. 이 장의 후반부를 쓸 때, 마치 토스터에서 토스트가 나오듯이 그 해결책이 나의 현재의식 속으로 튀어 나왔다. 이것은 내부의 안내 또는 직감인 것이다. 직감은 주관적 마음속에 있는 신의 지혜가 현재의식의 마음속으로 해결책 또는 응답의 형태로 나타난 것을 말한다. 우리는 이 신성의 내적지시를 수행하기 위해서 지성(요한)을 사용한다.

모든 사람에게 비친 참 빛 이란 인간 안에 있는 **나는**I AM 또는 신을 의미한다. 간단하게 일상적 용어로 말해서 인식認識 또는 의식意識이 세상의 빛이다. 사람들은 점차 이 사실을 이해하고 있다. 예를 들면 만약 어떤 것에 대해서 당신이 알지 못하면 그것은 당신 세계에 있지 않다.

당신으로부터 몇 블록 떨어진 곳에서 집이 무너졌다고 가정하자. 만약 당신이 그 장면을 보지도 못하고 그 무너지는 소리 또한 듣지 못했다면, 당신에게는 그 일이 발생하지 않은 것이다. 당신의 빛(인식)은 그것을 모르고, 따라서 그것은 당신 의식의 일부분이 되지 못했다.

당신이 인식하는 것들은 당신 세계 속으로 들어온다는 것을 명심하라. 다시 말해서, 당신의 인식은 당신 세계를 창조하는 빛이다. 내가 당신의 세계라고 말하는 것은 당신의 신체, 환경, 그리고 당신의 모든 경험을 의미한다.

당신은 이미 5절에서 *그 빛은 어둠 속에서 비치고* 란 구절을 읽었다. 잘못된 개념, 틀린 이론, 그리고 부정적인 사고는 당신의 어둠을 의미한다. 만약 선풍기가 목을 **뻣뻣하게** 할 수 있다고 믿으면 이것은 잘못된 빛, 틀린 지식이고 그 믿음에 따라 당신 세계에서 그와 같은 것을 겪게 된다.

당신을 고무시키는 사고와 개념, 당신을 고양시키고 고귀하게 하고 치유시키고 축복하는 생각이 진실한 빛인 하나님의 지혜이다. 하나님에 대한 참된 지식은 당신 마음을 환하게 비추고 평화와 안정을 준다. 나는 지금 당신이 *인식*이란 무엇인가에 대해서 잘 알고 있다고 믿는다. 우리 자신의 지적 상과 생각의 틀에 따라 우리 자신의 세계를 만든다는 것을 명심해야 한다.

10절은 당신의 의식이 당신 세계의 창조자이지만 대부분 사람들은 모든 것의 원인이 그들 자신의 의식상태임을 모른다는 사실을 지적하고 있다. *의식의 상태란* 당신이 생각하고 느끼고 믿고 지적으로 동의한 것을 의미한다.

11절은 보통 사람들은 자신의 의식상태가 그의 모든 경험의 원인이라는 진리를 믿지 못한다는 것을 설명하고 있다. 그는 외부의 것을 자신의 고통의 원인이라고 생각하면서 그것을 원망한다.

(12) 그러나 누구든지 그를 영접한 사람들에게는 하나님의 아들들이 되는 권세를 주셨으니, 즉 그의 이름을 믿는 사람들에게니라.

예수님이 이용했던 힘은 모든 사람 안에 있다. 우리가 전화기를 만들 수 있는 것 같이 하나님이 전능(全能)이라는 사실을 완전히 받아들이면 우리는 죽은 자를 다시 살릴 수 있고 장님을 치유시킬 수 있고 예수님이 했던 모든 것을 할 수 있다. 우리는 이론적으로는 이런 사실에 동의한다. 그러나 마음 깊은 곳에서는 믿지 않는다. 이것이 우리가 단정하는 진리를 스스로 확신시키기 위해서 계속해서 기도해야 할 이유이다.

우리가 아무개 아들이라고 믿는 한, 결코 하나님의 일을 하지 못한다. 우리가 해야 할 모든 것은 하나님의 힘을 인정하고 믿는 것이다. 그러면 기적은 일어난다.

> (13) 그들은 혈로나 육신의 뜻으로나 또한 사람의 뜻으로 나지 아니하였고 하나님에게서 난 사람들이라. (14) 그 말씀이 육신이 되어 우리 가운데 거하시므로 (우리가 그의 영광을 보니, 아버지의 독생자의 영광으로) 은혜와 진리가 충만하더라.

여기서 언급한 *혈로나 육신*은 현재 우리가 가지고 있는 제한을 상징한다. 하지만 사고의 틀과 지적인 상에 응답하는 전능의 정신적인 힘을 인정할 때 우리의 제한은 사라진다.

하나님의 뜻은 하나님의 본성이다. 그리고 그 본성은 미(美),

진실眞實, 선善, 완전성, 완벽성이다. 당신이 치유되었다는 느낌으로 들어갈 때 치유될 것이다. 이것은 *육신이 되어* 라는 구절을 경험하는 것이다. 그러므로 말씀(당신의 소망)은 육신이 되었다(이루어지다). 그리고 당신은 응답받는 기도에 의해서 발생한 조화와 행복을 의미하는 영광과 진리로 가득 찬 독생자(당신의 최고의 소망)의 영광(신성한 사고의 실현)을 보게 될 것이다.

(15) 요한이 그에 관하여 증거하여 외쳐 말하기를 "이 분이 내가 말한 그 분이라. 내 뒤에 오시는 그가 나보다 앞선 것은 그 분이 나보다 먼저 계셨음이라." 고 하니라. (16) 우리 모두가 그의 충만한 데서 받았으니 은혜 위에 은혜니라. (17) 율법은 모세를 통해 받았지만 은혜와 진리는 예수 그리스도를 통해서 온 것이라.

당신은 요한과 같다. 당신은 항상 자신의 의식 상태를 목격하고 증언한다. 모든 외적 변화는 내적 변화 때문에 일어난다. 니콜 박사*Maurice Nicoll(1884-1953)영국의 정신과 치료의사는 그의 저서에서 성서에 나오는 기적, 풍자, 비유에 대해서 언급했다. 그는 성서에 나오는 비유, 우화, 담화는 문자적 의미를 떠나서 그 자체에 내적 심리적 의미가 있다고 말한다. 다음 구절을 보자.

내 뒤에 오시는 그가 나보다 앞섰다. 치유되었다는 의식과 확신은 실제 치유보다 앞서야 한다. 손이 마비되어 있는 사람이 하나님의 치유력이 자신의 손을 치유시키고 회복시켜, 다시 생기를 불어넣는다고 10-15분 동안 매일 여러 번 단언함으로써 자신의 손을 치유했다. (그는 정기적으로 저자의 강연에 참석한 사람이다.) 그는 새로운 사람이 되었다. 손이 마비된 사람은 죽었고, 완벽한 손을 가진 사람은 깨어났다. 이것은 의식이 과거 상태에서는 죽고 새로운 개념으로 탄생한 것이다.

17절의 의미는 율법과 말, 우주적(모세)인 것과 개인적인 것(예수님)을 의미한다. 모세는 당신의 소망이고 예수님은 당신의 확신이다. 모세와 예수님은 의식의 두 가지 면을 말한다. 모세는 '느낌이 창조자'라는 법칙을 우리에게 주었다. 예수는 우리의 현재의식과 잠재의식의 조화로운 결합과 기능을 의미한다. 또 그리스도는 법칙의 이행을 의미한다. 예수 그리스도를 간단히 일상적인 말로 표현하면, 나는 내가 갈망하는 상태의 느낌으로 가득 차 있다는 의미이다. 은혜와 진리(사랑과 자유)는 이런 의식 상태를 뒤따른다.

(18) 아무도 어느 때나 하나님을 본 사람이 없지만 아버지의 품 안에 계신 독생자 그가 하나님을 분명히 밝히셨느니라. (19) 또 이것이 요한의 증거라. 유대인들이 예루살렘에서 제사장들과 레위인들을 보내어 그에게 묻기를 "네가 누구냐?" 고 하였더니 (20) 요한이 시인하고 부인하지 아니하였으니, 시인하기를 "나는 그리스도가 아니라." 하더라. (21) 그들이 묻기를 "그러면 네가 무엇이냐, 네가 엘리야냐?" 고 하니, 그가 말하기를 "나는 아니다." 고 하자, 그러면 "네가 그 선지자냐?" 고 하니, 그가 대답하기를 "아니다." 고 하더라. (22) 그러므로 그들이 그에게 말하기를 "네가 누구냐? 우리로 우리를 보낸 자들에게 가서 답변하게 하라. 너는 네 자신을 무엇이라고 하느냐?" 고 하니,

우리 육안으로는 하나님을 볼 수 없다. 마치 어려운 수학 문제에 대한 해답을 보는 것과 같은 방식으로 우리는 하나님을 본다. 모든 사람은 유일한 존재의 자식이다. 우리 모두는 유일한 신 또는 생명의 표현이라는 자식이다. 당신의 명확한 소망은 또한 하나님의 아들, 즉 무한한 존재의 사고이다. 건강에 대한 소망은 신의 치유의 힘을 선언한 것이자 명백한 약속이다. 요한(지성)은 그리스도(신의 지혜)가 아니다. *네가 엘리*

야냐? 엘리야란 '하나님이 구원자'라는 의미이다. 어떤 문제에 대한 해결책을 원할 때 우리는 먼저 무한한 지성이 우리 내부에 있고 그것이 우리 사고에 응답한다는 것을 깨달아야 한다. 다시 말해서 엘리야가 먼저 와야 한다. *네가 그 선지자냐?* 여기서 선지자란 예수님 또는 앞으로 일어날 일에 대한 내적 느낌과 확신을 말한다. 요한은 진리를 깨닫는 당신의 현재의식을 말한다. *그리스도는* 당신이 외부현상을 거부하고 마음을 고요히 한 채, 주관적 세계에 있는 신의 지혜와 힘을 호출하는 것이다. 당신이 해결책을 조용히 생각하면, 당신이 가야할 길을 알려주는 신적 지혜의 내적 소리를 들을 수 있게 된다.

(23) 그가 말하기를 "나는 선지자 이사야가 말한 것처럼 '주의 길을 곧게 하라.' 고 광야에서 외치는 자의 음성이라." 고 하더라. (24) 보냄을 받은 자들은 바리새인들로부터 왔더라. (25) 그들이 그에게 묻고 말하기를 "네가 그 그리스도도 아니요, 엘리야도 아니요, 그 선지자도 아니라면 어찌하여 네가 침례를 주느냐?" 고 하니, (26) 요한이 그들에게 대답하여 말하기를 "나는 물로 침례를 주지만, 너희가 알지 못하는 한 분이 너희 가운데서 계시는데,

*광야에서 외치는 음성*은 우리 안에서 솟아나는 우주적 충동, 이상, 자극 등을 의미한다. 이것은 우리 안에서 옳은 것을 하려는 생명이자 신의 원리이다. 옳은 일을 하기 위한 광야에서 외치는 음성과 같다. *광야*에 있다는 것은 우리가 제한의 상태에 있다는 것이다. 우리가 자신의 내부에 있는 하나님의 왕국을 깨닫지 못하면, 외부의 평판이나 쓸데없는 생각과 견해 속에 있게 된다. 이 왕국은 시간이나 공간적으로 멀리 떨어져 있지 않고 우리 모두의 생명과 함께 존재한다.

우리 마음속의 잘못된 믿음을 제거(세례, 침례)하고 신의 진리를 받아들일 때 평화, 화합 그리고 기쁨의 왕국으로 들어갈 수 있다. 요한(현재의식)은 물로써 세례를 한다. 물론 우리는 머리에 물을 부음으로써 깨끗해지지 않는다. 우리는 오직 *우리 발을 깨끗이 씻으면 우리 몸 전체가 깨끗해진다.* 13:10 라는 진리를 행해야 한다.

*발*은 우리의 이해를 상징한다. 우리가 잘못된 믿음과 미신에 대해서 죽을 때, 우리는 신의 존재란 우리의 의식이나 인식 외에 다른 것이 아님을 믿기 시작할 것이다. 우리의 의식은 형태, 모양이 없어서 눈에 보이지 않는다. 형태 없는 힘은 우리 안에 있고, 우리의 사고와 느낌에 따라 모양을 취한다. 당신의 마음과 의식의 세계에서 당신은 당신 세계의 왕이자 그리스도

이다.

왕으로서 입을 의복은 사랑의 분위기라는 옷이다. 또 왕관은 신의 힘에 대한 인식이다. 당신이 쥐는 홀笏, 권장權杖은 이 힘을 축복하고 치유하고 고무鼓舞시키는 당신의 권위를 말한다. 요한은 다음과 같이 말한다. *나는 물로써 세례한다.* 물은 물론 여기서 특별한 의미가 있다. 예수님은 다음과 같이 말한다. *내가 그에게 주는 물은 그 사람 안에서 영원한 생명으로 솟아오르는 샘물이 되리라.* 4:14

물이란 인간 마음속에서 최고의 권위를 가진 하나님의 지혜와 진리를 의미한다. 이 글을 읽으면서 당신은 자신의 마음을 떠맡은 사고의 힘을 알고, 모든 적들을 추방하고, 이 신적인 힘을 현명하고 건설적인 방향으로 움직이게 하는 것을 알게 될 것이다.

가난하고 궁핍한 자들이 물을 구하는데, 물이 없어서 그들의 혀가 갈증으로 덮으면. 이사야 41:17 지금 당신이 스스로 세례하고 있다고 가정하자. 여기서 물은 당신의 의식을 의미한다. 물은 어떤 용기에 담든 거기에 맞춰서 모양을 취한다. *용기*는 당신의 지적태도와 느낌을 의미한다. 우리의 정형화되지 않은 의식은 우리의 사고, 느낌, 믿음에 의해서 항상 정형화(상태, 경험, 우리 삶 속에서의 사건들)된다. 이것을 이해한다면 당신을

자유롭게 하는 진리를 소유한 것이다. 이것은 분명히 외부의 힘과 외부의 원인에 대한 믿음을 제거하고 당신을 세례시킨다. 건강에 대한 느낌이 건강을 낳고, 부에 대한 느낌이 부를 가져온다.

> (27) 내 뒤에 오시는 그분은 나보다 앞선 분이며, 나는 그 분의 신발끈을 풀 자격도 없느니라. 고 하더라. (28) 이런 일들이 요단 강 건너편 베다바라에서 있었으니, 그곳은 요한이 침례를 주던 곳이라. (29) 그 다음날 요한이 예수께서 자기에게 오시는 것을 보고 말하기를 "보라, 세상 죄를 제거하는, 하나님의 어린 양이라."

27절에서는 현재의식이 깊은 마음인 주관적 자아의 신발 끈을 풀 수 없다는 것을 설명한다. 나는 주관적 자아가 단순히 잠재의식을 의미하는 것이 아니고 신의 존재나 우리 안에 있는 **나는**I AM을 의미한다고 생각한다. 발은 이해를 상징하고 신발은 발을 덮는다. 다시 말해서, 현재의식은 인간 내부에 있는 무한한 지혜와 지성의 행동방식과 창조의 비밀을 알 수가 없다. *그 방식은 알아 챌 수가 없다.* 로마서 11:33 참조

현재의식은 우리 기도의 응답이 어떻게, 언제, 어디서, 어떤

방식으로 이루어질지 모른다. 현재의식에게는 많은 것들이 불가능하게 보인다. 하지만 인간 내부의 보이지 않은 힘에게는 모든 것이 가능하다.

네가 믿을 수만 있다면, 믿는 사람에게는 모든 것이 가능하니라. 마가복음 9:23

29절에서 하나님의 어린 양은 12궁도宮圖에서 태양이 백양궁白羊宮 자리로 들어가는 것을 상징한다. 고대인은 태양을 세상의 구원자라고 불렀다. 왜냐하면 태양이 하늘 높이 떠오를 때 세상을 어둠과 죽음으로부터 다시 살리기 때문이다. 요한(당신의 지성)이 예수님(내부에 있는 신의 힘)을 알아볼 때 당신은 자신의 소망과 열망을 이룰 수 있고 당신의 죄(당신 소망의 성취의 실패와 목표에 도달하는데 좌절)는 사라진다.

(30) 이분이 내가 전에 '내 뒤에 오시는 분이 나보다 앞선 것은 그분이 나보다 먼저 계셨음이라.'고 말했던 그분이라. (31) 나는 그분을 알지 못하였지만, 그분을 이스라엘에게 알리려고, 내가 물로 침례를 주러 왔노라."고 하더라. (32) 또 요한이 증거하여 말하기를 "나는 성령께서 하늘로부터 비둘기 같이 내려와, 그분 위에 머무시는 것을 보았노라. (33) 나는 그분을 알지 못하였으나, 나를 보내시어 물로 침례를 주

라고 하신 그분이, 내게 말씀하시기를 '성령이 내려와 그 위에 머무는 것을 보리니, 그가 성령으로 침례를 주는 이라.' 고 하시기에, (34) 내가 보았고 이분이 하나님의 아들이심을 증거하노라." 고 하니라. (35) 그 다음날 다시 요한이 자기 제자 두 사람과 함께 서 있다가, (36) 예수께서 거니시는 것을 보고 말하기를 " 보라, 하나님의 어린 양이라." 고 하니, (37) 두 제자가 요한이 말하는 것을 듣고 예수를 따라가더라. (38) 그 때 예수께서 돌아서시어 그들이 따라오는 것을 보시고, 그들에게 말씀하시기를 "너희가 무엇을 찾느냐?" 고 하시니, 그들이 말씀드리기를 "랍비여, (랍비는 해석하면 선생이라.) 어디에 거하시니이까? 라고 하니, (39) 주께서 그들에게 말씀하시기를 "와서, 보라." 고 하시더라. 그들이 가서 주께서 거하시는 곳을 보고, 그 날은 주와 함께 머물렀으니, 이는 그때가 제 십시쯤 되었음이라. (40) 요한의 말을 듣고 주를 따라간 두 사람 가운데 하나는, 시몬 베드로의 형제 안드레였더라. (41) 그가 먼저 그의 형제 시몬을 만나 말하기를 "우리는 메시아를 만났다." 하니 그것을 해석하면 그리스도라. (42) 그리하여 그가 시몬을 예수께 데려오니 예수께서 그를 보시고 말씀하시기를 "너는 요나의 아들 시몬이라. 너를 게바라 부르리라." 하시니 그것을 해석하면 돌이라. (43) 그 다음날 예수께서 갈릴리로 가고자 하시다가 빌립을 만나시니, 말씀하시기를 "나를 따라오라." 고 하시더라. (44) 빌립은 안드레와 베드로의 성읍인 벳새다 출신이더라. (45) 빌립이 나다나엘을 만나서 그에게 말하기를 "우리는 모세가 율법에 기록했고, 또 선지자들이 기록한 그 사람을 만났으니 요셉의 아들 나사렛 예수라." 하니 (46) 나다나엘이 그에게 말하기를 "나사렛에서 무슨 좋은 것이 나올 수 있느냐?" 고 하니, 빌립이 그에게 말하기를 "와서 보라." 고 하더라. (47) 예수께서 나다나엘이 자기에게로 오는 것을 보시고 그에 관하여 말씀하시기를 "보라, 참으로 이스라엘 사람이라. 그에게는 간사함이 없도다." 라고 하시니 (48) 나다나엘이 주께 말씀드리기를 "주께서 언제부터 나를 아시나이까?" 라고 하니, 예수께서 대답하여 말씀하시기를 "빌립이 너를 부르기 전 네가 무화과 나무 아래 있었을 때 내가 너를 보았노라."고 하시니라. (49) 나다나엘이 대답하여 주께 말씀하시기를 "랍비여, 주는 하나님의 아들이시오, 주는 이스라엘의 왕이시니이다." 라고 하더라. (50) 예수께서 대답하여 그에게 말씀하시기를 "내가 너를 무화과나무 아래에서 보았다고 하니 네가 믿느냐? 네가 이보다 더 큰 일들을 보리라." 고 하시고 (51) 또 그에게 말씀하시기를 "진실로 진실로 내가 너희에게 말하노니, 너희가 이 후로는 하늘이 열리고 하나님의 천사들이 인자 위에 오르내리는 것을 보리라."고 하시더라.

위의 절들은 기도에 대한 뛰어난 공식을 표현한다. 38절에서 *어디에 거하시니이까?* 라는 질문이 나온다. 물론 이것은 어떤 마을이나 거리 주소를 말하는 것이 아니다. 그렇게 문자 그대로 받아들이는 것은 어리석다. 이것은 당신이 어떤 마음의 상태, 의식상태에 머물고 있습니까? 라는 의미이다. 당신은 사랑과, 하나님과 하나라는 의식 속에서 살고 있습니까? 우리는 세상의 부정적인 것에 흔들리거나 영향 받지 않도록 우리 마음을 단련해야 한다.

제자 안드레, 시몬, 빌립 그리고 나다나엘은 우리 안에 있는 힘과 기능을 상징한다. 예수님은 우리의 **나는**I AM이나 의식을 상징한다. 안드레는 진실을 보는 인지認知를 의미한다. 당신이 하나님이 그 해답을 알고 있고, 해결책이 있다는 것을 알면서 행복한 결말에 대해서 묵상할 때 당신은 제자 안드레의 기능을 사용하는 것이다. 시몬은 좋은 소식을 듣는 것을 의미한다. 당신이 더 이상 외부상황에서 희망과 용기를 찾지 않는다면 이 기능을 사용하는 것이다.

42절에서 시몬의 이름은 돌(반석)로 바뀐다. 돌은 굳은 믿음을 의미한다. 돌은 고정되어 있고, 단단하게 굳어져 있다. 이것은 당신의 믿음이 흔들리지 않는다는 의미이다. 지금 당신은 모든 것이 될 수 있는 내부의 보이지 않는 영혼에 대해 확고한 믿음을 가지고 있다. 법칙에 대한 당신의 자각은 외부의 현상과 외부의 변화에 흔들리지 않는 확신을 유지하게 할 수 있다.

다음 기능은 빌립이다. 이것의 의미는 끈기이다. 빌립은 말을 사랑하는 사람이다. 말 조련사는 엄격하지만 친절하며 인내, 끈기, 결단력을 지니고 있다. 이런 자질은 당신의 기도가 이루어지는 데에도 필요하다. 대부분의 사람은 며칠 해보다가 안 되면 바로 포기한다. 그들은 "무슨 소용이 있어? 아무짝에도 쓸모 없잖아."라고 말한다. 이제 빌립처럼 당신의 말(분위기)을 타고 승리의 길을 떠나라. 계속해서 당신 목표에 의식을 집중하면 결국 당신 안에서 뿌리를 내리게 될 것이다. 그것이 빌립의 자질을 이용하는 것이다.

빌립은 하나님의 선물(우리의 소망)을 의미하는 나다나엘를 만난다. 45절에서 우리는 다음과 같은 구절을 본다. *우리는 모세가 율법에 기록했고, 또 선지자들이 기록한 그 사람을 만났으니 요셉의 아들 나사렛 예수라.* 요셉은 올바르게 단련된 상상력을 의미한다. *예수님*은 우리가 원하는 해결책이고 이것은 *나사렛*(줄기, 싹, 착상, 사고)으로부터 온다. 만약 우리가 터무니 없이 큰 싹, 즉 계획을 가지더라도 그것을 의식 속에서 명확히 지금 존재하는 현실로 보게 된다면 우리는 마음으로 안드레를 호출하는 것이다. 만약 우리가 그것을 이루어주는 신에 대한 믿음을 가진다면 시몬(듣는 기능 또는 내부의 좋은 기운의 느낌)을 호출하게 된다. 우리는 이것이 우리 안에서 주관적인 실체가 될 때까지 이 분위기를 유지해야 한다. 지금 우리는 빌립을 부르고 있다. 그리고 *나다나엘*(신의 선물인 우리의 소망의 실현)이 나타난다. 그때 우리는 다음과 같이 말한다. "그렇다. 이것은 예수님(나의 응답 받은 기도, 나의 해결책)이고 그는 나사렛(내가 품은 사고나 소망) 사람이다. 이것은 요셉의 아들, 즉 내가 주관적으로 사실이라고 상상하고 느낀 것이 실체화 된 것이다."

우리가 소망을 기탄없이 의식 속에서 완전히 받아들이면, 참으로 우리는 음험함 없는 이스라엘 사람인 것이다. *음험한 없는 이스라엘 사람은 예수님을 의미하는 것으로 보인다.

48절에서 *무화과나무*의 의미는 내적 힘을 발견하기 까지는 슬픔, 제한의 상태에 있다는 것이다. 우리의 세 제자를 부른다면 우리는 이 제한 속에서 벗어나 결핍의 무화과나무 밑에 더이상 앉아 있지 않게 된다. 우리에게 필요한 해답은 의식 안에 있다. 그러나 어떻게, 어디에서 그것을 찾을 것인가? 이것에 대한 해답은 다음 절에 들어 있다.

우리가 어떤 것을 기도하기 전에, 그것은 이미 완성되어 있다. 우리는 주관적, 정신적으로 이미 형성되어 있는 것을 단순히 표현할 뿐이다. 지금, 자신의 내부로 들어가라. 그리고 명상 상태에서 당신이 원하는 상태를 상상하고 그것과 하나가 되어라. 나는 당신이 얼마나 자주 이것을 행할지는 모르겠다. 그러나 내가 알 수 있는 것은, 만약 이 마음의 그림을 충실하게 유지한다면 전능의 힘이 당신의 이상을 실현시켜 줄 것이다. 당신이 마음에 그린 것은 성취할 수 있다. 높은 꿈을 가져라. 그리고 그것을 자각하라.

당신이 소망하는 상태에 있다는 기쁨 속에 도취될 때면 당신은 당신의 이상과 함께 마음의 하늘을 오르게 된다. 그리고 잠시 후 당신은 다시 현재 상태, 사건들, 경험들의 객관적인 면으로 내려온다. 이러한 단순한 진리를 실행하는 것을 다음 구절로 표현할 수 있다.

세상으로 들어오는 모든 사람에게 비치는 참 빛이 있었으니

요한복음 2장

2장에는 물을 포도주로 변화시킨 예수님의 첫 번째 기적에 관한 이야기가 실려 있다. 약 천 년 전, 술의 신 바커스도 비슷한 일을 행했다고 한다. 그래서 신약의 컵과 바커스의 술잔은 동일한 뜻을 지니고 있다. 심지어 고대인들은 포도즙을 바커스의 피라고 부르기까지 했다.

이것들은 의식의 변형을 통해 소망을 이룰 수 있음을 상징한다. 그래서 물을 술로 *변화시킴*은 기도가 응답되어 기쁘다는 것을 나타낸다.

건강에 대한 의식이 건강을 가져오고, 부에 대한 느낌이 부를 가져온다. 의식이 우리의 모든 것이기에 당신은 당신이 자신이라고 받아들인 것을 경험한다. 포도를 짓눌러서 포도즙을 얻듯이, 당신은 자신이 소망하는 그 모습이라고 느낌으로써 소망을 실현한다. 당신이 갈망하는 상태의 지적 분위기 속에서 산다면, 이 지적 분위기는 점차 채워져, 마치 흠뻑 물을 머금은 구름이 비가 되어 떨어지듯이, 소망의 강우降雨도 이 땅에 쏟아질 것이다.

바커스는 환호와 즐거움의 신으로 묘사된다. 시인들은 이 신화적인 존재에 대해서 많이 찬미해 왔다. 바커스*그리스. 로마신화 주신酒神, 오사이리스*고대 이집트의 저승을 지배하고 죽은 사람을 심판하는 신, 디오니소스*로마 신화에서는 바커스라고 한다. 디오니소스는 대지의 풍요를 주재하는 신이고 또한, 포도 재배와 관련하여 술의 신이 되기도 한다, 힌두교의 크리슈나, 그리고 하늘의 신과 하나님 그리고 빛의 신을 의미하는 아도니스는 내부에 있는 신의 존재를 의미하는 용어들이다. 위에 언급한 이름들은 진리가 쓰고 있는 외형이다.

고대 그리스에서는 물 항아리를 신의 석상 발밑에 두는 의식이 있었다. 하루 밤이 지나면 그 물은 술로 변했다고 한다. 그러면 그 술을 대중들에게 나눠주었는데 사람들은 그것을 바커스의 피라고 불렀다. 물론 이 장에서 포도주는 정신적 양식, 신의 지혜를 말한다.

오마르하아얌*페르시아의 시인, 수학자, 천문학자의 루바이야트*4행시집에서는 술과 빵의 연회를 언급하고 있다. 지혜, 진실, 그리고 미美에 대한 인간의 연회에 대한 이야기가 신의 양식으로 일컬어진다.

포도주를 *마시다* 라는 구절은 신의 진리를 되새겨봄으로써 마음 안에서 고무鼓舞, 기쁨, 그리고 사랑이 솟아나는 것을 의미한다. 내적변화가 일어나면 새로운 인간이 된다. 왜냐하면 새로운 술(How to attract Money 2장에서 물이 포도주로 변하는 내용 참조), 즉 삶의 새로운 관점을 마시기 때문이다.

성서에서는 기도를 결혼식 연회에 비유한다. 하나님의 왕국은 우리 안에 있다. 인간의 무의식 깊은 곳에는 무한한 존재의 사랑과 힘, 지성이 있다. 여기서 모든 문제는 그 해결책을, 갈등으로 가득 찬 마음은 평화를, 지친 이에게는 힘을, 병자에게는 건강을, 혼란스러운 사람에게는 빛과 지혜를 발견한다.

지금 우리는 마음속에서 카나에서의 혼인식에 참가하게 될 것이다. 카나에서의 혼인식은 당신의 마음속에서 일어나는 심리적인 드라마이다. 당신은 내부에서 이런 모든 심리적 상태를 가지고 있다.

(1) 셋째 날에 갈릴리 카나에서 혼인식이 있었는데 예수의 모친도 거기에 있더라.

*갈릴리*는 당신 마음, 의식을 의미하고 *카나*는 줄기, 가지, 당신의 소망을 의미한다. 여기서 혼인은 당신 소망의 정신적, 감

정적 결합이다. 예수의 모친은 당신의 이상과 소망에 도전하고 의심을 상기시키는 결핍과 공포이다. 당신은 아마 이 글을 읽는 중에도 어떤 것에 대한 기도를 하고 있을 것이다. 그러면 그와 동시에 마음속에서 그것에 대한 도전이나 반대는 없는가? 이것이 예수의 모친이다. *예수님은 당신 자신의 아이엠*I AM*, 즉 당신의 의식이다.*

(2) 예수와 그의 제자들도 그 혼인식에 초대되었는데

여기서 제자들이란 모든 혼인식에 꼭 참석해야 할 마음의 기능이다. 당신은 소망, 목적을 가지고 마음의 혼인식에 참석하고 있다. 당신의 마음 속 깊은 곳에서 신부, 즉 올바른 느낌을 불러내야 한다. 트라워드는 "느낌은 법칙이고 법칙은 느낌이다."라고 말했다.

(3) 그들에게 포도주가 부족하므로 예수의 모친이 그에게 말하길 "그들에게 포도주가 없다." 고 하니

포도주는 당신 이상의 실현을 상징한다. *그들에게 포도주가 없다* 란 결핍이나 의심을 암시한다. 이것은 외부의 현상과 세

상 사람들의 판단, 그리고 타인의 견해로 초래된 긴장, 걱정, 마음을 사로잡는 공포이다. 이런 것들이 당신에게 도전할 것이다. 당신은 이런 의심과 공포를 어떻게 정복하는가? 그 해답은 다음 절에 나온다.

(4) 여인이여, 내가 당신과 무슨 상관이 있나이까? 나의 때가 아직 이르지 아니하였나이다.

이것은 모든 부정적 사고를 완전히 거부하고, 오직 하나의 힘이 있고 공포는 그것을 지속시켜주는 것이 없음을 깨달아야 한다는 것을 의미하는, 뛰어나고 독특한 표현이다. 당신은 공포와 의심이 실체가 없는 사악한 그림자들의 잡동사니라는 것을 이해하고 있을 것이다. 사고의 힘이 전능인 영혼을 움직이게 한다는 사실을 만끽할 때, 당신의 승리는 확실시 된다.

당신이 인식하는 모든 부정적 사고와 암시는 환상에 불과하고 결국 오직 하나의 힘인 신, 바로 내부의 살아있는 전능의 영혼이 있을 뿐이다. 이것은 기도에도 사용되는 논쟁 방식이고 100년 전 **퀸비***퀸비 (1802-1866) 신사상 운동의 아버지. 행복은 믿음에 의해서 결정되고, 생명은 우리의 믿음에 응답하고, 우리 내부에는 우주적인 영혼(지혜)이 존재하며, 이 완벽한 지혜는 누구나 사용할 수 있다고 주장함. 수많은 치유의 기적을 행함에 의해서도 행해졌다.

요한복음 2장 47

이것은 당신으로 하여금 어떤 상황에도 항상 신의 전능을 이용할 수 있다는 결론에 이르게 한다. 공포가 사라지고 믿음과 확신이 마음을 채우면 당신은 소망과 하나가 되고 그 실현과 축복이 삶 속에서 일어난다.

(4) 나의 때가 아직 이르지 아니하였나이다.

아직 마음속에서 확신이 이루어지지 않았다는 의미이다.

(5) 주의 모친이 종들에게 말하기를 "그가 너희에게 무엇을 말씀하시든지 그대로 행하라." 고 하더라.

종들은 우리의 사고와 느낌, 다시 말해서 마음의 기능과 태도이다. 기도할 때 자신이 달성하려는 것을 향해 자신의 사고의 주의와 전념을 명한다. 다른 쪽으로 빠지게 해서는 안 된다. 마치 당신 가게에서 점원들에게 일을 시킬 때와 같은 방식이다. 당신이 자신의 높은 소망, 예를 들면 건강이나 원하는 지위 등과 하나가 되기를 원한다면 당신은 자신의 종들(생각들)에게 자신이 원하는 것에 반대되는 것을 하도록 해서는 안 된다. 만약 실패하면 기도는 무력화 될 것이고 아무 소용도 없게 될 것이다. 마치 제자리걸음을 걷는 군인 같이 마음속에서 어떤 목적을 향해 다가가지 못할 것이다. *당신의 시간은 오지 않은 것이다.* 왜냐하면 아직 자신의 목표와 하나가 되지 않았기 때문이다. 아직 주관적으로는 사실로 느끼지 못하고 있는 것이다.

예를 들면 눈이 치유되기를 기도한다고 가정하자. 아직 눈은 낫지 않았지만 지금 당신의 마음과 신체에서 활동하는 치유의 존재에게로 헌신을 다하고 계속 기도하면 결국 승리한다. 처음에는 이 기도의 모친(느낌)은 당신에게 결핍을 되새기게 한다. 하지만 당신이 명상하고 기도함에 따라, 당신의 모친(분위기)은 확신과 믿음, 오직 하나의 힘에 대한 신뢰로 변한다. 승리와 만족의 느낌은 다음 절에 표현된다.

그가 너희에게 무엇을 말씀하시든지 그대로 행하라.

(6) 거기에는 유대인의 정결의식에 따라 한 통에 두세 메트레타를 담는, 돌로 된 물통이 여섯 개 놓여 있는데

니콜 박사는 여기의 물은 진리(돌)에 대한 심리학적 이해라고 말한다. 그는 정신적 지식과 인식에 대해서 언급한다. 돌은 진리를 문자 그대로 받아들이는 것이고, 물은 그 문자 뒤의 심

리학적 의미를 말하는 것이고 그리고 포도주는 하나님의 진리를 자신에게 적용해서 일어나는, 내적변화로 인해서 일어나는 내적 기쁨임을 언급한다. *여섯*은 창조의 6일 또는 인간의 의식에서 일어나는 창조적인 일을 지시하는 명령이다. 이것은 정화되고 깨끗하게 되는 과정의 발생 또는 오래된 과거의 상태에서 새로운 상태로의 변화를 의미한다. 여섯six과 성교sex는 동의어이다. *여섯개의 물 항아리*는 소망의 주관적 실현을 가져오는 심리적 주기이다. 이것은 그의 의식의 상태나 믿음에 따라 한 순간 또는 몇 시간, 며칠, 또는 몇 달이 걸린다.

(7) 예수께서 그들에게 말씀하시기를 "통을 물로 채우라." 고 하시니, 그들이 아구까지 채우더라.

기도할 때는 외부세계와 자신을 완전히 격리하고, 기도가 응답받았다는 것을 아는 내적확신에 도달할 때까지 원하는 결말이나 해결책을 명상해야 한다. 이런 지적mental, 감정적 행위가 끝난 후에는 더 이상 그것에 대해서 기도할 욕구를 느끼지 못한다. 결국 그것이 해결되었다는 것을 알게 된다. 이것이 *그들이 아구까지 채우더라* 의 의미이다.

당신은 실제 당신이 갈망하는 상태에 있다는 느낌으로 가득 채워져 있다. 당신이 응답받은 기도의 기쁨으로 자신의 마음을 가득 채울 때, 해결되지 않은 분쟁, 적의, 분노 같은 부정적인 것 등이 끼어들어 올 공간이 없다. 당신의 모든 지적 태도 mental attitude는 당신 소망의 실체 속으로 흡수된다.

> (8) 주께서 그들에게 말씀하시기를 "이제 떠다가 잔치를 주관하는 사람에게 가져다주라." 고 하시니 그들이 가져다주더라.

*잔치를 주관하는 사람*이란 현재의식을 말하는데, 그것은 어떤 착상이나 소망을 주관적 마음속에 심는다. 그러면 그것은 암흑 속에서 잉태되어 자라나 적당한 시기에 외부의 세계로 튀어나온다. 잠재의식 속으로 들어간 것은 외부로 나타나게 된다.

> (9) 그 잔치를 주관하는 사람이 포도주가 된 물을 맛보고 그것이 어디서 났는지 알지 못하나 (그 물을 떠 온 종들은 알더라.) 잔치를 주관하는 사람이 신랑을 불러서.

*잔치를 주관하는 사람*은 현재의식과 그의 오감五感이다. 현재의식은 물이 포도주로 변한 것을 볼 때 기도가 응답받았다는

요한복음 2장 51

것을 알게 된다. 물은 물론 정형화 되지 않은 의식을 말하는 것이고 포도주는 당신의 믿음에 따라 정형화된 의식을 의미한다. 그 물을 *떠온 종들*은 평화와 확신의 분위기를 상징하고 당신은 당신 기도가 이루어지게 될 거라는 것을 알게 된다. *잔치를 주관하는 사람이 신랑을 불러서* 의 의미는 원하는 이상이 마음속에서 하나로 결합된 상태의 스릴을 의미한다. 당신은 지금 당신의 가장 높은 이상과 결합되었다.

(10) 그에게 말하기를 "누구나 처음에는 좋은 포도주를 내었다가 사람들이 취한 다음에 덜 좋은 것을 내는데 당신은 지금까지 좋은 포도주를 간직해 두었도다." 라고 하니라.

사람이 진리 속으로 들어갈 때, 위의 절은 그에게 진실한 것이 된다. 그는 높은 영혼과 야망을 가지고 출발한다. 그는 주위를 깨끗이 한 새 신랑이고 좋은 의도로 가득 찬 사람인 것이다. 그러나 가끔 자신의 힘의 원천을 잊고 힘에 취하게 된다. 다시 말해서 법칙을 오용해 동료들을 이기적으로 이용한다. 우리는 높은 위치에 있는 사람이 자만, 독단, 거만함에 빠져있는 것을 자주 목격한다. 이 모든 것은 법칙의 무지 때문이다. 힘, 안전, 그리고 부는 외적으로 얻어지는 것이 아니다. 그런 것들은 의식으로부터 온다. 만약 당신이 무한한 존재와 파장을 맞추는 것을 계속 유지하면 항상 생명, 사랑, 기쁨, 그리고 행복의 술을 마실 것이다. 영적인 인간에게 하나님은 영원히 현재Eternal Now이고 하나님의 존재는 어느 때, 어느 장소에나 존재한다.

성서적 관점에서 보면 많은 사람들이 취해있다. 그들은 공포, 슬픔, 그리고 다른 불협화음으로 가득 차 있다. 이것은 감정적으로 취해 있는 것이다. 하지만 놀라운 소식은 하나님이 영원히 현재라는 것이다. 지금 당신의 사고를 바꿀 수 있고 그렇게 함으로써 운명을 바꿀 수 있다. 하루 중 어느 때라도 지적 의복을 갖춰 입고 기쁨과 행복의 심리적 연회에 참석할 수 있다. 신은 당신의 사고에 즉시 반응하고 우리는 언제라도 신의 힘을 이용할 수 있다는 것을 깨달음으로써 높은 정신 상태로 들어가라.

우리의 모든 이익Good은 지금 현재 있다. 우리는 현재의 상태(우리의 제한)를 떠나, 명상 속에서 우리의 소망의 실체를 상상해야 한다. 지금 의식 속에서 보고 느끼는 것은, 당신이 생활하는 시간과 공간 속에서 그것의 객관적 실현을 보게 될 것이다. 인간은 외부로 표현된 믿음이다.(큄비)

(11) 예수께서 기적들 가운데 이 처음 기적을 갈릴리 카나에서 행하시고 자기의 영광을 나타내시니 그의 제자들이 그를 믿더라. (12) 이 일 후에 주께서 그의 모친과 형제들과 제자들과 함께 카퍼니움으로 내려가셨으나 거기에서 여러 날을 머물지는 아니하시더라. (13) 유대인의 유월절이 가까워지니 예수께서는 예루살렘에 올라가시니라. (14) 그런데 성전 안에서 소와 양과 비둘기를 파는 자들과, 환전상들이 앉아 있는 것을 보시고 (15) 노끈으로 채찍을 만들어 그들 모두를 양과 소와 함께 성전에서 몰아내고, 또 환전상들의 돈을 쏟고 상들을 뒤엎으시며 (16) 비둘기 파는 자들에게 말씀하시기를 "이것들을 여기서 가져가라. 내 아버지의 집을 장사하는 집으로 만들지 말라," 고 하시니라. (17) 그때 제자들이 "주의 집을 위한 열성이 나를 삼켰나이다." 라고 기록된 것을 기억하더라.

유월절은 의식의 변화를 상징한다. 인간이 무엇을 기도하든 간에, 그는 유월절을 거행하는 것이다. 왜냐하면 심리적으로 어떤 분위기에서 다른 분위기로 움직이기 때문이다. 당신의 *유월절 행사는* 마음속으로 당신 이상과 자신을 동일시하고 기도가 응답 받을 때까지 충실히 유지하는 것이다.

예수께서 예루살렘(평화의 도시)에 올라가시니라 의 의미는

사고^{思考}로써 내부에 있는 신의 존재에게 향하는 것을 말한다. 당신이 기도할 때, 성서의 표현을 따르자면 성전으로 들어가게 된다. 가끔 거기서 당신의 이익을 빼앗아가는 도둑, 강도를 상징하는 *환전상*을 발견할 것이다.

기도할 때 잘못, 공포, 비난, 질투, 분노를 내몰아내고 모든 이를 용서해야 한다. 외부상황이나 타인에게 힘을 부여하는 것을 단호히 거부하라. 성서에서 언급한 *노끈으로 만든 채찍*인 진리의 칼로써 모든 공포와 의심과 걱정을 당신의 성전에서 쫓아내라. 하나님의 힘이 유일한 힘이고 지금 그것이 당신을 위해서 움직인다고 주장하라. 힘을 가지고 있는 체하는 그 외의 다른 사고들의 목을 베어라. 이런 부정적 사고는 어디서 왔고 그들의 원천이 무엇인지 물어보라. 그것들을 지지하고 유지시켜주는 것은 없다. 왜냐하면 그것들 배후에는 원리^{原理}가 없기 때문이다. '마음속에서 힘은 어디에 있는가?'라는 것에 대한 명백한 결론을 가지면 확신으로 채워지고 당신의 심리적 여행은 성공이 확실시된다. 마음속 진리의 명백한 선언에 의해 만들어진 이 *노끈으로 만든 채찍*을 이용해, 부정적 상태를 자르고 그것들과 당신과의 관계를 완전히 절단시켜라.

(18) 이에 유대인들이 대답하여 주께 말하기를 "네가 이런 일을 행하니 우리에게 무슨 표적을 보여 주겠느냐?"고 하니

많은 이들은 항상 증거물, 즉 표적表迹을 찾는다.

만약 하나님이 자신의 손을 고쳐주면 다시 가르칠 수 있을 거라고 말하는 여인을 보았다. 이런 태도는 옳지 않다. 그녀는 어떤 표적表迹을 구했다. 나는 그녀에게 다음과 같이 제안했다. "손이 완벽히 치유되고자 하는 당신의 기도를 하나님은 들어주실 것이니, 아무 일도 일어나지 않았던 것처럼 다시 교단에 서서 학생들을 가르치세요." 그녀는 그대로 따랐고 마비된 손은 정상이 되었다. 유일한 표적은 당신의 내적 느낌, 믿음, 확신이다. 당신의 *표적*은 당신 내부에서 솟아나는 평화와 확신의 내적 물결이다. 기도의 응답을 기다리고 있는 것은 마치 떠오르는 태양을 기다리는 확신과 같다. 이것이 내적 믿음의 표적이다.

(19) 예수께서 대답하여 말씀하시기를 "이 성전을 헐라. 그러면 내가 삼일 만에 이것을 다시 일으키리라." 고 하시니라.

*삼일*은 삼위일체 또는 마음의 기능을 의미한다. 첫째 날은 소망, 둘째 날은 의식으로부터 모든 공포가 사라질 때까지의 당신 소망에 대한 기도, 셋째 날은 내가 원하는 상태의 느낌이나 확신을 의미한다.

(21) 그러나 주께서는 성전 된 자기 몸에 관하여 말씀하신 것이라.

이 절에서 언급한 몸은 그의 의식의 외적 표출인 것이다.

(22) 그후 주께서 죽은 자들로부터 살아나셨을 때 제자들은 주께서 그들에게 하신 이 말씀을 기억하고 성경과 예수께서 하신 말씀을 믿더라. (23) 유월절 명절날에 주께서 예루살렘에 계실 때 많은 사람이 그가 행하신 기적들을 보고 그의 이름을 믿더라. (24) 그러나 예수께서는 그들에게 자신을 맡기지 아니하시니, 이는 주께서 모든 사람을 아시기 때문이다. (25) 또 사람 속에 무엇이 들어 있는지를 아시므로 누가 사람에 관하여 증거하는 것도 필요로 하지 아니하시더라.

이 절의 요점은 우리가 볼 수 없기 때문에 존재하지 않는다고 생각해서는 안 된다는 것을 알려주고 있다. 우리가 내부에서 스릴을 느낄 때, 우리는 우리 기도가 응답되었고, 그것은 외부로 표출되는 것을 알게 된다.

요한복음 3장

(1) 니코데모라 하는 바리새인 한 사람이 있었으니 유대인의 관원이라. (2) 그가 밤에 예수께 와서 말씀드리기를 "랍비여, 우리는 당신이 하나님께로부터 오신 선생인 줄을 아나이다. 이는 하나님께서 함께하지 아니하시면 아무도 당신이 행하시는 이런 기적을 행할 수 없기 때문이니이다."라고 하더라. (3) 예수께서 대답하여 그에게 말씀하시기를 "진실로 진실로 내가 너에게 말하노니, 사람이 거듭나지 아니하면 하나님의 나라를 볼 수 없느니라."고 하시니라. (4) 니코데모가 주께 말씀드리기를 "사람이 늙으면 어떻게 태어날 수 있나이까? 사람이 자기 어머니의 태에 두 번째 들어갔다가 태어날 수 있나이까?"라고 하니 (5) 예수께서 대답하시기를 "진실로 진실로 내가 너에게 말하노니, 사람이 물과 성령으로 태어나지 아니하면 하나님의 나라에 들어갈 수 없느니라. (6) 육신으로 난 것

은 육이요, 또 성령으로 난 것은 영이니라. (7) 내가 너에게 '너희는 거듭나야만 한다.'고 말한 것을 이상히 여기지 말라. (8) 바람이 임의로 불어서 네가 그 소리를 들어도 어디서 와서 어디로 가는지 알지 못하듯이 성령으로 난 사람은 모두 그와 같으니라." 고 하시니라. (9) 니코데모가 대답하여 주께 말씀드리기를 "어떻게 이런 일들이 있을 수 있나이까? 라고 하니 (10) 예수께서 대답하여 그에게 말씀하시기를 "너는 이스라엘의 선생이면서 이런 일들도 모르느냐? (11) 진실로 진실로 내가 너에게 말하노니, 우리는 아는 것을 말하고 또 본 것을 증거하노라. 그래도 너희는 우리의 증거를 받아들이지 아니하는도다. (12) 내가 땅의 일들을 말하여도 너희가 믿지 아니하는데 하물며 하늘의 일들을 말한다면 어떻게 믿겠느냐? (13) 하늘에서 내려온 이, 곧 하늘에 있는 인자 외에는 아무도 하늘에 올라간 자가 없느니라. (14) 모세가 광야에서 뱀을 들어올린 것같이 인자도 그렇게 들려올려져야만 하리니 (15) 이는 그를 믿는 사람은 누구든지 멸망하지 않고 영생을 얻게 하려 함이니라. (16) 하나님께서 세상을 이처럼 사랑하셔서 그의 독생자를 주셨으니, 이는 그를 믿는 사람은 멸망하지 않고 영생을 얻게 하려 하심이라. (17) 하나님께서 자기 아들을 세상에 보내신 것은 세상을 정죄하려 하심이 아니요, 그를 통해서 세상이 구원받게하려 하심이라.

이 이야기의 훌륭한 내적의미를 설명하기 전에 나는 이 장에 나온 뛰어난 교습법(教習法)에 대해서 언급하겠다. 가장 형편없는 교습법은 고등교육인, 고등학교나 대학교에서 일어난다고 종종 말해진다. 반면 가장 뛰어난 교습법은 아이들의 의식이 점차 성장하는 곳인 유치원에서 찾아볼 수 있다. 고등학교나 대학 교사들의 교습법은 학생들이 이해하고 있는지를 크게 고려하지 않고, 또 가르치는 것이 잘 실천되는지에 대해서도 검사하지 않는다.

새로운 개념과 관념을 확고하게 받아들이려면 학생은 질문, 복습, 내용의 요약, 그리고 요점을 반복하고, 능숙하게 표현하는 것들을 통해 끈기 있게 준비한 후, 단계적인 실제 적용의 스텝을 밟아 그 이론들을 사용할 수 있어야 한다. 마지막에는 결국 선생님의 가르침에 따르게 된다. *가서 이와같이 하라.* 다음의 가르치는 방식을 보자.

(I) 예수님과 니코데모의 대화 배경: 배경은 밤이다. 이것은 뛰어나지만, 소심하고 겁 많은 인간을 표현하고 있다. 교육주제는 "하늘로부터의 탄생"이고 가르치는 이의 목적은 배우는 자의 영적변화이다. 사용된 방법은 질문과 대답, 그리고 예화

를 통해 영의 활동을 구체적으로 설명하기도 하고요한복음 3:8, 갑자기 사기를 진작시키는 대화요한복음 3:10를 하기도 한다. 성서에서 가르치는 놀라운 방식의 또 다른 예는 4장 1절에서 42절까지의 내용인 예수님과 사마리아 여인의 대화에서 발견된다. 여기서 교훈을 알리려고 하는 방식의 요소들은 선생, 제자, 주위환경, 주제, 목표와 방법이다.

(II) 저 상황에서 쓰인 교육 방법을 찾아보면 이렇다. 학생과 선생 사이에 공통적으로 공감하는 것을 이용했고, 갑자기 놀라게 하여 집중과 관심을 이끌어내기도 하고, 친밀함을 사용한 교육의 방법을 쓰기도 했다. *네가 이점에 관하여 참 말을 하였도다.**4:18 그리고 대화 도중 여러 문제들이 언급된다. 예를 들면 우물가 여인의 문제는 의식을 깨워서 "어디서 하나님을 경배해야 하나?"하는 신학적 문제로 이끈다. 이런 두 예에서 보여준 교육과정에서 배우는 자와 가르치는 자의 상호작용을 통해서 형이상학적인 것을 가르치는 방식으로, 숨어있는 의미는 생생하게 다가오고, 신을 찾는 자에게 영원한 생명(내부에 있는 자아인 아버지와 완전한 동화)은 올바른 것임을 알게 하도록 가르치는 데는 어려움이 있다. 성서의 숨은 의미를 가르치는 선생은 그의 제자들이 의식의 높은 단계들을(아버지의 집에는 많은 방이 있다.) 보고, 듣고, 맛보고, 만지고, 냄새

맡도록 이끄는 기쁨을 가진다.

이 이야기의 설명은 다음과 같다. *니코데모*는 희미하게 빛을 인식하기에 더듬거리며 그곳을 향해 가는 자를 의미한다. 그는 오직 육체적 출생만을 인식한다. 이런 전형적 보통사람은 외부사물에만 그들의 감각이 맞춰져 있다. 이 이야기를 당신 지성과 내부의 깊은 자아 사이에 일어나는 대화로 간주할 수 있다. 니코데모는 외적인 모습과 흔적을 따라 판단한다. *이는 하나님께서 함께하지 아니하시면 아무도 당신이 행하시는 이런 기적을 행할 수 없기 때문이니이다.* 그는 여전히 과거 사고에 얽매여 있으면서 불만족스러운 마음에 빛을 찾고 있다.

바리새인이란 율법의 문자에만 집착하고 생명을 주는 영혼에 대해서는 무지한 인간을 의미한다. 그는 세상 사람들의 평범한 마음을 지니면서, 자신의 의식이 신이자 자신 내부의 창조의 힘이며 구원자라는 것을 깨닫지 못한다. 그는 내적통찰력이나 진리에 대한 인식을 아직 가지고 있지 않다.

2절에서 *예수께 와서* 란 진리, 빛으로 다가간다는 의미이다. 예수께서는 그에게 *사람이 거듭나지 아니하면 하나님의 나라를 볼 수 없느니라* 라고 진리를 상징하는 답변을 주었다. 니코데모(오감의 인간)는 이 구절이 표현하는 영혼과 마음의 법칙을 알지 못한다. *밤에 예수께 와서* 란 지혜를 갈망하는 정신적 암흑 상태를 상징한다.

거듭나다 란, 신이란 인간의 사고에 의해서 만날 수 있는 내부의 정신적 힘이란 것을 깨달음으로써 새로운 의식이 탄생하고, 마음의 내적개조를 겪게 되는 새로운 사고방식을 의미한다. 니코데모는 보이는 것에 의해서만 판단한다. 우리가 다시 태어난다면 우리는 보이지 않는 것에 의해 판단하게 된다. 성서에 있는 모든 것들은 특별한 의미를 전달하고 있다. 따라서 그것이 의미하는 것이 무엇인지를 아는 것이 중요하다.

2천 년 전에 두 사람 사이에서 실제로 이와 같은 대화가 있었는가 하는 것은 중요하지 않다. '이것이 우리에게 의미하는 것은 무엇이고, 신을 아는데 이 드라마를 어떻게 받아들일 것인가?' 이것이 중요하다. 생생한 심리적 의미가 우리가 찾고자 하는 것이다. 이 이야기를 읽어 가면, 당신은 바로 자신에 대해서 읽고 있는 것이고 아마 니코데모와 똑같은 질문을 할 것이다.

당신이 학생을 가르친다고 가정하면, 가르치려는 것을 설명하기 위해서 어떤 가정과 여러 가지 사건을 인용할 것이다. 마치 현대 극작가가 어떤 등장인물을 만드는 것처럼 성서를 썼던 계몽된 사람들 역시 그들의 상상 속에서 많은 인물들을 만들어냈을 것이다. 셰익스피어는 옛 신화와 전설을 연구하고 그것들의 의미를 명상해, 자신의 깨어있는 예술적 마음으로 의미 있는 이야기들을 만들어서 우리에게 가져다주었다. 그는 지적mental으로 그것들에게 옷을 입혔고 생명을 불어넣었다. 그가 만들었던 인물들은 우리 안에 살아 있다.

이와 마찬가지로 성서에 나온 인물과 그들이 겪은 사건들은 지금 우리 모두에게 적용시킬 수 있다는 점에서 본다면 그것들은 사실이고, 2천 년 전 특정 시간, 특정 장소 그리고 어떤 특정 인물에게 일어났던 역사적 실제 사건보다 오히려 더 진실한 것이다.

여기서 *거듭나다* 라는 것은 의식의 새로운 단계를 말하는 것이다. 많은 이들은 다시 태어난다는 것을 이 세상에 다시 오는 것으로 생각한다. 아마 그것은 또한 니코데모의 생각일 것이다. 또 어떤 이들은 *거듭나다* 의 의미를 어떤 교회에 속하거나 어떤 개인적 구원자를 받아들이는 것이라고 생각한다. "사람이 늙으면 어떻게 태어날 수 있나이까?" 보통 사람들은 하나님이 자신과 멀리 떨어져 있다고 생각한다. 그는 천국을, 이 세상을 떠날 때 갈 수 있는 곳으로 생각한다. 심리적으로 어머니 뱃속으로 들어가서 정신적으로 다시 태어날 수 있다는 것을 알지 못한다. 인간은 하나님(그 자신의 의식)의 뱃속으로 계속해서 들어갈 수 있고 높은 의식 상태로 재탄생할 수 있다.

요한복음 3장

거기에는 끝이 없다. *당신의 태*란 바로 당신의 주관적 본성인 내적 느낌을 말한다.

여기서 어떻게 하나님의 뱃속으로 들어가 다시 태어날 수 있는가를 설명하겠다. 몸과 마음의 긴장을 풀고 조용함을 유지한 채 과거의 사고방식으로부터 자신을 분리시키고 자신에 대한 새로운 개념이나 가치를 가져 본다. 그리고 이 새로운 이상의 실체를 느끼고, 그 속에서 살고, 사랑 속에서 그것을 자신 안에 밀봉시킨다. 그러면 그 이상은 당신 안에서 부활할 것이고 당신은 새로운 사람이 될 것이다.

나는 어떤 살인자를 알고 있다. 자신이 사람을 죽였다고 고백했다. 그는 자신을 바꿔 정신적으로 다시 태어나기를 갈망하였다. 나는 그를 위해서 하나님의 특성과 자질에 대해서 글을 써주었다. 그는 마음을 고요히 유지한 채 하나님의 사랑과 평화, 아름다움과 영광과 빛이 자신의 마음과 영혼에 흘러 영혼을 정화하고 치유하고 회복한다는 것을 규칙적으로 기도했다. 이것을 15-20분씩 하루에 수차례 반복했다. 그러자 이런 자질들이 어머니의 태속에서 나오게 되었다. 어느 날 밤 이 사나이의 신체와 마음뿐만 아니라 그가 있던 방까지 빛으로 가득 찼고, 마치 사도 바울처럼 잠시 눈이 멀었다. 그가 나에게 말하길 그 당시 기억할 수 있는 것은 온 세상이 자신 안에 있고 하나님의 사랑에 대한 환희와 무아지경의 느낌뿐이라고 했다. 그의 느낌은 표현할 수가 없을 정도였다고 한다. 그것은 영원히 지속되는 순간이라고 말할 수 있다. 그는 완전히 다른 사람이 되었다. 실제로 자신의 마음과 영혼 속에서 하나님의 모습을 표현한 것이다. 그는 그 후로 '어떻게 살아야 되는가'에 대해서 타인을 가르치기 시작했다. 성령과 물로써 태어난 것이다. 물은 그것을 담는 용기에 맞춰서 형태를 취한다. 이와 마찬가지로 당신의 지적 태도와 믿음은 당신 외부세계에서 정확히 그대로 형성될 것이다.

영혼은 느낌, 분위기 또는 의식의 고양된 상태이다. *물과 성령으로 태어남*은 하나님과 그의 사랑을 새로운 방식으로 명상하기 시작해 새로운 관점을 갖고 당신 안에서 '이루어진 기도'의 기쁨을 느끼기 시작하는 것이다. 성서에서 *진실로* verily 란 진실이 담긴 구절을 지적하고 가르치기 위해서 잠시 멈춰서 새겨들으라는 말이다. *거듭나다* 의 의미는 정신적 재탄생과 인간 안에서 하나님의 탄생을 말한다.

너희는 이 세상과 일치하지 말고 너희 마음을 새롭게 함으로써 변화를 받아 로마서 12:2

애벌레가 되는 것을 멈추고 나비가 되어라. 내적개조를 경험하고 믿음과 진리에 대한 이해의 날개를 가져 현재의 어려움과 제한을 뛰어넘어 날아올라라. 당신 안에 있는 날개는 아직 사용되지 않고 있다. 하나님이 당신을 위해서 무언가 해줄 것을 기대하지 말라. 하나님은 당신의 사고를 통해서만 일을 할 수 있다. 하나님은 당신에게 모든 것을 주었다. 당신은 마음과 느낌 그리고 의식을 통해, 깨어나기 위해서 존재한다. 당신은 당신이 소망하는 변화를 심리적, 감정적으로 받아들인다.

*육신으로 난 것*은 세상의 믿음과 견해에 물든 마음을 의미한다. 만약 세상 사람들의 마음과 인류의 믿음이 당신을 지배하도록 허용하면, 당신은 육신으로 난 것이다. 당신 마음을 내부로 향해서 하나님의 사고가 지배하도록 하라. 그러면 당신은 *성령*으로 태어날 것이다.

8절에서는 *바람*이란 영혼이고 당신의 믿음과 확신에 따라 형성된다고 말한다. *그 소리*란 우리의 느낌, 주관화 또는 확신을 의미한다. 다시 말해서 우리는 우리의 믿음의 소리를 듣는다. 어떻게, 언제, 어디서, 어떤 방식으로 우리 기도가 이루어지는지 알 수 없다. 이것은 내부에 계신 아버지만 알고 있는 비밀이다. *그의 방식은 우리가 알아차릴 수 없다.** 로마서 12:33 고요 속에서 휴식을 취하라. 당신이 생각하지도 못한 순간에 *사람의 아들*은 그의 날개가 치유된 채로(당신 소망이 실현되어) 나타날 것이다. 우리들 모두가 영에서 태어난 것처럼, 우리의 모든 모습들 역시 영에 의해 태어났다.

당신이 "왜 나의 기도는 이루어지지 않지?"라고 말할 때, 그 질문은 스스로 답변을 하고 있다. 그와 같은 질문을 하는 이유는 의심과 공포 때문이다. 마치 어머니 품속에 있을 때 거기서 사랑을 보는 것처럼 하나님을 믿고 신뢰하라. 의심이 생기면 즉시 의식을 이상에 집중하라. 이상으로 마음을 채우는 것을 자주하면 믿음이 커지는 것을 보게 될 것이다.

이런 진리들은 매우 단순하고 단도직입적이기 때문에 간과하기 쉽고 그 의미를 이해하지 못해 마치 니코데모처럼 "어떻게 이런 일들이 있을 수 있나이까?"라고 소리친다. 여태까지 우리는, 원하는 것을 얻기 위해서는 부(富), 권력, 세력이 필요하다고 생각했다. 하지만 이 말의 반대가 진실이다. 단지, 우리는 원하는 것을 우리의 것이라고 주장하면서 그것이 그렇게 될 것임을 안다. 그러면 우리 마음의 태도에 따라 이루어질 것이다. *너희 믿음대로 되라* 마태복음 9: 29

나는 이제 이 장에서 매우 중요한 절을 다루겠다.

모세가 광야에서 뱀을 들어올린 것같이 인자도 그렇게 들려올려져야만 하리니.

뱀은 인간 내부에 있는 치유력을 상징한다. *사람의 아들*(인자)은 사고, 소망, 개념, 또는 당신이 이루려는 야망이다. 여기서 *사람*은 마음을 의미한다. 당신은 하나의 정신적인 힘(나는)을 믿는, 승리에 찬 마음의 태도를 의미하는 모세의 역할을 해야 한다. 마음 속의 개념을 수용의 지점the point of acceptance까지 올리면, 당신은 치유 또는 기도의 응답을 경험할 것이다. 하나님의 진정한 본성을 명상할 때 뱀을 들어 올리게 된다.

(16) 하나님께서 세상을 이처럼 사랑하셔서 그의 독생자를 주셨으니, 이는 그를 믿는 사람은 누구든지 멸망하지 않고 영생을 얻게 하려 하심이라.

만약 당신이 아프다면, 하나님은 당신에게 '독생자인 마음을 이미 주셨다'라는 사실을 상기想起해야 한다. 당신은 어떻게 그것을 이용할 것인지를 배워야 한다. 마음을 옳은 방식으로 이용할 때 건강과 부와 마음의 평화를 가지게 된다. 당신의 소망은 당신의 구원자이다. 즉 당신과 당신 소망이 동일시됨으로써 그것이 지적mental으로 구체화되면 이루어진다. 세상은 당신을 외적으로 표현한 것에 불과하다. 하나님의 당신에 대한 사랑은 그분이 당신을 위해서 자신을 내어주신 것이다. 당신은 어떤 어려움과 장애물을 극복할 수 있는 모든 장비를 갖추고 있다. 이것을 믿으면 고통, 불행, 시련 따위에 멸망하지 않고,

오히려 예수님이 말씀하신 풍요로운 삶을 가지게 될 것이다.

(27) 하늘에서 주신 것이 아니면 사람은 아무것도 받을 수 없느니라.

이 절의 의미는 모든 것의 원인은 의식이라는 뜻이다. 다시 말해서 당신의 모든 경험은 내적인 마음상태가 외부로 표현된 것이다.

(30) 그분은 융성해야만 하나 나는 쇠잔해야만 하리라.

이것은 직관이나 하나님의 지혜는 커져야 하고 생명의 지적, 물질적 개념은 줄어들어야 한다는 의미이다. 우리의 지성은 하나님의 지혜와 만나야 한다. 그러면 하나님의 명령을 수행하기 위해서 우리의 이성적 마음을 이용할 수 있을 것이다.

(34) 하나님께서 보내신 분은 하나님의 말씀들을 말씀하시나니, 이는 하나님께서 그에게 성령을 한량없이 주심이라.

우리가 선언한 것이 진실임을 느낄 때 우리는 하나님의 말씀을 소리 내어 말하게 된다. 그리고 이 말씀은 성령, 즉 전체성과 일체성의 느낌이고, 그 느낌 안에는 의심이 존재하지 않는다.

요한복음 4장

(1) 그러므로 예수께서 요한보다 더 많이 제자를 삼고 침례를 준다는 말을 바리새인들이 들은 것을 주께서 아시고 (2) (예수께서 친히 침례를 주신 것이 아니고 그의 제자들이 준 것이지만) (3) 유대를 떠나서 다시 갈리리로 가시니라. (4) 그런데 주께서는 사마리아를 거쳐 가셔야만 하였더라. (5) 그리하여 주께서 야곱이 자기 아들 요셉에게 준 땅에서 가까운 수칼이라 하는 사마리아의 한 성읍에 오셨는데

  예수가 갈리리(현재의식)로 들어간다 함은 내면 깊은 곳(유대)으로부터 신의 존재에 대한 인식이 점차 커지기 시작한 것을 말한다. 이 구절은 우리가 기도할 때 어떻게 인종적, 국가적, 종교적 편견을 제거하는가를 가르치는 놀라운 교훈이다. 수칼이란 우상숭배, 잘못된 신들을 경배하는 것, 즉 우리의 주

의를 부정적인 것에 두는 것을 의미한다. 기도할 때면 우리의 의식을 신과 그의 전능에만 두고 그 외의 것에는 사고를 분리시키고, 또 그것들에게 힘을 부여하는 것도 삼가야 한다. 병의 상태, 환경 그리고 외부의 원인으로 힘을 부여하는 것이 우상을 숭배하는 것이다. *요셉*은 올바르게 단련된 상상력, 혹은 원하는 결과를 상상하고 그것의 실체를 느끼는 능력을 의미한다.

(6) 거기에 야곱의 우물이 있더라. 예수께서 여행으로 피곤하시므로 우물 곁에 그대로 앉으셨는데 때는 제육시 쯤이더라.

*야곱의 우물*은 인간의 내부, 즉 인간의 내면인 영혼과 감정적인 활동을 일컫는다. 이 우물 안에 모든 지혜와 지식과 힘이 있다. 그것은 만물 모두가 비물질적인 형체로 저장되어 있는 무한한 창고이다. 주관적 자아, 즉 이 영혼으로부터 인간의 모든 경험들이 생겨난다. 우리는 내부의 위대한 무의식으로부터 모든 경험들을 받게 된다.

(7) 한 사마리아 여인이 물을 길으러 왔는데, 예수께서 그녀에게 말씀하시기를 "마실 물을 좀 달라."고 하시더라. (8) (이는

그의 제자들이 음식을 사기 위하여 성읍으로 갔음이라.)

*사마리아 여인*은 결핍과 제한의 느낌을 의미한다. 그것은 종파적 믿음과 편견으로 가득 찬 마음이다. 예수, 즉 우리의 소망은 우리에게 다음과 같이 말한다. *마실 물을 좀 달라*. 이것은 높은 자아, 신적인 자아가 제한이나 문제에서 벗어나라고 우리에게 말하는 것이다.

우리가 어떤 문제나 어려움을 가질 때마다 그 해결책은 항상 소망의 형태로 문을 두드린다. 우리는 영감inspiration, 인도guidance, 힘, 그리고 활기를 마셔야 한다. 그의 제자들이란 우리가 마음의 도시 안에서 기도를 할 때 취해지는 우리의 생각과 느낌과 일반적인 마음태도를 말한다. 그 마음의 도시 안에서 편재하는 힘에 대한 믿음을 통해 우리는 양식을 사고, 보다 더 강해진다.

(9) 그때 사마리아 여인이 주께 말씀드리기를 "유대인인 당신이 어떻게 사마리아 여자인 나에게 '마실 물을 달라'. 고 하시나이까?" 라고 하니, 이는 유대인들이 사마리아인들과는 교제가 없기 때문이더라. (10) 예수께서 대답하여 그녀에게 말씀하시기를 "만일 네가 하나님의 선물을 알고 또 마실 물을 좀

달라고 너에게 말한 이가 누구인 줄 알았더라면 그에게 구하
였을 것이요, 그는 너에게 생수를 주었으리라." 고 하시니

하나님의 선물은 우리의 소망을 말한다. 만약 인간이 그의 인식이 바로 신이고 그의 소망은 단순히 생명이 자신에게 앞으로 나아가라고 재촉하는 것임을 알게 되면, 내부의 원천으로 들어가서 자신의 이상이 지금 실제 존재한다고 주장할 것이다. *사마리아 여인*이란 신이 경이로운 무의식 안에 존재한다는 것을 모르면서 바깥세상 어딘가에 존재한다고 믿는 마음을 상징한다. 그것은 오감에 의해 전달된 외부현상에 지배된다. 심리적 변화와 정신적 깨달음의 과정은 다음 절에서 나온다.

(11) 그 여인이 주께 말씀드리기를 "주여, 당신은 물 길을 그릇도 없고 이 우물은 깊은데 어디서 그 생수를 얻겠나이까?

여기에서 언급한 여인은 우리 안에 있다. 즉 우리의 의심, 그리고 신과 그의 법칙에 대한 잘못된 믿음에 기인한 공포를 의미한다. *당신은 물 길을 그릇도 없고* 란 인간은 자신이 원하는 것을 얻기 위해서는 의지할 것이 필요하다고 생각하는 것

을 상징한다. 물을 길을 그릇이 필요하다고 생각한다. 성서를 문자 그대로 받아들이면서, 구원 받기 위해서는 어떤 교회나 종파에 가입해야 한다고 믿고 있다. 하나님의 왕국은 자신 내부에 있다는 것을 알지 못하는 한, 하나님의 왕국을 외부에서 찾으면서 *어디서 생수를 얻겠나이까?* 라고 항상 묻는다. *생수*는 고무鼓舞, 진리, 치유, 인도, 또는 인간의 정신적 회복을 위해서 필요한 것을 의미한다.

경배하고 기도하고 탄원하기 위해서는 의식과 제단과 교회가 필요하다고 생각하는 오래된 믿음이 있다. 오래된 인류의 믿음과 전통, 그리고 교리와 독단이 그들의 머리를 쳐들고 우리에게 도전한다. 우리에게는 우연에 의해서 좌지우지되고 우리가 싸워야 할 외부의 세력이 존재한다는 오래된 사고가 있다. 이런 것들은 죽어 사라져야 한다. 그렇게 됨으로써 우리는 생수, 즉 내부에 있는 하나님의 왕국을 경험하게 된다. *진리*는 우리의 잘못된 개념, 개인숭배에 대한 믿음과 전통을 절단시키는 칼이다. 가끔 이런 낡은 사고와 결별하는 것에는 통렬한 아픔이 따르기도 한다. 역사적 인물에게 힘을 부여하기 보다는 우리의 믿음에 따라 항상 반응하는 창조적 매개체인 주관적 자아에 의지하고 확신해야 한다.

(12) 우리 조상 야곱이 이 우물을 우리에게 주었고, 또 그와 그의 자손들과 가축들이 여기서 마셨는데 당신이 야곱보다 더 위대하시나이까? 라고 하니라.

도전은 계속된다. 다시 말해서 이것은 우리가 애원하고 탄원해야 하는 의인적인 신이 있다는 오래된 개념, 즉 전통적인 믿음의 우물이다. 이것은 보통 인간의 상상에 의해서 만들어진 무자비하고 독재적인 분노의 신이다. 인류는 신이 무형無形의 존재로 자신 안에 존재하고 있다는 진리를 거부한다.

숨결보다 가깝고 손, 발보다 가깝다!

그들은 자신들의 교회와 성인, 순교자, 예언자들의 기록과 그들의 독단과 의식, 화려한 형식, 그리고 힘을 강조한다. 또 그들은 우리의 조상들이 경배를 드렸고 모두를 위해서 죽었다고 말한다. 인간은 진리를 알게 되면서 미신을 버린다. 많은 이들은 제한, 갈등, 고통, 그리고 여러 종류의 불행들로부터 전혀 영향 받지 않는 자신의 심리적 능력을 받아들이지 않는다. 그들은 잘못된 견해나 이미 옛날에 죽은 사람들의 잘못된 믿음에 의해서 조정되고 지배 받는다. 그들은 성서의 *무덤 속에서 살다* 라는 구절처럼 죽은 과거 속에서 살고 있다.*박사님의 책 How to use your healing power 60페이지 참조 무덤은 과거의 기록을 상징한다. 인간이 자신의 견해들을 조사하고 옳은 해결책을 찾는 것을 거부하면, 이런 죽은 독단이나 인간이 만든 전통 속에서 속박된 상태로 남아 있게 된다.

인간은 자신을 더욱 더 높은 위치로 이끄는 진리를 찾을 수 있다. 건강, 행복, 그리고 평화를 소유할 수 있는 지혜, 지식, 생명의 이치를 발견할 수 있다. 하지만 먼저 자신의 진정한 위치를 빼앗아가는 잘못된 지식과 믿음을 제거해야 한다.

화학자가 되기 위해서는 화학 방정식, 화학 반응 등의 화학 법칙을 공부해야 한다. 그것에 대한 잘못된 지식을 얻는 것은 매우 위험하다. 화학을 모르는 선생님 밑에서 공부한다고 상상해보자. 이것은 소경이 소경을 인도하는 경우와 같다.*마태복음 15: 14 자신의 종교는 어디에서부터 왔는가? 라고 자문해보라. 그 기원을 추적해보고 이런 믿음들을 조사하고 탐구해 보라. 그것들을 추적해 보면 힘에 대한 탐욕과 인간이 만든 횡포가 있는 숨겨진 장소를 발견하게 될 것이다. *사람들의 계명들을 교리들로 가르치니, 그들이 나를 헛되이 경배하는도다.* 마태복음 15:9

(13) 예수께서 대답하여 그녀에게 말씀하시기를 "이 물을 마시는 사람은 누구든지 다시 목마르려니와 (14) 내가 주는 물

을 마시는 사람은 누구든지 영원히 목마르지 아니하리라. 그러나 내가 그에게 주는 물은 그 사람 안에서 영원한 생명으로 솟아오르는 샘물이 되리라." 고 하시니라.

많은 이들은 생명의 물이 어디에 있는지 알지 못한다. 물이라고 하면, 사람들은 마시는 걸로만 생각하고 원기를 회복시켜주는 힘이 있는 정신적 가치에 관한 것인지는 알지 못한다. 사람들은 안전, 완전성, 평화, 그리고 행복을 외부에서 찾는다. 하지만 이러한 것들은 내부에서 나온다.

우스펜스키의 내적 가르침에 관한 나의 강연에서 다음과 같은 사례를 언급했다. 어떤 이가 의사를 찾아와 자신의 아들을 치유시켜주면 백만 달러를 주겠다고 약속했다. 하지만 그 훌륭한 의사 선생님은 현대의학으로 가능한 것은 모두 했고 아드님을 살릴 수 있는 것은 오직 기도뿐이라고 말했다. 그는 "어떻게 기도해야 합니까?"라고 물었다. 우리는 그가 얼마나 목말라하는지 알 수 있다. 그는 어디서 물을 마시는지 모르고 또한 생명의 샘이 자신 안에 있는지도 모른다. 어떻게 믿음, 확신, 무한한 치유력에 대한 신뢰를 마시는지를 모른다. 그 의사 선생님은 그에게 어떻게 기도해야만 그의 아들이 살아 날 수 있는지를 가르쳤다. 지혜, 마음의 평화, 건강, 기쁨, 또는 신에 대한 믿음은 돈으로 살 수가 없다. 생명의 진정한 선물은 만질 수 없는 무형이다. 그것들은 영혼으로부터 온다. 영원한 진리인 것이다.

성서에 나온 모든 이야기들의 의미를 다른 관점으로 보자. 올바른 지식과 과학적인 지적활동*미신과 선입견을 사라지게 하는 정신적 활동에 의해서 우리는 높은 단계에 도달할 수 있고 우리 모두는 내부에 있는 높은 잠재력까지 도달할 수 있다. 지금 평화, 안전, 행복에 대한 생각들이 당신 마음을 차지하도록 하라. 이런 생각들이 주관적 실체가 될 때까지 그것들과 함께 살아야 한다. 그러면 당신은 결코 목마르지 않을 것이다. *영원한 생명으로 솟아오르는 샘물*은 내부에 살아있는 전능의 영혼이다. 명상과 기도에 의해서 우리는 영혼의 결실을 영원히 맛볼 수 있다.

(15) 그 여인이 주께 말씀드리기를 "주여, 그 물을 나에게도 주셔서 내가 목마르지도 아니하고 여기에 물을 길으러 오지도 않도록 하옵소서." 라고 하니 (16) 예수께서 그녀에게 말씀하시기를 "가서 네 남편을 불러 이리로 오라." 고 하시니라.

우리의 *남편*은 하나님God 또는 우리의 이익Good이 되어야 한다. 우리의 마음과 의식 안으로 오직 존귀하고 사랑스럽고 현명한 개념이 들어오게 해야 한다. 그러나 대부분의 경우에, 우리의 오감은 잘못된 지식, 잡다한 개념들, 그리고 여러 종류의 오류 등을 주입받아서 마음의 수용매체에 계속적인 영향을 준다. 주변의 상황과 소리, 잘못된 믿음과 공포 등의 쇄도가 오감을 통해서 우리 마음으로 전달되어 다섯 개의 잘못된 남편이 된다. 그러나 항상 지혜가 우리의 남편이 되게끔 해야 한다. 결과적으로, 계몽되지 않은 오감은 인간의 감정적 본성 속에 한계를 계속 각인하고, 인간의 감정적 본성은 또 끊임없이 그렇게 새겨진 한계를 경험으로 재생산한다.

너를 만든 이는 너의 남편이다. 남편은 아내를 주관할 것이다 라고 성서는 말한다. 이 구절의 의미는 당신이 품은 사고는 당신의 감정적 또는 주관적 면으로 들어간다는 것이다. 우리 사고가 신의 사고가 될 때, 우리는 남편을 부르게 된다.

(17) 그 여인이 대답하여 말하기를 "나에게는 남편이 없나이다." 라고 하니 예수께서 그녀에게 말씀하시기를 " '나에게는 남편이 없나이다.' 라고 한 네 말이 옳도다. (18) 너에게는 다섯 명의 남편이 있었으며, 또 지금 있는 자도 네 남편이 아니므로 네가 이 점에 관하여 참말을 하였도다." 라고 하시니

결핍과 한계라는 혼돈 상태에 있는 자는 신GOD, 즉 이익Good을 자신의 배우자로 삼지 못하고 있다. 마음에 공포와 걱정을 갖고 있으면 우리는 하나님과 결혼한 것이 아니다. 그러므로 우리는 진정한 남편, 배우자(정신적으로 고상하고 옳게 단련된 현재의식)가 없다. 당신의 종교가 만족을 주는가? 위안과 마음의 평화, 그리고 내적 성장을 주는가? 나의 모든 사고는 하나님의 진실에 기초되어 있는가? 자신에게 물어보라.

(19) 그 여인이 주께 말씀드리기를 "주여, 당신이 선지자이신 것을 내가 아나이다. (20) 우리 조상은 이 산에서 경배를 드렸는데 당신들은 경배드려야 할 곳이 예루살렘에 있다고 말하나이다." 라고 하니 (21) 예수께서 그녀에게 말씀하시기를 "여인아, 나를 믿으라. 너희가 이 산에서나 예루살렘에서도 아버지께 경배하지 않을 그 때가 오리라. (22) 너희는 너희가 알지 못하는 것을 경배하고, 우리는 우리가 경배하는 것을 아노니 이는 구원이 유대인에게서 나오기 때문이라. (23) 그러나 참된 경배자들이 아버지께 영과 진리로 경배드릴 때가 오나니 바로 지금이라. 이는 아버지께서 자기에게 경배드리는 그런 자들을 찾으심이니라. (24) 하나님은 영이시니 그 분께 경배드리는 자들은 영과 진리로 경배드려야만 하리라." 고 하시니라.

많은 이들은 경배를 하기 위해서는 교회 건물이나 어떤 특정 성지에 가야만 한다고 생각한다. 위 성경구절에서는 하나님을 영혼과 진리로 경배해야 한다고 말한다. *경배하다* 란 주의를 가치 있는 것에 두는 것을 의미한다. *교회*는 지혜와 사랑과 진리에 바친 지적, 감정적 상태를 상징한다. 당신의 교회는 당신 영혼의 내부 신전이다. *성가대*는 하나님을 조용히 명상한 후에 일어나는 고양(高揚)된 분위기와 내적 기쁨을 상징한다. 교회는 내부에 있다(신에게 집중된 신성한 사고와 태도, 정신적 기능). *사제*는 내부(느낌)에 있다. 하나님은 내부(우리 의식이나 나는)에 있다.

구원이 유대인에게서 나온다. 이것은 어떤 특정 민족을 말하는 것이 아니다. 여기서 *유대인*이라는 단어는 빛에 의해 밝혀진 지성을 말한다. 자신의 지성이 하나님의 지혜로 채워졌을 때 구원과 해결책이 주어진다. 진정한 유대인은 메시아가 자신 안에 있고, 신에 대한 믿음이 구원자라는 것을 알고 있다. 그는 자신의 기도에 응답하는 무한한 지성을 신뢰한다. 자신에게 나타나는 메시아란 자신의 기도가 응답된 것, 혹은 해결책이라는 것을 안다.

여기서 설명한 진리를, 살아있는 신선한 물이 솟는 샘으로 만들어서 자신 안에서 살아있게 하면 더 이상 목마르지 않을 것이다. 이 샘물의 생수를 마시게 되면 하나님은 당신 눈물을 닦아 주실 것이고 당신은 더 이상 울지 않을 것이다. 우리는 이제 이 장의 하이라이트를 다루겠다.

(29) "와서 내가 행한 모든 일들을 나에게 말한 그 사람을 보라. 그 분이 그리스도가 아닌가?" 라고 하니

*그리스도*란 진리에 대한 깨달음 또는 계몽된 이성을 의미한다. 당신에게 일어났던 모든 것들은 오감에 의해 부여된 제한 때문이었다는 것을 알게 되었다. 게다가 과거의 삶을 보면 이렇게 잘못 주입된 것들을 목격하게 된다. 우물가에서 예수님과 여인과의 대화는 보통 사람들의 마음속에서 외부현상, 즉 오감이 전하는 것과 그들이 소망하는 것과의 사이에서 일어나는 논쟁이다. 그들의 마음속에는 도전이 있다.

높은 자아는 다음과 같이 당신에게 말한다. "만약 지금 당신이 원하는 상태에 있다고 믿으면 그렇게 될 것이다." 작은 자아는 다음과 같이 말한다. "그렇게 좋은 것이 사실일리 없다. 외부상황을 보라. 우물은 깊고 물 길을 그릇은 없어." 당신 감각의 활동을 멈추고, 안으로 들어가 문을 닫고 당신이 갈망하는 상태를 느끼기 시작하라. 당신의 의식에 그런 성질들이 부

여될 때까지 계속하라. 그러면 평화롭고 편안한 느낌이 올 것이다. 당신이 주관적으로 받아들인 것은 객관화된다.

(35) 너희가 아직도 넉 달이 있어야 추수할 때가 된다고 말하지 아니하느냐? 보라, 내가 너희에게 말하노니 눈을 들어 밭을 보라. 이는 곡식이 추수하도록 이미 하얗게 되었음이라.

*우리가 먹을 음식*은 하나님의 의지이다. 모든 사람에 대한 하나님의 *의지*는 정신적으로 모든 좋은 것들을 소유하게 하는 풍요로운 삶이다. *넉 달이 있어야 추수할 때가 된다* 고 말해서는 안 된다. 다시 말해서 우리의 이익Good을 연기延期해서는 안 된다. 당신의 이익, 소망은 또 다른 차원의 세계, 즉 높은 의식 상태 속에서 지금 존재한다. 평화, 건강, 화합, 지혜 등은 모두 당신 안에 있다. 평화를 연기延期하지 말고 지금 잡아라!

예를 들어 집을 팔려 한다고 가정하자. 집은 신적인 마음 Divine Mind 속에서 이미 팔렸다고 깨닫고 그것을 지적mental으로 받아들여라. 그러면 무한한 지성은 당신과 구매자를 연결시켜 줄 것이다. 보이지 않는 사고가 모든 것의 실체이다. 이것이 왜 추수할 때까지 넉 달을 기다릴 필요가 없는지에 관한 이유이다. 의식의 모든 상태, 모든 지혜, 모든 지식은 당신 안에 지금 존재한다.

가끔씩 우리는 "그는 나의 과거에 대해서 모두 말했어요."라고 말하는 것을 듣는다. 무당이나 직관력이 뛰어난 사람에게 타인의 과거는 펼쳐진 책과 같다. 부분적 주관적 상태에서 그들은 타인의 잠재의식과 파장을 맞춰서 과거를 쉽게 읽을 수 있다. 왜냐하면 인간의 삶 속에서 일어난 사건들은 잠재의식 속에 각인되어 있기 때문이다.

(44) 예수께서 친히 증거하시기를 "선지자는 자신의 고장에서 존경을 받지 못하느니라."고 하시니라.

성서에서 *고장*은 의식의 상태를 말한다. 우리는 현재 마음의 상태를 벗어나서 정신적 과정과 기능을 명상하는 곳인 다른 마음의 왕국으로 떠나야 한다. 마음을 고요히 만들고 우리의 이익Good에 의식을 집중할 때 하나님의 힘은 이 의식이 놓인 곳으로 흐르게 된다. 지금 우리는 다른 고장으로 이주했다. 왜냐하면 우리는 새로운 의식상태, 자신에 대한 새로운 개념에 도착했기 때문이다.

(50) "가라, 네 아들이 살아났느니라." (52) "어제 제 칠시에

열이 떨어졌나이다."

위의 인용문은 이 장의 정수이다. 여기서 우리는 부재치료不在治療에 대한 교훈을 얻는다. 유일한 하나의 존재 안에서 타인의 치유를 위해 기도할 때는 실제로 부재不在라는 것은 없다. 인류의 견해나 공포를 당신 마음속에서 제거해야 한다. 이것을 단호하게 행해야 한다. 다음 단계는 내부에 있는 치유의 존재에게 향해서, 환자의 잘못된 믿음과 견해가 제거되었다는 것을 느껴야 한다. 그리고 동시에 건강, 평화, 행복에 대한 생각은 신이 행하는 일이라는 것을 알아야 한다. 당신 내부에서 화합, 건강, 평화를 인식한다면 그것은 환자에게 주는 신의 선물이다. 그리고 이 선물은 환자의 마음속에서 부활한다.

그가 그의 말씀을 보내시어 그들을 고치셨으며. *시편 107:20 다른 이가 아프고 도움을 요청할 때 당신은 그가 치유됐음을 확신함으로써 도움을 줄 수 있다. 정신적으로 완벽하게 받아들이는 상태에 도달한다면 그것이 제 칠시, 안식일, 마음의 평화이다. 그렇게 되면 당신 기도가 이루어짐을 알게 된다. 이것이 성서에서 나온 *제 칠시에 열이 떨어졌나이다*의 의미이다.

요한복음 5장

(1) 이 일 후에 유대인의 명절이 있어 예수께서 예루살렘으로 올라가시니라. (2) 예루살렘에 있는 양시장 곁에 히브리어로 '베데스다'라고 하는 못이 있고 행각 다섯이 있더라. (3) 그 안에는 수많은 병든 사람이 누워 있는데, 소경과 절름발이와 혈기 마른 자들이 물이 움직이기를 기다리고 있더라. (4) 이는 천사가 어떤 때 그 못에 내려와 물을 움직이게 하는데, 물이 움직일 때 먼저 들어간 사람은 어떤 병이 있든지 낫게 됨이라. (5) 그런데 삼십팔 년 동안 병을 앓던 한 사람이 거기 있더라. (6) 예수께서 이 사람이 누워 있는 것을 보시니, 그가 오랫동안 병든 줄 아신지라, 그에게 말씀하시기를 "네가 낫기를 원하느냐?"고 하시니 (7) 그 병든 사람이 대답하기를 "주여, 물이 움직일 때 나를 못에다 밀어 넣어 줄 사람이 없나이다. 그래서 내가 가는 도중에 다른 사람이 내 앞에 내려가나이다." 라고

하니라. (8) 예수께서 그에게 말씀하시기를 "일어서서 네 침상을 들고 걸어가라." 하시니

*명절*은 원하는 것을 명상하는 심리적 향연을 상징한다. *예루살렘*은 평화를 상징한다. *예수께서 예루살렘으로 올라가시니라* 의 의미는 마음을 고요히 하고 평화를 명상하는 것이다. *베데스다*는 안식처를 의미한다. 의식을 세상으로부터 분리시키고 신과 그의 법칙을 명상할 때 우리는 안식처로 들어가게 된다. 마음을 고요히 하고 내부의 살아있는 전능한 영에 대해서 생각하라. 바로 그때 당신은 *베데스다 연못* 안에 있다.

*다섯개의 행각*은 우리의 오감을 의미한다. 오감은 우리가 기도하는 것을 부정한다. 게다가 오감은 잘못된 믿음과 여러 종류의 제한을 우리에게 주입시킨다. 실현시키는데 실패한 우리의 희망, 꿈, 야망, 이상은 우리 안에 있는 소경과 절름발이와 혈기 마른 자들과 같은 병자이다.

*양시장*은 기도가 마치 시장 같이 서로 교환하는 장소란 뜻이다. 양은 우리가 실현시키려고 하는 사랑스런 상태이다. 결국, 우리는 결핍에 대한 분위기를 부유의 분위기로 바꿔야 하고, 질병에 대한 느낌을 완벽한 건강의 상과 느낌으로 바꿔야 한다. 현재의식을 시장이라고 부를 수 있다. 거기서 우리는 사

고, 개념, 소망, 잘못된 믿음, 의심 등을 교환하고, 사고 팔수 있다.

오감의 지배를 받는 보통 사람들은 외부현상을 기초로 판단하면서 자신 내부의 창조적인 힘이 자신의 사고와 소망에게 생명을 줄 수 있다는 것을 알지 못한다. 그래서 외부적으로 어떤 일이 일어나기만을 기다리고 있다.

우리는 여기서 *천사가 물을 움직이게 한다* 라는 말을 듣는다. *천사*(angel)라는 단어는 마음속에서 솟아나는 소망이나 새로운 사고, 마음의 태도를 의미하는 angelus라는 단어로부터 왔다. 당신 소망이 마음을 의미하는 못을 움직인다. 소망이 실현되어야만 비로소 평화가 온다.

이 책을 읽는 독자 중에는 텔레비전 방송에서 노래를 부르는 것을 소망으로 생각하는 사람이 있을 수 있다. 하지만 장애를 보고 의심과 걱정에 휩싸일 수도 있고, 주위 사람들의 부정적인 말에 낙담할 수도 있을 것이다. 당신은 여기서 *누구라도 먼저 들어간 사람은 낫게 된다* 라는 말을 듣는다. 아무도 당신보다 먼저 못(신의 존재)에 들어갈 수 없다는 것을 분명히 깨달아야 한다. 왜냐하면 당신의 사고가 유일한 힘이기 때문이다. 타인의 암시, 대중적 믿음은 당신을 압도할 힘이 없다. 외적조건과 타인의 암시는 원인이 되지 못한다. 당신이 먼저 부정적인 암시에 영향을 받게끔 자신을 허용해야만 가능하다.

신이란 분리될 수 없는 하나라는 것을 알게 될 때 *못에 먼저 들어가는 것이다*. 신의 세계에는 분리나 분쟁은 없다. 게다가 전능에 도전하는 것은 없다. 당신의 사고를 하나님과 그의 치유력에 두면 당신은 전능한 존재와 하나가 된다. 그러면 이것은 실제로 신의 사고가 되고 당신의 사고나 기도는 반드시 이루어진다. 세상의 모든 공포와 부정적인 사고는 지금 당신 마음속을 파고들어올 수 없다. 왜냐하면 당신은 유일한 전능인 신에게 집중했기 때문이다. 따라서 누가 어떻게 당신의 이익을 빼앗아 갈 수 있단 말인가? 이것이 성서에 기록된 '하나님과 하나인 자는 승리한다.' 라는 의미이다. 원천은 사랑이다. 거기에는 공포란 없다. 트라워드는 다음과 같이 말했다. "두개의 무한이라는 것은 없다. 왜냐하면 하나는 다른 하나를 무력화시키기 때문이다."

다음과 같이 말하는 사람을 흔히 볼 수 있다. "이렇게 된 것은 존 때문이야." "메리와 수잔 때문에 난 승진할 수 없었어." 그들은 그렇게 자신들의 불행과 어려움의 원인을 타인에게 돌린다. 성서의 언어를 빌려보자면 다음과 같이 말하는 것이다.

내가 가는 도중에 다른 사람이 내 앞에 내려가나이다.

당신 몸이 치유되기를 기도할 때, 혹시 저 하늘의 별들이 당신이 가는 길을 방해할 수 있다고 생각하는가? 별자리 때문에 지금 치유될 수 없다고 말하면서 그것들에게 우선권을 주는가? 만약 그렇다면, 당신은 분리된 마음을 가지고 있고 하나의 힘에 대해 최고의 권한을 인정하지 않은 것이다. 당신의 믿음은 분리되고, 따라서 아무것도 일어나지 않는다. 당신은 마음속에서 분쟁을 가지고 있는 것이다. 왜 우주에 있는 원자, 분자의 집합체를 경배하는가? 별들을 만든 하나님을 믿어라. 이것이 바로 모든 곳에 존재하는 신성한 연못 안으로 들어가는 방법이다. 그것은 당신 가슴속에서 사랑의 등불을 켜, 당신이 가는 길에 영원히 그 빛을 밝힌다. "**나는** I AM"이라는 말은 오직 당신만이 할 수 있다. 이것은 일인칭이고 현재시제이다. 당신 누이에게 말할 때는 "당신은"이라 말하고 제 삼자를 말할 때는 "그는 또는 그들은" 이라고 말한다.

요한복음 편에 관한 우리 강좌에 참석한 한 여인은 다음과 같이 말했다. "오직 나만이 '나는'이라고 말할 수 있는 힘을 가지고 있다. 아무도 나대신 이 말을 할 수 없다. 나는 지금 원하는 상태에 있다고 믿는다. 나는 이 지적 분위기 속에서 살고 움직이고 나의 실체를 두고 있다. 어떤 사람, 어떤 것도 내 앞에 끼어들어올 수 없고 내가 가는 길을 방해할 수 없다. 왜냐하면 나의 믿음에 따라, 그대로 이루어지기 때문이다." 그녀는 이와 같은 기도를 행함으로써 괄목할 만한 성과를 이루었다.

 외부환경, 날씨, 타인, 그리고 세상의 결과물에 힘을 주는 것을 멈춰야 한다. 결과를 원인으로 간주하는 것을 이젠 멈춰야 한다. 오직 하나의 힘인 당신 안의 영혼, 당신의 인식과 의식만이 있을 뿐이다. 그 연못에 가장 먼저 들어가고자 한다면 알 수 없는 신들과 관념들, 그리고 다른 것들을 향해 흐르던 당신 내부의 힘을 멈춰야 할 것이다. 지금 당신의 완전성, 완벽성을 받아들여라. 당신의 의식이라는 연못을 움직이게 하는 천사는 당신의 건강에 대한 소망이다. *병든 사람*은 힘이 어디에 있는지 모른다. 그는 그것이 자신 바깥에 있다고 믿는다. 자신에 대한 실체의 진실을 점차 깨닫게 됨으로써, 치유력이 자신 내부에 있고 그것과 접촉할 수 있다는 것을 알게 된다.

 성서의 과학이나 숫자적 상징에서 *삼십팔 년*이란 신의 존재에 대한 확신과 정신적 성숙에 이르게 되는 나이를 의미한다. 숫자 삼십은 삼위일체 또는 마음속의 창조적 활동을 말하는 것이고, 숫자 8은 8개의 음조인 옥타브를 의미하는데, 그것은 정신적, 영적인 법칙에 대한 앎을 통해 더 높이 올라설 수 있는 인간의 능력을 상징한다.

 치유에 대한 삼위일체는 다음과 같다.

 첫째 : 정신적 힘이 최고이고 전능이라는 사실을 인정.

둘째 : 건강에 대한 당신의 소망.

셋째 : 완벽한 건강을 마음속에서 받아들이고, 당신의 믿음에 응답하는 전능한 힘에 대한 앎을 가지고 완벽한 건강에 대해서 느끼고 믿고 요구하는 것.

숫자 팔은 치유가 일어날 때 생겨난다. 팔은 두 개의 원으로 구성된다. 이것은 현재의식과 잠재의식 또는 사고와 느낌의 조화로운 상호작용을 상징한다. 소망과 감정적인 면이 일치되면 그 둘 사이에는 더 이상 어떤 분쟁도 생기지 않아 치유가 일어난다. 이 장에서 나온 이 훌륭한 이야기를 지금 적용할 수 있다. 그렇게 하면 우리 인생에 경이로운 일이 일어난다.

예수님, 즉 당신의 계몽된 이성의 *일어나서 네 침상을 들고 걸어가라* 는 명령은 당신이 치유되었다고 말하는 내적인 확신이다. 이것은 내부로부터 오는 명령이다. 당신은 침상(진리)을 들고 자유롭게 걷게 되었다. 이런 모든 일들은 안식일 날 일어난다.

*안식일*이란 진정한 기도 후에 일어나는 내적확신 또는 고요함이다. 이것은 걱정하지 않고, 불안해하지 않는 편안한 의식의 지점이다. 왜냐하면 내일 아침 태양이 떠오르는 것처럼 당신 소망의 부활이 있을 것을 알기 때문이다. 이것을 마음속 깊이 믿을 때 "언제", "어떻게", "어디서", "어떤 방식으로" 소망

이 이루어지는지에 대해 묻지 않게 된다. 당신이 지적 여행의 끝 지점에 도착하면, 심리학적으로 말해서 당신은 "어떻게, 여기에"라고 말하지 않는다.

예를 들어 당신이 시카고에 도착했을 때, "어떻게 나는 여기에 있지?"라고 말하지 않는다. 당신은 이미 거기 있다. 항상 이용 가능한 하나님 속에서 걷고 그 정신적 분위기 속에서 산다면 항상 안식일 속에 있는 것이다.

(9) 그 사람이 즉시 나은지라. 자기 침상을 들고 걸어가니 그 날은 안식일이더라.

많은 사람들은 안식일을 외적으로 거행한다. 그들은 안식일 날 나무에 못을 박는 일과 같은 것을 한다면 죄를 짓는 것이라고 생각한다. 이런 것들은 터무니없다. 그들은 안식일이 내부에 있다는 것을 모른다. 그들은 우리가 어느 때고 선의와 진리와 아름다움과 풍요라는 의식 속에 머문다면 안식일을 거행하는 것임을 알지 못했다.

가능한 반복은 피하고, 이 장에서 중요한 절만을 다루겠다.

(17) 나의 아버지께서 지금까지 일하시니 나도 일하노라.

우리 이상을 실현하기 위해서는 마음의 두 가지 측면의 협력과 조화가 필요하다. 지적인 면이나 감정적인 면에서 어떤 논쟁이나 분쟁이 있어서는 안 되고 둘은 일치하여야 한다. 이 두 개가 어떤 것에 관해서 일치하면 그것은 이루어진다. 만약 당신이 자기 전에, 새벽 다섯 시에 일어날 것을 생각하면 마음의 깊은 곳에 존재하는 무언가가, 당신을 그 때 깨울 것이다. 이것이 위 절의 의미를 단순하게 설명한 것이다.

(22) 아버지께서는 아무도 심판하지 아니하시고 모든 심판을 아들에게 맡기셨나니

아들은 사고, 생각, 마음, 또는 표현을 의미한다. 우리 마음이 심판하고 비난한다.
이는 그가 생각하는 대로 그도 그러한즉 *잠언 23:7
우리 사고와 우리 자신에 대한 개념에 의해서 우리 자신을 심판한다.

(30) 나는 듣는 대로 심판하노라...

우리는 무엇을 듣는가? 우리는 우리 자신과 타인에 대해서

좋은 소식을 듣는가? 아니면 부정적인 태도를 지니고 있는가?

(23) 모든 사람이 아버지를 존경한 것과 마찬가지로 아들을 존경하게 하려 함이라.

우리는 아들을 존경해야 한다 의 의미는 우리는 자신에 대해서 높은 개념을 가져야 한다는 것이다. 자신에 대해 높은 개념을 가지고 이것에 대해 스릴을 느끼고 사랑 속에 이 개념을 밀봉한다면 우리는 그것을 구체화시킬 수 있다. 만약 우리가 행복하고 고양되고 즐겁고 빛나는 상태에 있지 못하면 우리는 아버지를 공경하는 것이 아니다.

(30) 나는 아무것도 스스로 할 수 없노라. 나는 듣는 대로 심판하노라. 또 나의 심판이 의롭다.

이 절의 의미는 인간의 이성적 마음인 현재의식은 창조를 일으키지 않는다는 이야기이다. 인간의 주관적 자아가 해결책을 알고, 모든 것을 볼 수 있고 모든 것을 알고 있다. 작용과 반작용은 같다는 의미에서 우리의 *심판은 의롭다* 고 할 수 있다. 인간은 자신의 판단에 의해서 마음의 법칙을 작동시킨다.

결심과 논리적 사고 같은 지적행위는 현재의식에서 일어난다. 절대적인 것은 판단을 내리지 않는다. 마음속에서 도달한 결론, 즉 판단은 그렇게 내려진 생각과 결심에 따라 자동적으로 법칙을 작용시켜 결과를 만들어낸다.

판단이나 결심이 현명하다면 그에 걸맞은 반응을 경험할 것이다. 만약 판단을 잘못하고 심각한 실수를 했다면, 종종 복수라고 불리는 결과나 그에 걸맞은 결과를 경험할 것이다. 법칙의 세계에서 불균형이나 편애는 없다. 작용과 반작용은 항상 같다. 우리 모두는 이것을 경험을 통해서 알고 있고 또한 알아야 한다.

(39) 성경을 상고하라. 이는 너희가 성경에 영생이 있다고 생각함이니, 그 성경은 나에 관하여 증거하고 있음이라.

많은 이들이 성서를 자세히 조사하고, 자유롭게 인용한다. 하지만 그들은 율법의 문자적인 것에만 집착하면서, 생명을 주는 율법의 정신에 대해서는 잘 알지 못한다. 하나님에 대한 경배는 내적인식이지, 의식이나 의례 혹은 예배나 성서의 인용에 있는 것이 아니다. 하나님에 대한 경배에 있어서는 신비스런 내적고상高尙, 영적으로 아버지와 하나가 되려는 진지한 소망이 있어야 한다. 그러면 계시啓示는 분명히 뒤따른다.

(46) 너희가 모세를 믿었다면 나를 믿었으리니 이는 그가 나에 관하여 기록하였기 때문이라.

모세는 마음 깊은 곳에 있는 우리의 소망과 목표와 이상을 끄집어내는 것을 의미한다. 만약 우리의 소망, 이상이 마음의 다른 차원에 이미 존재하고 있음을, 그리고 그것의 실체를 믿으면 우리는 신God, 즉 유익함God을 믿는 것이다. 왜냐하면 소망이 실현되면 우리는 곤경에서 빠져나오게 되기에 우리의 구원자라고 말할 수 있기 때문이다.

요한복음 6장

(1) 이런 일들 후에, 예수께서는 티베랴 바다인 갈릴리 바다로 건너가시더라. (2) 큰 무리가 그를 따라가니 이는 그들이 주께서 병자들에게 행하신 그의 기적들을 보았기 때문이라. (3) 그리하여 예수께서 산에 올라가셔서 제자들과 더불어 거기에 앉으시더라. (4) 유대인의 명절인 유월절이 가까웠더라. (5) 예수께서 눈을 들어 큰 무리가 자기에게 오는 것을 보시고 빌립에게 말씀하시기를 "우리가 어디서 이 사람들이 먹을 빵을 사겠느냐?" 고 하시니 (6) 주께서 이렇게 말씀하심은 그를 시험하기 위함이라. 이는 주께서 하실 일을 친히 알고 계심이더라.

이 이야기는 내면의 변화에 대해서 다루고 있다. *오천 명에게 먹을 것을 주다* 란 심리적으로 우리를 종일 따라 다니는 배고프고 혼란스럽고 비탄에 빠지고 두려움을 주는 사고를 상징한다. *큰 무리*는 외부 오감으로부터 온 소식들로 이루어져 있다. 우리 내부에 있는 눈멀고 절뚝거리고 배고프고 불구인 사고에 정신적 음식과 지식을 공급해 주어야 한다.

예를 들어 많은 사람들은 천국이 하늘 위 어딘가에 있고, 지옥은 땅 속 어디엔가 있다는 생각을 가지고 있다. 이들이 그들의 천국(화합, 평화, 그리고 기쁨)과 지옥(고통, 불행, 그리고 시련)은 자신들의 사고에 의해서 만들어진다는 것을 알 때 앞 못 보는 사고는 보게 되면서 그들의 고통의 원인을 이해하기 시작한다. 이것을 장님이 볼 수 있게 되었다고 표현할 수 있다.

이 이야기의 목적은 외부적인 것과 독립해서 힘의 원천을 자신 안에서 자리 잡게 하라는 것이다. 보통 사람들은 감각이 보여주는 실체만을 믿는다. 그들은 외부 세상의 사건들이 모든 것의 원인이라고 생각한다. 인간이 외적조건이나 감각이 포착_{捕捉}한 징표_{徵表}와 상관없이 자신의 이상을 실현시킬 수 있는 천성적 능력이 있음을 모른다면 정신적으로 앞을 보지 못한다. 인간의 진정한 자아는 모든 제한을 뚫고 지나가고, 어떤 저항도 알지 못하는 전능이다.

나는 1955년 세계 강연 여행 중에 뉴질랜드에서 이 이야기를 다루었다. 강연장에 참석한 한 청중이 자신의 아들이 나을 수 있을지 모르겠다고 말했다. 그는 정신적으로 장님이었지만 무한한 치유력Infinite Healing Power이 자신의 아들을 변화시키고 있다고 단언함으로써 자신의 앞 못 보는 상태에게 올바른 것을 공급했다. 그는 이전에는 진리에 대해서 귀머거리였지만 이제 그의 귀는 트여, 무한한 치유 지성the Infinite Healing Intelligence의 본성은 항상 응답을 하기에 인간의 생각에 반응을 한다는 것을 들을 수 있었다. 그의 아들은 치유되었다.

그는 자신이 단언한 진리를 느꼈다. 기도가 경이로운 치유를 일으키는 것을 보게 되었다. 즉 하나님의 달콤한 풍미風味를 맛보았던 것이다. 통찰력은 그의 코를 통해 들어왔다. 마음속의 잘못된 믿음과 오류에서 빠져나와 아들이 완벽하고 완전하다는 진리의 세계로 들어갔다. 이것은 성서의 정신적, 심리적 의미에서 오천 명(틀린 생각들)에게 먹을 것을 공급해 준 것이다.

이 훌륭한 드라마를 이해하기 위해서는 모든 시련과 병마, 고통과 결핍이 거짓이라는 것을 깨달아야 한다. 그러면 당신은 당신자신에 대한 진실을 보게 될 것이고, 이로써 이제껏 경험해보지 못했던 내면의 고요를 겪게 될 것이다. 이 사람은 자신 안의 거짓을 말하는 사고들을 보았고, 그것들은 다음과 같이 말했다. "이 상태가 너무 악화되어서 손 쓸 수 없어." "희망이 없어." "애쓸 필요 없어." "다른 사람들도 이 병으로 죽었어." 등.

나는 그에게, 마음 안의 잡동사니를 보면서 그것들에게 자신의 아들을 만든 살아있는 지성과 힘이 또한 아들의 신체를 고칠 수 있다는 앎을 전해주라고 말했다. 기만하고 거짓말하고 어리석고 무지하고 미신적이고 두려움을 주는 마음속 사고들을 보면서 다음과 같이 말했다. "나는 이러한 사고들의 노예였고 그들이 나의 주인이었다. 하지만 지금 내가 주인이고 나의 마음을 보살피고 있다. 나는 나의 하인들(사고들)에게 할 일을 명령한다." 이로써 그는 주인이 되는 것을 결심했고 허기에 찬 모든 상태에게 먹을 것을 주었다.

오감을 올바르게 교육시킬 때 우리는 *오천 명에게 먹을 것을 공급* 하기 시작한다. (4장에서 5명의 남편을 둔 여인에 대해서 이야기할 때 이미 다루었다. 의미는 동일하다.) 6장에 나온 이 이야기의 요점은 당신 의식을 바꿔서 높이 오르라고 가르친다. 현재의 당신, 당신이 가지고 있는 마음의 상태가 똑같은 상황, 즉 해결할 수 없는 똑같은 문제를 끌어당긴다. 만약 자신을 바꾸면 당신의 모든 삶은 변하게 된다. 당신을 당황하게 만들었던 것들이 더 이상 예전과 같은 힘을 가지고 있지 않는 것을 보게 될 것이다.

당신이 기도할 때면 제자들과 함께 산으로 들어가는 것이다. 이것의 의미는 당신 태도와 지적 기능들을 올바른 정신적, 지적 과정으로 향하게 한다는 것이다.

(5) 우리가 어디서 빵을 사겠느냐?

이것은 천국의 빵, 즉 우리가 화합, 건강, 평화, 그리고 모든 옳은 것들을 지적으로 먹는 침묵의 빵을 표현하고 있다.

(7) 빌립이 주께 대답하기를 "각자가 조금씩 먹는다 해도 이백 데나리온 어치의 빵으로도 부족하리이다." 라고 하니 (8) 제자 중 한 사람인 시몬 베드로의 형제 안드레가 주께 말씀드리기를 (9) "여기 한 소년이 보리빵 다섯 덩어리와 작은 물고기 두 마리를 가지고 있나이다. 그러나 이것들이 이처럼 많은 사람에게 얼마나 되겠나이까?" 라고 하더라.

소년이라는 말은 그리스도 또는 진리를 깨달은 사람을 의미한다. 요한, 베드로, 그리스도 등의 이름은 각각 특정한 의식의 상태를 의미한다. 요한이 복음서를 썼다는 것은 증명되지 않았다. 어떤 역사적 증거도 없고, 실제로 요한이라는 인물이 누구인지조차 아는 이가 없다. 그의 이름은 이 복음서에 나와 있을 뿐이다. 또한 이 복음서가 언제 쓰였는지도 모른다. 이런 것들은 실제로 중요하지 않다. 왜냐하면 성서의 심리적 진리는 그것들이 쓰인 2천 년 전이나 오늘날이나 똑같이 적용되기 때문이다. 여기서 나온 빵과 물고기의 우화를 다룰 때는 그것을 역사적 사건으로 간주해서는 안 되고, 세상 각지에서 항상 일어나는 사건으로 보아야 한다.

*이백 데나리온 어치의 빵*이란 분열된 상태를 말하고, 이것은 인간을 만족시킬 수 없다. 혼란된 상태나 결핍감을 상징한다.

안드레를 부르다 란, 당신에게는 하느님의 영원한 원천을 나타낼 수 있는 능력이 있음을 깨닫는 것을 뜻한다. 안드레란 말은 인지 또는 어떤 상황에도 진리를 볼 수 있는 능력을 의미한다. 이것은 진리 속에서 사는 것을 의미한다.

*빌립*은 끈기이고, *베드로*는 하나님에 대한 믿음을 의미한다.

우리는 겨우 빵 다섯 덩어리를 가지고 있다 라는 것은 옳게 단련되지 않은 감각을 의미하고 *작은 물고기 두 마리*는 사고와 느낌 또는 기도할 때 잠재의식과 현재의식의 조화로운 결합을 말한다.

(10) 예수께서 말씀하시기를 "사람들을 앉게 하라."고 하시

니, 그 자리에는 풀이 많더라. 사람들이 앉으니 그 수가 약 오천 명이더라. (11) 예수께서 빵을 가지고 감사드리신 후 제자들에게 나눠주시니 제자들이 앉아 있는 사람들에게 나눠 주더라. 또 물고기도 같은 방법으로 그들이 원하는 만큼 나눠 주더라. (12) 그들이 배부르게 먹은 후에 주께서 제자들에게 말씀하시기를 "남은 조각들을 한데 모으고 아무 것도 버리는 것이 없게 하라."고 하시니라. (13) 그리하여 그들이 한데 모으니, 보리빵 다섯 덩어리로 먹고 남은 조각들이 열두 광주리를 채우니라.

사람들을 앉게 하라 라는 것은 진리를 수용할 수 있는 마음 태도를 가지라는 뜻이다. 이 드라마의 모든 등장인물은 당신 안에 있다. 기도로써 문제를 해결하기 위해 마음의 기능과 태도를 불러 모을 때 당신은 예수이다. 이 기도 과정에서 세상과 감각의 힘으로부터 당신 자신을 격리시켜야 한다. 그러면 문제의 해결책을 보기 시작할 것이다. 마음을 차분히 하고 오감을 내부로 향하게 하고, 당신의 모든 기능과 사고를 하나님에게 집중해야 한다.

매주 화요일마다 열리는 강연에서 '성찬의 의미'라는 주제에 참석한 한 젊은이의 일화를 이야기해보고 그가 어떻게 자신의 빵과 물고기를 늘렸는지 설명해보겠다. 그는 위궤양을 앓고 있었고 실업기금에 의지해 매주 25달러로 살아가고 있었다. 그래서 그의 가족들은 먹을 것조차 부족했다. 그는 자신의 병과 고통, 비참한 삶과 부정적인 상(像) 속에서 살았다. 이 젊은 이는 무한한 치유력이 자신 안에 있다는 것을 배웠고 매일 수차례 마음을 차분히 하고 고요함을 유지한 채, 하나님의 평화와 화합의 강이 자신의 신체 모든 원자에 가득 차고 있다고 주장했다. 자신이 건강했을 때 했던 일들과 그때 즐겨 먹었던 음식들을 상상함으로써 사고를 건강에 집중시켰다. 그는 건강에 대해서 명상했고 자신이 원하는 건강상태로 그의 전념과 주의를 주었다. 그는 명상할 때 자신의 완벽한 건강과 승진, 게다가 증가된 수입을 축하하는 아내를 상상했고, 이것으로 안드레를 호출(呼出)했다. 이 지적, 정신적 작업을 자주 행했다. 이것은 끈기를 의미하는 빌립을 호출하는 것이다. 또한 신은 내부에 있다는 확신과 믿음을 가지고 베드로, 즉 믿음을 호출했다.

트라우드는 "무한한 지성인 신의 본성은 응답한다는 것이다."라고 말했다. 그처럼 그도 그 기도를 한 결과 건강과 풍요, 그리고 자신에게 필요했던 것들을 확연하게 가능한 것으로 느끼게 되었다.

그는 이와 같은 지적 행위를 함으로써 자신을 혼란과 번뇌,

그리고 오감의 소동으로부터 멀리 떨어지게 하고 고요함과 신의 치유력을 받아들였다. 그는 마음속의 오천 명, 즉 제멋대로 움직이는 사고들에게 먹을 것을 주었다. 신과 그의 법칙에 대한 지식에 의해서 자신의 이익을 증가시켰다.

다섯 덩어리 빵을 제자들에게 나눠 주다 의 의미는 지금 오감은 평화, 화합, 그리고 원하는 것을 가진 느낌으로 채워졌다는 것이다. 우리의 감각들은 신의 지혜를 공급받게 되었다. 지금 이 글을 읽고 있는 독자 여러분은 오천 명에게 먹을 것을 줄 수 있다. 세상의 근심, 걱정으로부터 빠져나와 당신의 신성을 생각하면서, 신은 고요 속에서 존재한다는 긍정적 느낌을 가져야 한다. 이로써 두려움을 주고 투쟁을 일삼는 오감의 지배력을 파괴하게 된다.

소망하는 목표와 이상을 생각하라. 그러면 하나님의 손이 그 위에 얹어지는 것을 알게 될 것이다. 고요와 내적 평화가 당신에게 밀려올 것이다. 이러한 사실을 고수함에 따라 하나님의 힘과 권위를 통해서 해결책을 받게 되고 이상이 실현되는 것을 보게 될 것이다.

남은 조각들을 한데 모으다 란 하나님의 측정법은 항상 꼭꼭 누르고 잘 흔들어서 넘치게 한다*[누가복음 6:38 참조]라는 것을 상징한다. *자비로운 자들은 복이 있나니, 그들이 자비를 얻을 것임

이요. *마태복음 5:7 참조

타인을 위해서 기도하는 것은 당신 자신을 위해서 기도하는 것이다. 다른 이의 성공을 즐기는 것은 당신 자신에게 성공을 가져다준다. 어떤 이에게 향기로운 꽃을 선물한 후 당신 손의 냄새를 맡아 본적이 있는가? 만약 그런 적이 있다면, 그 손에 남아 있는 향기를 기억할 것이다. 당신이 다른 이에게 이익이 있기를 요구하고 느끼고 믿으면, 물론 그들의 삶 속에서 그것은 현실이 될 것이고, 또한 당신도 여러 면에서 축복을 받게 될 것이다. 이것이 *열두 광주리가 남았다* 의 의미이다.

이제 이 장에서 가장 중요한 절을 다루겠다.

(18) 바다에 강풍이 불므로 파도가 일더라. (19) 그때 그들이 노를 저어 이십오 내지 삼십 스타디온쯤 갔을 때, 예수께서 바다 위로 걸어서 배로 다가오시는 것을 보고 두려워하더라. (20) 그러나 주께서 말씀하시기를 "나이니 두려워 말라."고 하시니라. (21) 그때 그들이 주를 기꺼이 배 안으로 영접하니 배가 곧 그들이 가려던 땅에 닿았더라.

배 속으로 들어가다 란 새로운 지적 태도와 분위기, 즉 당신 마음속의 한 지점에서 다른 지점으로, 즉 의식의 높은 경지로

가는 느낌을 의미한다. 예수님은 항상 당신의 마음의 물 위를 걷고 있다. *예수*란 당신이 얻으려고 애쓰는 소망 혹은 문제의 해결책이다. *강풍이 불다* 란 각 개인에게 있는 감정적 혼란, 부정적 사고를 상징한다. 지금 이 순간 당신은 다음과 같이 말할지 모른다. "문제를 해결할 수 있는 방법을 알 수 있으면 좋을 텐데." 이것은 당신 마음의 물속으로 예수님이 들어가는 것이다.

19절에서 예수님이 물 위를 걷는 것을 보고 두려워했다고 한다. 가끔 우리는 내부의 힘을 신뢰하는 것을 두려워하고 다음과 같이 말한다. "나는 해결책을 알면 좋을 텐데." 또는 "이 딜레마를 빠져 나갈 길은 없어." 우리가 배웠던 진리를 곰곰이 생각하면 마음의 문을 두드리는 소망은 마치 우리가 사는 방안에 있는 가구처럼 실제라는 것을 깨닫기 시작한다. 이것은 마음의 또 다른 세계에서 실제로 존재하고 그 자체의 구조, 모양, 형태를 가지고 있다. 그러나 이것은 이 삼차원 세계에서는 만질 수 없고 볼 수도 없다.

당신 내부의 음성은 다음과 같이 말한다. "바로 나다." 즉 당신 안에 있는 무한한 존재가 당신 소망이나 이상은 거짓이 아니고 실제로 존재하는 실체라고 당신에게 말한다. 꿈이나 이상에게 당신의 주의, 사랑, 헌신을 주어서 실현시킬 때 당신은 공포와 의심의 물 위를 걷는 예수님인 것이다. 당신이 그들 위에 서 있다.

이제 당신의 시선을 목표에 두었고 당신은 당신 지혜가 가는 곳으로 가게 된다. 믿음과 확신은 당신을 안전이라는 부두로 인도하는 배이다. 기꺼이 예수님을 당신 배 안으로 영접(迎接)하고 다음과 같은 진리를 실현시키게 된다. *배가 곧 그들이 가려던 땅에 닿았더라.* 공포를 버리고 당신 소망에 대한 절대적 확신을 지닌 채 마음속을 걷는다면 구원자를 받아들인다. 이 때 예수님은 당신의 배 안으로 들어오신다. 당신이 도착할 *땅*이란 당신의 목표가 현실이 된 것을 의미한다.

(26) 예수께서 그들에게 대답하여 말씀하시기를 "진실로 진실로 내가 너희에게 말하노니, 너희가 나를 찾는 것은 기적을 보았기 때문이 아니라 빵을 먹고 배부른 까닭이라. (27) 썩는 음식을 위해서 일하지 말고 영생을 이르는 음식을 위하여 일하라. 인자가 너희에게 그것을 주리니, 이는 아버지 하나님께서 그를 인치셨기 때문이라." 고 하시니라.

*예수를 찾는 사람들*이란 항상 결실을 이루려는 속성이 있는, 소망과 사고와 개념들을 의미한다. 우리는 진리 그 자체를

위하여 진리를 찾아야지 빵과 물고기만을 위해서 찾아서는 안 된다. 유형(有形)적인 것은 우리에게 안정을 주지 못한다. 진정한 안정은 신에 대한 우리의 앎, 그리고 신과 하나됨에 있다. 필요한 것을 공급해 주는 신에 대해 신뢰와 믿음을 가진 사람은 어디를 가더라도 인자한 신이 항상 그를 지켜보고 계신다. 주식시장이 붕괴되고 정부가 전복되고, 또는 자연재해가 자신의 것을 휩쓸고 가더라도 믿음을 가진 자는 항상 신 안에서 안전하다. 그러면 신의 원천에 대한 그의 믿음은 그가 서있는 반석이 된다. 이것은 결코 그를 버리지 않는다. 그는 얼마가지 않아 자신이 다시 신의 부유와 평화 속에서 사는 것을 보게 될 것이다.

물질적 소유물, 부(富), 돈은 정신적 성장이나 계몽을 이루는데 방해물이 아니다. 이런 것들은 이 세상을 살아가는데 필요한 것이다. 하지만 우리의 안전을 이런 것들에 의지해서는 안 된다. 우리의 안전은 하나님과 그의 사랑에 있다. 신에 대해서 신뢰를 두면 우리는 물질적 손실을 겪지 않고, 만약 겪더라도 별 어려움 없이 곧바로 되찾게 될 것이다.

평화, 완전, 행복, 고무(鼓舞), 그리고 화합은 영혼의 보물이다. 이것들은 만질 수 없는 무형이다. 비록 백만 불을 가지고 있어도 건강과 평화와 기쁨, 혹은 여인의 진실한 사랑을 살 수 없다는 것을 명심해야 한다. 이런 것들은 돈으로 살 수 없다. 우리가 이와 같은 것들과 신의 속성들을 얻기 위해 지불해야할 것은 믿음, 확신, 그리고 *변치 않고 모퉁이 그림자도 없는 빛의 아버지에 신뢰를 두는 것이다.*

우리는 우호적이어야 한다. 친구를 얻기 위해서가 아니라, 우호적인 것은 신이 부여한 속성이기 때문이다. 많은 사람들은 진리를 찾는 단체에 들어가서 상당한 성과를 얻고 이내 떠난다. 그러다가 다시 어려움에 봉착했을 때 되돌아온다. 우리는 진리 그 자체를 위해서 진리를 찾아야 하고 그 밖에 다른 이유는 버려야 한다. 평화, 일치, 사랑의 의식 속에 머물고 하나님의 사고와 원천은 항상 이용 가능하다는 것을 깨닫는 자는 결코 결핍을 느끼지 않는다. 왜냐하면 필요한 모든 것은 그에게 공급되기 때문이다. 썩는 음식을 위해서 일하지 말아야 한다. *영생에 이르는 음식은 신성한 사고, 영원한 진리이다.*

(30) 그러면 주께서 우리가 보고 주님을 믿을 무슨 표적을 보여 주시겠나이까?

인간은 항상 표적을 찾는다. *요나의 표적 외에 아무 것도 그에게 줄 것이 없다.* 이것은 인간의 내적 느낌, 우리의 내적 확신 또는 우리가 살고 움직이고 우리의 실체를 두고 있는 보이지 않는 지적상태의 실체에 대한 확신을 의미한다. 우리는 보이지 않는 것을 믿는 법을 배워야 한다. 왜냐하면, *하나님은 우리 눈에 존재하지 않는 것을 존재한 것처럼 불렀고 그 보이지 않는 것은 보이게 되었기* 때문이다.

몇 년 전 나는 스코틀랜드 출신 장로교 목사와 대화를 나눴다. 그가 1차 대전 중에 사막에서 길을 잃었을 때 성서를 문자 그대로 받아들여 하나님에게 만나를 보내달라고 요청했다. 그는 실제로 달콤한 물질을 받아서 먹었다고 한다. 믿는 대로 그에게 이루어졌다. 하지만 밀가루, 빵, 케이크와 같은 것은 진실한 양식이 아니다. 진실한 양식은 평화, 행복, 기쁨에 대한 사고와 선의이다. 우리가 위대한 신의 진리와 자신을 동일시하는 것은 하늘의 양식을 먹는 것이다.

(35) 예수께서 그들에게 말씀하시기를 "내가 생명의 빵이니라. 내게 오는 자는 결코 배고프지 아니하며, 또 나를 믿는 자는 어느 때나 결코 목마르지 아니하리라.

당신이 맛을 보게 되는 하늘의 양식은 우리 자신의 의식 또는 내부의 정신적인 힘이다. 지금 당신 마음의 은밀한 장소에 들어갈 수 있고 거기서 온갖 훌륭한 것들에 대한 연회를 베풀 수 있다. 내부에서 이런 것들에 대해서 연회를 베풀면 외부 세계에서 결코 결핍을 겪지 않는다. 하나님 또는 법칙의 연회장 탁자는 항상 당신 앞에 있다. 우리가 먹는 *빵*은 신적인 사고이고 우리가 먹는 고기는 신의 힘이다. 그리고 우리가 마시는 포도주는 즐거운 느낌이고, *과일*은 이루어진 기도를 의미한다. 인간이 자신 내부의 정신적인 힘을 발견했을 때 다음과 같이 외친다. *황야는 지금 지상 낙원으로 변했다!*

주께서 당신에게 먹으라고 주었던 빵, 즉 이야기에 등장하는 하늘나라의 음식인 만나에 관해서 필로는 이렇게 적었다. "그대는 영혼의 양식을 보지 못하는가? 그것은 무엇인가? 그것은 하나님의 로고스(빛, 진리, 신성한 사고)이다. 마치 이슬처럼 영혼의 모든 부분 속으로 스며들어 영혼의 어떤 부분도 모자람 없게 로고스를 공급한다."

정신적인 만나는 지혜이다. 그것은 우리의 마음과 가슴에 물을 적시고 달콤함과 기쁨을 우리의 입 안에 넣어준다.

(32) 모세가 하늘에서 빵을 내려 너희에게 준 것이 아니라

모세가 광야에서 이스라엘 사람에게 만나를 공급해주었을

때 그것은 내부의 정신적 힘으로부터 오는 정신적 음식이 아니었다. 모세는 십계명과 그에 관한 성서의 다른 이야기들 속에서 하늘나라의 양식을 주었다. 만나란 의료적으로도 사용되는 물푸레나무의 수액樹液이다. 나는 어렸을 때 이것을 즐겨 먹었다. (나는 스코틀랜드 출신 목사가 공중에서 만나 같은 물질을 먹었고, 구조될 때까지 이 신비스런 음식으로써 견디어 냈다는 이야기를 의심하지 않는다. 하지만 이것은 진정한 양식이 아니다.) 우리가 맛있는 음식을 먹고 온갖 부를 다 가져도 평화, 기쁨, 건강, 행복, 사랑 그리고 웃음에 대해서는 굶주릴 수 있다. 이러한 것들은 내부에 계신 신으로부터 오고 명상과 기도로써 우리 의식 속에 자리 잡게끔 만들어야 한다. 이것이 우리가 성서를 읽어야 할 이유이다.

(34) 그러자 그들이 주께 말씀드리기를 "주여, 이 빵을 우리에게 항상 주소서." 라고 하니 이것은 당신의 외침이고 세상 사람들의 소망이다.

(44) 나를 보내신 아버지께서 이끌어 주지 아니하시면 아무도 내게로 올 수 없느니라. 그러나 내가 그를 마지막 날에 살리리라.

우리는 의식 속에 자리 잡고 있는 것만을 외부세상에서 경험한다. 다시 말해서, 우리 의식 상태가 우리에게 모든 경험, 조건, 사건들을 끌어온다. 마음 상태를 바꾸지 않는 한 그곳에서 빠져나올 수 없다. 오래된 상태가 파괴되기 전에 먼저 새로운 것을 지적으로 받아들여야 한다. 숭고한 기준에 따라 지적형태와 상을 바꾸게 하는 것을 배우게 되면 우리는 새롭고 대단한 경험을 할 것이다. 외부세계는 항상 마음의 내부세계를 반영한다. 왜냐하면 "안에서와 같이 밖에서도 그대로 이루어지리라."고 말해지기 때문이다.

*마지막 날*이란 제한과 좌절감에 대해서는 죽게 되는 때를 말한다. 그러면 우리는 다시 살아나고 정신적으로 깨어난다. 깊은 잠 속에 빠지기 직전 우리자신에 대한 평가가 마지막 마음의 형상이란 것을 생각해본다면 우리는 매일 매일 이 마지막 날을 겪고 있다고 말할 수 있다. 그것은 우리의 마지막 관념이고, 우리가 그것을 믿는다면 우리의 환경들과 경험, 그리고 사건들로 부활하고 깨어날 것이다.

(53) 너희가 인자의 살을 먹지 않고 또 그의 피를 마시지 아니하면 너희 안에 생명이 없느니라. (prayer is the answer 참조)

살을 먹고 피를 마시다 란 소망의 실체를 느낌으로써 소망에게 생명을 불어넣는 것을 상징한다. 피는 생명이다. 우리의 소망, 사고, 계획, 목적을 향해 생명을 불어넣어야 한다. 지성과 감성은 하나로 일치해야 한다. 이렇게 함으로써 우리의 소망을 마시게 된다. 이렇게 하지 않으면 우리는 생명이 없고 죽은 것이다. 우리는 창조를 하여야 하고 소망을 우리 경험으로 만들어야 한다. 우리 의식상태는 믿고 동의한 모든 것들에게 생기를 주고 부활시킬 수 있다.

(63) 살리는 것은 영이니, 육은 전혀 무익하니라. 내가 너희에게 한 말들은 영이요, 생명이라.

*예수님*은 여기서 자신의 말은 심리적 의미이지 문자 그대로 받아들이는 것은 아니라고 설명한다. *살과 피*를 문자 그대로 받아들이는 것은 물론 어리석다. 우리가 먹는 모든 음식은 근육, 뼈, 조직, 피로 변한다. 이런 관점에서 모든 음식은 신의 피와 신체로 변형된다. 음식은 또한 에너지 형태로 변하고 사고의 중심지인 뇌 속으로도 들어간다. 이러한 사실들은 얼마 전 어떤 과학자가 말했듯이, 우리가 먹은 음식이 두뇌 속의 사고가 된다는 이유가 될 수 있다.

(70) 내가 너희 열둘을 택하지 아니하였느냐? 그러나 너희 중
에 하나는 마귀니라.

우리의 *마귀*는 우리의 한계이다. 또한 우리 소망은 우리가 결핍을 가지고 있다는 것을 가리킨다.

우리 강좌에 참석한 어떤 예술가는 그림의 배경색으로 회색이나 검정을 쓰지 않는다면 색감과 농도를 표현하기 어렵다고 했다. 회색, 검정색이 다른 것의 아름다움을 높여 주기 때문이다. 슬픔의 눈물을 흘려 보지 않고 어떻게 기쁨이 무엇인지 알 수 있겠는가? 고통을 겪어 보지 않고 어떻게 평화가 무엇인지 알 수 있겠는가? 결핍을 경험해 보지 못하고는 부유富裕가 무엇인지 알 수 없다. 우리 모두는 열두 가지 기능을 가지고 태어났다. 그 중 하나가 유다라고 불리는 제한과 한계의 느낌이다. 결핍감을 충족감으로 채우기 위해서는 먼저 결핍과 궁핍을 느껴봐야 한다.

이 글을 읽는 독자 여러분에게는 이루고 싶은 야망이 있을 것이다. 현재 상태가 한계 속에 있지 않았다면 이러한 야망은 생기지 않을 것이다. 이런 모든 것은 좋은 것이다. 문제를 통해서 성장하게 된다. 당신이 어려움과 문제에 봉착했을 때가 내부에 있는 신성을 불러내서 그것을 정복할 수 있는 좋은 기

회이다. 당신은 정복하기 위해서 태어났다. 극복하려고 하는 장애물이 없으면 결코 당신 자신을 발견할 수 없다. 아마 자유의지가 없는 로봇과 같을 것이다. 당신은 무형적, 절대적 상태를 떠나, 삼차원 세계라고 불리는 이 제한의 정형화된 상태 속에 있는 것을 발견한다. 이 제한된 상태가 바로 당신의 마귀이다.

(71) 주께서는 시몬의 아들 유다 이스카리옷에 대해 말씀하셨으니, 이는 그가 열둘 가운데 하나로 주를 배반할 자였음이라.

*유다*란 내적으로 완벽함을 가져오게 하는 상태를 상징한다. 아마 지금 당신의 유다는 당신이 건강, 자유, 부를 원하고 있음을 상기시키고 있을 것이다. 당신의 결핍 상태는 당신을 자극해서 이런 결핍 상태를 충족감으로 채우려고 노력한다. 그러므로 유다는 당신의 구원자를 배신한다.*강의에서 '배신하다'와 '드러내다'는 동의어로 쓰인다. 뒤에 자세히 설명된다 소망의 성취는 항상 당신의 구원자이자 구조자이다. 이 이야기 속의 예수님(계몽된 이성)은 자신을 배신하는 인물을 제거할 수 없듯이, 같은 이유로 당신 역시 유다를 추방할 수 없다. 이 이야기를 물론 문자 그대로 받아들여서는 안 된다. 이것의 심리적, 정신적 가치를 이해할 때

이것은 아름답고 훌륭한 이야기가 된다.

성서에서는 우리가 항상 가난 속에서 살게 될 거라고 말한다. 물론 그것은 사실이다. 우리가 성장하기 위해서는 제한과 한계를 경험해야 한다. 그 이외의 방법은 없다. 속박 상태에 있으면 자유를 원하게 된다. 전기, 화학, 물리, 천문, 형이상학 등의 분야를 보자. 이러한 것들에 대한 우리의 지식은 매우 제한적이다. 모든 것은 이와 마찬가지이다.

성서의 숨은 지혜에 대해서 다 알 수 있다고 말할 수 있겠는가? 마치 대양 속에 있는 고기 중에는 아직까지 잡히지 않고 사람 눈에도 띄지 않은 고기가 있듯이, 어떤 사람도 발견하지 못한 의미 있는 부분이 있다. 우리는 무한함 속에 있고, 우리 안에 있는 영광과 아름다움을 영원히 다 드러낼 수 없다. 히브리서에는 내부의 신의 세계, 절대적인 존재 안에서 행위는 완성되었다 라고 말한다.

당신의 제한과 문제와 어려움은 축복이라고 말할 수 있다. 왜냐하면 이러한 제한된 상태를 통해서 성장하기 때문이다. 지혜가 성장할수록 더 많은 문제들을 해결할 수 있다. 당신이 사도 바울, 모세, 예수만큼 현명하더라도 도전과 장애를 만나게 된다. 왜냐하면 정신적 성장에는 끝이 없기 때문이다. 정신적 성장의 여정에서 세상의 도전을 받더라도 예전과 다르게 반응할 것이다. 당신은 동요되지 않고, 평화로움과 침착함을 유지할 것이다. 왜냐하면 당신은 모든 문제를 신에게 떠넘기고 신이 그 짐을 지고 가도록 했기 때문이다. 신은 당신의 눈물을 닦아주고 당신은 더 이상 울지 않을 것이다. 기도와 명상으로 우리 문제들을 극복함으로써, 행동하는 신의 힘을 의미하는 그리스도를 드러낼 것이다. 모든 제한감에 대해서는 완전히 죽을 때 우리는 지금 여기서 신이 의도하는 사람이 되고 세상이 있기 전부터 우리의 것이었던 영광으로 되돌아간다. *네가 하나님의 동산 에덴에 있어 모든 귀한 돌로 단정했었다.* 에스겔 28:13

요한복음 7장

이 장의 많은 부분은 이미 다루었기 때문에 지금까지 인간에게 주어졌던 가장 훌륭한 정신적 치료 방법을 설명한 핵심적인 절만을 다루겠다. 이 장에서 나온 정신적 치료법은 큄비의 치료법의 모태가 되었다.

(1) 이 일들 후에 예수께서 갈릴리에서 다니시고 유대에서 다니시기를 원치 아니하시니 이는 유대인들이 그를 죽이려고 했기 때문이라. (2) 그때 유대인의 명절인 장막절이 가까웠으므로 (3) 주의 형제들이 말하기를 "여기를 떠나서 유대로 가소서. 그리하여 당신의 제자들도 당신이 행하시는 일들을 보게 하소서. (4) 자신이 드러나게 알려지기를 바라면서 비밀리에 무엇을 행하는 사람은 아무도 없으니, 이런 일들을 하실 바에는 자신을 세상에 나타내 보이소서."라고 하더라. (5) 이는 주

의 형제들까지 주를 믿지 아니함이더라. (6) 그러므로 예수께서 그들에게 말씀하시기를 "나의 때는 아직 이르지 않았으나 너희의 때는 항상 준비되어 있느니라.

*예수님의 형제들*이란 항상 우리와 함께 있는 희망, 믿음, 신뢰, 소망, 그리고 이상을 의미한다. 바깥에 나가 길을 걸을 때 조심해서 걷는 것처럼 우리는 마음속을 걷고 있을 때에도 주의를 기울여야 한다. 마음 안에는 당신의 예수, 또는 소망을 죽이려는 사고가 항상 도사리고 있기 때문이다.

당신은 지금 건강을 바랄지도 모른다. 그렇다면 예수님이 갈릴리(당신 마음)를 걷고 있는 것이다. 이때 다른 생각들이 와서 당신에게 도전한다. 그것들은 다음과 같이 말한다. "당신은 잘 모르고 있어." "당신은 점점 나빠질 거야." "무슨 소용이 있겠어." 이러한 것들을 허용해서는 안 된다. 당신의 의식을 병과 증상들로부터 격리시키고 건강이란 관념에 생각을 모음으로써, 감각이 만들어낸 세상으로부터 떠나야만 한다.

그것을 통해 건강에 대한 당신의 소망과 이상을 내면에 주관화할 수 있다. 건강에 대한 지적 상을 자주 마음속에 채우고 치유의 원리가 응답한다는 믿음을 가짐으로써 유대로 떠날 수 있다. 즉, 잠재의식 안에서 완벽한 건강의 실현을 가져오게 할 수 있다.

  명상할 때 당신이 데리고 갈 제자들이란 내부에 있는 신성한 치유력으로 향하는 당신의 정신적 기능들과 태도이다.

(6) 나의 때는 아직 이르지 않았으나 너희의 때는 항상 준비되어 있느니라.

  문제가 해결되었다는 승리의 기쁨과 확신에 도달할 때 당신의 때는 온 것이다. 당신의 형제들인 믿음, 신뢰는 항상 당신을 위해 일할 준비가 되어 있다. 다음의 절이 이 장의 핵심이다.

(33) 그러므로 예수께서 그들에게 말씀하시기를 "잠시 동안 내가 너희와 함께 있다가 나를 보내신 분께로 가노라. (34) 너희는 나를 찾아도 만나지 못할 것이요, 또 내가 있는 곳에 올 수도 없느니라."고 하시니
(36) '너희가 나를 찾아도 만나지 못할 것이요, 또 내가 있는 곳에 올 수도 없느니라." 고 한 그의 이 말이 무슨 뜻인가? 라고 하더라.

퀌비는 이 구절들 속에는 치유원리를 현실에서 적용하는 방법이 개괄적으로 잘 설명되어 있다고 말했다. 진리의 교사인 퀌비가 목발을 집고 다니는 한 나이든 여성을 만났을 때의 이야기다. 퀌비는 그녀가 작고 편협한 교리에 얽매여 병이 생겨 반듯하게 걸을 수 없었다고 판단했다. 그녀는 공포와 무지의 무덤 속에서 살았고 게다가 성서를 문자 그대로 받아들였기 때문에 두려움을 늘 지니고 있었다.

퀌비는 그녀에게, 이 무덤 속에서도 신은 자신을 막고 있는 장애물을 부숴, 속박과 죽음에서 일어서려 한다고 말했다. 그녀가 성서의 어떤 구절에 대해서 설명해주기를 다른 이들에게 요청하면, 그 대답은 돌과 같았기에 그녀는 생명의 빵에 대해서 굶주려있었다. *마태복음 7:9 빵을 달라는데 돌을 주며 그녀가 읽은 성서 구절의 의미를 명확히 알지 못해서 초래된 공포와 흥분 상태 때문에 마음이 우울하고 활기가 없는 상태였다고 그는 진단했다. 무겁고 활기 없는 느낌이 결국 육체적인 마비를 일으켰다.

퀌비는 그녀에게 *잠시 동안 내가 너희와 함께 있다가 나를 보내신 분께로 가노라* 라는 구절의 의미를 물었다. 그녀는 예수님이 하늘로 올라간다는 뜻이라고 대답했다. 이에 퀌비는 다음과 같이 설명했다. *그녀와 잠시 있다* 란 그녀의 증상, 느낌, 그리고 원인을 의미한 것이다. 즉 퀌비는 그녀의 증상에 잠시 연민, 동정을 느끼지만 이러한 지적 상태에 머물 수 없고 다음 단계로 우리 모두를 만드신 내부에 계신 신에게로 간다는 뜻이라 했다.

큄비는 즉시 자신의 마음속을 여행했고 신의 일부인 완벽한 건강에 대해서 명상했다. "내가 가는 곳에 너는 올 수 없다, 왜냐하면, 너는 칼뱅*Calvin Jean 1509-64 프랑스의 종교개혁자. 신학자. 인간의 구원은 자신의 행위, 노력으로 이루어지는 것이 아니고, 하나님의 의지로 이미 예정되어있다는 예정설을 주장함의 믿음 속에 있고 나는 건강에 대한 사고 속에 있기 때문이다."라고 그녀에게 말했다. 그녀는 이 설명을 듣자마자 감동과 변화를 느낄 수 있었다. 이것은 죽음에서부터 살아난 것이다. "나는 그리스도의 부활에 대해서 언급했고, 그것은 그녀 자신의 그리스도, 즉 건강을 되살아나게 했다. 이것은 그녀에게 강한 영향을 주었다." (큄비의 원고 중에서)

이런 치유원리를 삶 속에서 적용시켜 보자. 당신 아들이 아프다고 가정하면, 당신을 이 세상에 보낸 내부에 계신 하나님에게로 가야 한다. 하나님은 축복, 일치, 평화, 아름다움, 지혜, 그리고 완전성이다. 명상할 때 조용히 내부를 향해 들어가면 하나님의 무한한 지성과 지혜가 바로 당신 안에 있는 것을 깨닫게 될 것이다. 살아있는 하나님의 지성과 힘이 당신을 이 세상에 보냈고 모든 신체 기관을 만들었다. 긴장을 풀고, 평화롭고 차분한 상태에서 당신의 육신을 만든 창조자를 향해 지금 가야 한다. 당신 신체와 마음을 만든 창조자가 당신 신체를 그의 양식His Own Divine Pattern에 맞춰서 개조할 수 있다는 확신으로 가득 차 있어야 한다.

비록 눈에 보이는 것은 고통 속에서 신음하는 아들의 모습일지 모르지만 지금 명상 속에서 하나님의 치유력을 부르고 있다는 것을 느껴야 한다. 아들을 생각하고, 즉시 하나님의 평화, 건강, 그리고 조화 속에 머무르라. 그러면 하나님의 특성과 힘이 지금 아들 안에서 나타남을 알게 된다. 당신은 건강에 대한 지적 분위기 속에 빠져 있고, 큄비처럼, 당신 아들을 위해서 신성한 이상인 완벽, 완전, 그리고 일치에 대해서 명상한다. 하나님의 치유력이 당신 아들을 위해서 움직이고 있다는 것을 지적으로 받아들이는 것, 이것이 바로 치료법이다.

너희는 나를 찾아도 만나지 못할 것이요 란 다른 사람들은 당신이 하는 일을 이상하게 생각하고 당신의 믿음을 이해하지 못할 것이라는 의미이다. *또 내가 있는 곳에 올 수도 없느니라.* 이 구절의 의미는 환자의 가족들, 혹은 환자 자신도 의식 속에서 일어나 완벽한 건강의 느낌 속으로 들어가지 못한다는 것이다. 왜냐하면 그들은 세상 사람들의 믿음으로 둘러싸여 있기 때문이다. 인간의 잘못된 믿음은 하나님의 지혜를 가두

는 무덤이고, 진리는 미신과 무지의 돌을 치우고 몸과 마음을 치유시키는 천사이다.

신사상 운동New Thought Movement에서 *치료*란 어떤 명백하고 특별한 목적을 이루기 위한 현재의식과 잠재의식의 조화로운 상호작용을 의미한다. 타인이나 우리 자신을 치료할 때는 결코 병과 동일시해서는 안 된다. 우리는 병자에게 잠시 동정심을 가지게 된다. 즉 다음 절의 의미인 것이다. *잠시 동안 내가 너희와 함께 있다가.* 하지만 병자가 완벽히 치유될 거라는 것을 알고 우리는 하나님에게 가야 한다. 바리새 사람들의 믿음(공포와 의심)은 하나님의 힘에 대한 확신이 있는 곳에 들어올 수 없다. 당신은 기도할 때 유일한 힘이자 존재인 하나님과 하나가 된다.

(42) 그리스도는 다윗의 씨에서 나오며, 또 다윗이 살던 베들레헴 마을에서 나온다고

그리스도 또는 진리의 영혼은 **나는** I AM이라고 불리는 우리의 의식과 인식인 베들레헴, 양식의 집에서 나온다. 큄비는 그리스도를 지혜라고 부른다. 우리는 지혜를 내부에서 찾아야 한다. 당신은 하나의 생각을 품고 감정적으로 느껴 그것을 현

실로 생각한다. 이것을 통해 이 현실이란 공간 속에서 생각을 나타나게 할 수 있음을 아는 것이 바로 그리스도라 부르는 지혜의 한 부분이다. 당신은 하루 종일 생각하는 것, 그 자체라는 것을 아는 것이 또한 그리스도라 불리는 지혜이다.

(49) 율법을 모르는 이 무리는 저주를 받을 것이다.

우리가 법칙을 부정적으로 사용하면 물론 자동적으로 부정적 반응을 경험한다. 이것이 성서에서 부르는 *저주이다.*
이는 그가 마음에 생각하는 대로 그도 그러한즉 *잠언 23:7 이러한 진리를 아는 것이 지혜이다.
지혜를 얻으라. 또 네가 얻은 모든 것으로 명철을 얻으라. 잠언 4: 7

요한복음 8장

(1) 예수께서는 올리브 산으로 가시니라. (2) 이른 아침에 다시 성전으로 나오시니 모든 사람들이 주께로 오더라. 주께서 앉으셔서 그들을 가르치시더라. (3) 그때 서기관들과 바리새인들이 간음하다 잡힌 한 여인을 주께 데리고 와서 그 여인을 한가운데 세우고 (4) 주께 말씀드리기를 "선생님, 이 여인이 간음하다가 현장에서 잡혔나이다. (5) 모세는 율법에서 그런 여자를 돌로 치라고 명령하였는데 선생님은 어떻게 말씀하시겠습니까?" 라고 하니 (6) 그들이 이렇게 말하는 것은 주를 시험하여 그를 고소할 구실을 얻고자 함이라. 그러나 예수께서 못 들은 체 하시고 몸을 굽혀 손가락으로 땅에다 쓰시더라. (7) 그래도 그들이 계속해서 물으니 일어서시어 그들에게 말씀하시기를 "너희 중에 죄 없는 자가 먼저 그 여인에게 돌을 던지라." 고 하시더라. (8) 그리고 다시 몸을 굽히시어 땅에

다 쓰시니 (9) 그 말을 들은 자들은 양심에 가책을 받아 늙은 사람들로부터 시작하여 맨 나중 사람까지 하나씩 하나씩 자리를 뜨더라. 그리하여 예수께서 혼자 남으시니 그 여인이 한 가운데 서 있더라. (10) 예수께서 일어서시어 그 여인 외에는 아무도 없는 것을 보시고 여인에게 말씀하시기를 "여인아, 너를 고소하던 자들이 어디에 있느냐? 아무도 너를 정죄하지 않더냐?" 고 하시니 (11) 그 여인이 말씀드리기를 "주여 아무도 정죄하지 않았나이다." 라고 하더라. 예수께서 그녀에게 말씀하시기를 "나도 너를 정죄하지 않노라. 가라, 그리고 더 이상 죄를 짓지 말라."고 하시니라. (12) 그때에 예수께서 다시 그들에게 말씀하시기를 "나는 세상의 빛이라. 나를 따라오는 사람은 결코 어두움 속에 다니지 아니하고 생명의 빛을 얻으리라." 고 하시더라.

예수께서 올리브 산으로 오르다 란 영적인 이해를 뜻한다. 문제에 대한 해결책을 찾기 위해서 내부에 계신 하나님에게 가면 평화, 진리, 아름다움이 당신에게 주어진다. 많은 사람들은 모든 것을 문자 그대로 받아들이려고 한다. 문자에는 비유, 상징이 있다는 것을 명심해야 한다. 예를 들면 성서에서 소경, 불구, 귀머거리 등의 단어를 읽을 때 비록 신체기관은 정상이

고 병이 걸리지 않은 상태이지만 거기에는 정신적으로 앞을 못 보고 진리를 듣지 못하는 것을 의미한다. 새로운 것을 들으려고 하지 않는 사람이 있다. 그들은 성서의 심리적 의미를 듣는 것을 거부하는 정신적 귀머거리이다. 많은 사람들은 목표를 향해서 가는 것을 두려워하면서 장애물을 본다. 이런 사람들은 절뚝거리는 사람이다.

성서에 나온 모든 이야기는 문자적인 면보다는 심리적 의미를 전달하고 있다. 이 장에 나온 이야기를 문자 그대로 보는 것과 심리적 관점에서 이해하는 것은 다르다. 약 백 년 전 큄비는 성서의 간음하다 잡힌 여인에 대해서 이런 해석을 했다. 나는 이 이야기에 대한 그의 통찰력이 뛰어나다고 생각한다. 큄비는 오래된 전통적 방식을 버리고 예수님의 가르침을 듣는 것을 간음이라고 했다. 그러므로 간음을 한 여인은 예전 동료들의 눈에서 보면 죄를 지은 것이다. 여기서 나온 돌은 그녀에게 가해지는 비난, 조소, 그리고 욕설을 상징한다. 그러나 그녀가 다른 사람들이 자신에 대해서 어떻게 생각하든 신경 쓰지 않고 진리를 고수해감에 따라 자신 안에서 과오를 찾는 것을 그만두게 된다. 그녀가 자신에 대한 과오를 찾는 것을 멈출 때, 세상 사람들도 그녀를 향해서 던지던 돌을 그만둔다!

이것의 의미는 인간이 아무리 생명의 법칙을 어긋나게 살고,

흉악한 범죄를 저지르고, 사회로부터 비난을 받더라도 자신을 비난하지 않는 의식의 높은 위치까지 오르면 사람들도 더 이상 그를 비난하지 않고 아무도 그를 매질하려고 하지 않는다는 것이다. 성의 없는 기계적인 기도는 아무 소용이 없고 새로운 인간이 되려고 하는 강한 열망과 마음, 감정의 변화만이 과거의 오류들을 마음속에서 지울 수 있고 모든 것을 새롭게 할 수 있다. *너희 죄들이 주홍 같을지라도 눈같이 희게 될 것이요, 진홍처럼 붉을지라도 양털 같이 되리라.* 이사야 1: 18

성서에서 말하는 간음이란 우상숭배나 정신적인 부도덕不道德을 의미한다. 공포, 증오, 분노의 부정적 분위기 속으로 들어간다면 우리는 간음한 것이다. 왜냐하면 우리는 잘못된 믿음과 결혼한 것이고 진리를 더럽혔기 때문이다. 두 개의 권능이 있다든가 마귀라는 것이 존재한다고 말한다면 진정한 의미에서 간음을 저지른 것이다. 질투, 중상中傷, 비방, 비판, 분노, 혐오와 같이 사악한 것과 함께 할 때 우리 마음을, 즉 신의 성소聖所를 더럽히게 된다.

성서에서는 우리 마음이 기도하는 장소가 되어야 한다고 말한다. 하지만 부정적인 사고와 감정에 자신을 동일시한다면 우리 마음은 도둑 소굴이 된다. 우리는 자신을 동일시한 것이 된다. 만약 적의敵意와 동일시하면 우리는 마음 속(주관적인 느낌, 감정)에서 간음을 저지른 것이고, 이 부정적 감정은 우리의 언변, 사고, 행동, 반응을 지배하고 다스리게 된다. 인간이 부정적 상과 감정의 지배하에 있으면 마음을 차지하는 이 부정적 사고에 의해서 마치 노예처럼 실제로 명령을 받는다. (나는 2장 "카나의 혼인식"에서 모든 기도는 실제로 혼인식이라고 지적했다.)

지금 이 순간 당신은 감정적, 지적으로 무엇과 동일시하고 있는가? 당신의 배우자는 당신의 현재 느낌, 인식, 분위기, 또는 내적 확신이다. 자신에 대한 평가나 청사진이 어떤 마음의 아들을 낳게 할 것인지를 결정한다. 자신에 대한 진정한 느낌으로부터 나온 아이들은 건강, 평화, 부, 사회적, 경제적 지위 등으로 나타난다. 당신의 의식과 느낌과 감정을 어떤 부정적 사고에게 준다면 성서에서 말하는 간음을 저지른 것이다.

만약 부인이나 남편이 원한을 품고 있으면 그나 그녀는 이미 간음을 저지른 것이다. 왜냐하면 지적으로나 감정적으로 부정적 개념, 사고와 일치했기 때문이다. 괴팍하고 성급하고 항상 불평하는 사람은 그의 침대 안에서 사악한 사고들과 같이 누워 생활한다. 그의 침대란 그의 마음을 의미한다. 우리는 우리 사고 한 가운데 누워 있다. 그렇지 않은가? 우리는 영혼 속에서 휴식처를 찾았는가? 사고와 사랑으로써 내부의 신성으로 되돌아가서 우리 목표인 평화, 일치, 기쁨, 건강, 행복의 빛을 통해 타인을 보면 우리는 내부 깊은 곳에 있는 평화, 휴식처, 침착, 그리고 안전을 발견할 것이다.

영원한 진리에 맞춰서 모든 사람들에게 다가가라. 내부의 정신적 힘의 영향 아래 자신이 있는 것을 발견하게 될 것이다. 분노감을 느끼려고 하면 즉시 당신의 목표나 인생에서의 목적지를 생각하라. 그러면 바로 부정적인 사고에서 모든 힘이 빠져나갈 것이다. 그리고 선의, 진리, 아름다움의 긍정적 느낌이 밀려올 것이고 정신적으로 전진하게 될 것이다.

(5) 모세는 율법에서 돌로 치라고 명령하였는데.

지금 이 뛰어난 드라마의 심리적 의미를 보자. 얼마나 많은 사람들이 자신에 대해서 돌을 던지고 있는가? 예를 들면 어떤 이가 사업에서 많은 돈을 잃고 부도不渡를 맞게 되었다고 가정하자. 그는 홀로 앉아 다음과 같이 말한다. "왜 그 돈을 투자했을까?" "실패할 거라는 것을 알았어야 했는데." "나는 아무 쓸모없어." "나는 실패자야." 이런 종류의 말이 그의 입에서 조용히 나오며 스스로를 자책한다. 자신에게 돌을 던지고 있다. 유일한 비난자는 결핍과 실패에 대한 느낌, 그리고 우리의 목표를 실현시키지 못하는 무능熊能이다.

사생아를 낳은 음란한 여인은 세상으로부터 비난을 받더라도, 내부의 진리로 나아가서 자유를 요구할 수 있다. 그곳에서 하나님은 아무도 비난하지 않는다는 것을 깨닫게 된다. *그의 눈은 너무 정결해서 부정을 보지 못한다.* 사회와 세상은 그녀를 비난할지 모른다.

모든 심판은 아들에게 주었다. 아들이란 니콜 박사가 언급했듯이 당신의 마음이다. 이곳에서 당신이 품은 사고에 의해서 자신에 대한 판결을 선언한다. 음란한 여인은 그녀가 오직 해야 할 것은 자신에 대한 비난을 멈추는 것임을 배우게 된다. 하나님은 이미 그녀를 용서했다.

실제로 하나님, 절대자는 그녀의 과오나 공포에 대해서 아는 바 없다. 그러므로 그녀는 죄책감, 절망, 그리고 자기 비난의 감정을 씻어내고 평화, 사랑, 그리고 일치의 분위기를 자신에게 부여했다. 과거를 버렸고 과거 삶의 방식에서부터 자신을 완전히 멀리 떨어지게 했다. 지적으로 그리고 감정적으로 그녀의 목표인 평화와 고결함, 행복과 자유와 동일시했다. 이렇게 함에 따라, 하나님과 그분의 영광은 자동적으로 응답한다. 마치 하늘에서 내린 이슬처럼 그녀에게 평화가 밀려오고, 하나님의 빛이 마음의 어두운 곳을 비추게 된다. 하나님 지혜의 동이 트고 공포, 죄책감, 자책의 그림자는 사라졌다. 그녀가 자신에 대해서 비난하는 것을 멈출 때, 세상 사람들도 그녀를 더 이상 비난하지 않게 된다.

(10) 아무도 너를 정죄하지 않더냐? (11) 그 여인이 말씀드리기를 "주여 아무도 정죄하지 않았나이다." 라고 하더라

여기에서 예수께서는 몸을 굽혔다고 한다. 하나의 존재와 힘으로부터 떨어져서 잘못된 신을 경배할 때 우리는 *몸을 굽히는 것*이다. 우리는 의식의 높은 곳에서 내려와서는 안 된다. 우리 목표로부터 떨어져서는 안 된다. 공포, 걱정, 근심이 들어오도록 허용하면 우리는 몸을 굽히는 것이다. 즉 하나님과 모든 좋은 것들에 대한 믿음으로부터 떨어지게 된다.

성서에서 *마귀*란 비난자, 또는 우리가 삶의 목표에서 어긋나 있다는 것을 알려주는 부정적 사고와 느낌을 상징한다. 하나님을 생각하고 그분을 기억하라. 그리고 당신이 왔던 원천으로 되돌아가라. 지극히 높으신 분의 은밀한 장소*시편 91:1 참조인 당신 안에 있는 신성의 관점에서 생각하고 말하고 행동하라. 그러면 당신은 고양高揚되고 하나님의 위대한 진리인 당신의 목표와 또다시 자신을 동일시하게 된다. 당신은 하나님의 속성

을 부활시키기 위해서 여기 존재한다. 하나님과 그의 사랑을 생각할 때 자신을 높은 단계로 끌어올리게 된다.

(7) 일어서시어 그들에게 말씀하시기를 "너희 중에 죄 없는 자가 먼저 그 여인에게 돌을 던지라."고 하시더라.

이것이 당신 마음속에 있는 잡동사니를 대하는 방식이다. 이런 잡동사니는 힘도 없고 그것을 유지시켜 주는 것도 없다는 것을 깨달음으로써 정신적으로 완전히 거부할 때 더 이상 소란을 피우지 못하고 잠잠해진다. 그것들은 대단한 것이 되려고 하지만 실제로는 하찮은 것에 불과하다. 당신은 하나님과 그의 전능이 머무는 내부의 고요하고 은밀한 장소로 확신과 믿음을 가지고 돌아왔기 때문에 그 잡동사니의 목을 치고 그것들을 소각시킬 수 있다. 지금 하나님의 갑옷이 당신을 감싸고 있다.

(9) 예수께서 혼자 남으시니 그 여인이 한 가운데 서 있더라.

예수님과 여인은 바로 당신을 나타낸다. 당신이 되고자 하는 존재, 혹은 갖고자 하는 것과 하나 되었을 때의 당신을 나타낸다. 모든 비난은 사라졌고, 당신은 당신 이상과 홀로 남아 있다. 당신 마음속에서 응답 받은 기도의 기쁨을 경험하게 된다. 이 장의 나머지 부분은 이미 앞에서 설명했기 때문에, 가장 중요한 절만을 다루겠다.

(24) 이는 너희가 내가 그인 줄 믿지 아니하면, 너희는 너희 죄들 가운데서 죽을 것이기 때문이라

트라워드는 다음과 같이 말했다. "나는 내가 생각하는 그 자체이다." 당신은 자신이라고 주장하고 느끼는 존재가 된다. 지금 당신이 갈망하는 상태가 이루어졌다는 것을 믿고 그것을 사실이라고 받아들이지 않는 한, 계속해서 현재 상태에 머물러 있을 것이다. 다시 말해서 당신은 *당신 죄들 가운데 죽을 것이다.* 당신 죄들이란 인생의 목표를 달성하지 못하는 것을 의미한다. 만약 궁핍한 생활을 한 사람이 자신이 필요한 것을 영원히 공급해줄 수 있는 신의 부유를 믿지 못하고 부유의 느낌 속으로 들어가는 것을 거부하면, 그가 어떤 종파에 속해 있든지 또는 어떤 교리를 받아들이든지 계속해서 가난하게 살 것이다.

(31) 너희가 내 말에 거하면 참으로 나의 제자가 되고 (32) 진리를 알게 되리니 그 진리가 너희를 자유롭게 하리라.

 만약 지금 당신이 아프다면 마음의 평화와 건강의 실현이 당신을 자유롭게 할 것이다. 건강에 대한 소망을 받아들이는 것이 당신의 구원자이자 구조자이다. 병의 외부적인 모습과 상관없이 마음속에서 완벽한 건강의 느낌과 사고에 충실히 머물러 있다면 당신은 말 속에 거하는 것이다. 말은 당신의 사고, 느낌, 내적 인식이다.
 내가 이 장을 쓰고 있는 도중에 어떤 여성분의 전화를 받았다. 최근에 출판된 나의 책 속에 있는 치유법을 그녀가 어떻게 실행에 옮기게 되었는지에 대해서 말했다.
 그녀의 다리는 썩어 들어갔고 페니실린이나 다른 항생제마저 소용이 없는 심각한 상태여서 걸을 수가 없었다. 하루 6-7차례 마음을 차분히 한 채, 눈을 감고 자신의 내부로 들어갔다. 외부에 나타난 현상인 자신의 다리에 대해서는 정신적으로 멀리했고, 결국 그것과 격리시킬 수 있었다. 무한한 치유력이 자신의 사고와 신체의 모든 원자에 가득 차서 자신을 깨끗하고 완전하고 완벽하게 만들기를 조용히 그리고 부드럽게 요구했다. 그녀는 20-30분 정도 이것을 행했다. 상상 속에서 걸어 다니면서 집 안의 물건들을 만지는 것을 느꼈다. 그리고 상상 속에서 자신이 건강했을 때 일상적으로 했던 것을 했다. 그녀는 이것을 약 5분 정도 행했고 내부에 계신 하나님에게 감사하면서 정신적 치료를 끝냈다. 그녀는 완벽한 치유가 일어날 때까지 이 기도 방식을 지속했다(이것은 그녀가 말 속에 거하는 것이다). 수술 예정일에 의사 선생님은 그녀의 발이 완벽히 치유된 것을 보고 놀라움을 감추지 못했다.

*진리를 아는 것*이란 마음을 움직여서 소망과 자신을 동일시하고 그 사실을 완전히 받아들이는 것이다. 독자 여러분 중에는 다음과 같이 자신에게 말하는 분이 있을지 모른다. "나는 이 현재 상황에서 벗어나고 싶어." 또 어떤 이는 "나는 이번 휴가에 런던에 가고 싶은데 돈이 없어." 당신은 자유롭다. 왜냐하면 현재 상황을 떠나서 당신이 런던에 있다는 것을 상상하고 마음속에서 느낄 수 있기 때문이다.

당신은 이 상태의 자연스러움을 느낄 때까지 이 명상상태 속에서 수 분 동안, 아니면 그 이상 머물러라. 눈을 떴을 때 당신은 런던에 있지 않다는 것을 발견하지만 심리적으로는 그곳을 여행했다. 당신은 이것을 마음속에 고정시켰고 결핍감을 자신으로부터 제거했다. 깊은 자아는 런던에 갈 수 있는 방법을 고안할 것이다. 당신은 지적으로 원하는 것에 상응하는 의식상태를 가졌다. 이것이 당신이 자유롭게 된 이유이다. 당신의 의식상태가 당신의 명상, 느낌, 믿음을 객관화시킨다.

(44) 너희는 너희 아비 마귀에게서 나와서 너희 아비의 정욕을 행하고자 하는도다.

만약 부정적인 사고가 우리의 마음을 지배하도록 허용하면 우리의 *아버지*는 마귀이다. 우리 마음속에 진리의 씨앗을 심고, 사랑과 헌신을 공급해서 그것이 발아되도록 해야 한다. 증오와 분노로 가득 찬 사람의 부모는 마귀가 된다. 주도적인 분위기가 결정요인이다. 공포, 노령, 죽음, 병에 대한 믿음과 다른 잘못된 믿음들은 마귀를 상징한다. 왜냐하면 그것들은 진리에 대해서 거짓을 말하기 때문이다.

마귀(devil)를 거꾸로 쓰면 삶(lived)이라는 단어가 된다. 많은 사람들은 과거의 사고에 의해서 지배당하고 과거의 경험과 틀에 따라 살고 있다. 다시 말해서 그들은 역행해서 살고 있다. 왜냐하면 그들은 과거에 얻었던 의심과 공포의 지배를 받기 때문이다. *마귀*란 역행해서 사는 것을 의미한다.

(58) 아브라함이 나기 전부터 나는 있느니라.

  어떤 현시顯示가 있기 전에, 그것은 먼저 보이지 않은 상태로 존재한다. 우리는 의식 속에서 확신을 먼저 가져야 한다. 당신이 이 세상에 태어나기 전에 어디에 있었는가? 쉬운 말로 해서 당신은 **나는**I AM이라는 상태에 있었다. 당신은 절대적 또는 천국 같은 상태에 있었다. 아이가 태어났다면 그 아이는 특정한 역할을 지니는 우주적 생명, 신, 또는 **나는**I AM이다. 이것은 무형無形이 유형有形으로 된 것이다. 형상이 없는 것이 형상화된 것이다.

  내가 헐벗을 때에 입혀 주었으며, 마태복음 25: 36

요한복음 9장

(1) 예수께서 지나가시다가 날 때부터 소경 된 사람을 보신지라. (2) 주의 제자들이 주께 물어 말씀드리기를 "선생님, 이 사람이 소경으로 태어난 것은 누가 죄를 지은 것이니이까, 이 사람이니이까, 아니면 그의 부모니이까?" 라고 하니, (3) 예수께서 대답하시기를 "이 사람이나 그의 부모가 죄를 지은 것이 아니요, 오직 그 사람 안에서 하나님의 일들을 나타내고자 함이라. (4) 때가 낮일 동안에 나는 나를 보내신 분의 일들을 행하여야 하리라. 밤이 오면 그때는 아무도 일할 수 없느니라. (5) 내가 세상에 있는 동안 나는 세상의 빛이라."고 하시니라. (6) 이렇게 말씀하신 후에 주께서 땅에 침을 뱉어 진흙을 이겨 그 소경의 눈에 바르시고 (7) 그에게 말씀하시기를 "가서 실로암 못에서 씻어라."고 하시니라(실로암은 해석하면 "보냈다."는 뜻이라). 그러므로 그가 가서 씻고 보면서 왔더라. (8) 그때 이

웃 사람들과 전에 그가 소경이었던 것을 본 사람들이 말하기를 "이 사람은 앉아서 구걸하던 그 사람이 아니냐?"고 하더라. (9) 어떤 사람들은 "그 사람이라."고도 하고, 또 다른 사람들은 "그 사람을 닮았다."고도 하는데 그가 말하기를 "내가 그 사람이라."고 하니라.

여기서 우리는 선천적 소경의 이야기와 "이렇게 된 것이 그의 죄인가 아니면 그 부모의 죄인가?"라는 질문을 보게 된다. 정신적인 관점에서 보면 이 삼차원 세계에서 태어날 때 모든 사람은 소경으로 태어난다. 우리는 무형의 상태를 떠나, 외부 환경과 조건을 지배할 수 있는 우리의 힘을 인식하지 못한 채 이 세상의 제한과 한계를 보게 되었다. *우리의 출생은* 인간의 상태로 추락된 것을, *다시 태어나는 것은* 우리 안에 있는 하나님의 힘을 깨닫는 것을 말한다. 지혜를 가지면 정신적으로 보기 시작한다. 인간은 하루 종일 생각하는 모습 그대로 된다는 것을 알지 못하면 심리적, 정신적으로 앞을 못 보는 소경이라 할 수 있다. 에머슨*미국의 사상가. 시인. 목사 집안에서 태어나 목사가 되었으나 회의를 품고 사직하였다. 편협한 종교적 독단이나 형식주의를 배척하고 자신을 신뢰하며 인간성을 존중하는 개인주의적 사상을 설명했다은 "인간은 그가 하루 종일 생각하는 것 그 자체이다."라고 말했다. 성서에서도 *그가 마음에 생각하는 대*

로 그도 그러한즉*잠언 23: 7이라고 말하고 있다.

증오하고 분노하고 질투한다면 정신적 소경이다. 왜냐하면 자신을 파괴하는 지적인 독을 분비하고 있음을 알지 못하기 때문이다. 또 어떤 문제에 대해서 해결할 방법이 없고 희망이 없다고 말한다면 정신적 소경이다. 당신 내부에 무한한 지성이 있고 그것이 모든 문제를 해결할 수 있고 당신 사고에 응답한다는 것을 깨달아, 마음의 새로운 인식을 가질 때 당신은 보기 시작한다.

지금 새로운 빛이 당신 마음을 비추었다. 하나님이 당신을 인도해주고 또한 완벽한 해결책을 알려준다고 주장하면 자동적으로 옳은 일을 하도록 인도를 받고 길은 당신을 향해 열린다. 예전에는 이러한 진리를 보지 못한 소경이었지만 지금은 건강과 부, 행복과 평화를 보기 시작했다.

이 소경에 대한 이야기를 다른 식으로 보자. 옛날에는 과거의 업業 때문에 소경으로 태어나 속죄하는 것이라고 믿었다. 또한 그 당시 사람들은 부모의 죄가 자식들에게도 전해진다고 믿었다. 예를 들어 만약 부모가 정신 이상자이면 자식들 역시 정신 이상자로 태어난다고 믿었다. 트라워드는 다음과 같이 말했다. "만약, 어떤 것이 진실이면, 그것이 진실이 되는 방법이 있기 마련이다."

여기 성서에서 말한 *죄*란 지적태도, 분위기, 부모의 느낌을 말한다. 모든 죄는 신체적인 행위보다는 마음의 행위를 말한다. 부모는 그들의 습관적인 사고와 공포, 긴장과 잘못된 믿음을 신체가 아닌 마음을 통해서 자식들에게 전달한다. 우리의 느낌과 분위기는 창조력이 있다. 당신의 분위기는 무엇인가? 당신은 생명을 잉태할 수 있는 부부관계 시 어떤 상태에 있는가? (Great Bible Truths for Human problem 12장 참조)

예를 들어 부부 중에 보기 싫은 것과 다시 듣기 싫은 목소리가 있다면 그에 상응하는 것이 태어난다. 소경과 귀머거리 아이는 그에 상응한 상태, 즉 앞 못 보고 들을 수 없는 의식 상태에서 나온다. 부부가 연주했던 음조는 상호작용의 법칙에 의해서 그에 합당하는 모습이 나오게 된다.

에스겔에는 다음과 같이 적고 있다. *너희가 이스라엘의 땅에 관하여 이 잠언을 들어 말하기를 "아비가 신 포도를 먹었더니 그 자식들의 이가 시큰거린다."고 한 것이 무슨 뜻이냐? 주 하나님이 말하노라. 내가 살아 있는 한, 너희에게는 이스라엘에서 이 잠언을 쓸 경우가 다시는 없으리라.* 에스겔 18: 2-3

자식들에게 전달되는 것은 오직 부모의 분위기, 지적상태, 또는 믿음이다. 따라서 부모의 분위기 또는 수태受胎 순간의 그들의 의식 상태에 따라 셰익스피어나 베토벤, 링컨, 예수님 같은 자식을 낳을 수 있다. 예수님 또는 계몽된 이성은 소경으로 태어나는 것이 그의 업業 때문이라는 대중적인 미신을 거부한다. 여기서 업이란 전생에 다른 사람들의 눈을 멀게 하거나 다른 죄를 지었기 때문에 속죄하기 위해서 지금 이 세상에 다시 와서 고통 받는다는 것이다. 또 다른 대중적인 미신은 소경으로 태어난 자는 그의 부모가 소경이거나 죄를 지었거나, 어떤 육체적 질병 때문이라는 믿음이 있다. 물론 알다시피 부부가 천성적 소경이거나, 사고로 소경이 되더라도 완벽한 시력을 가진 아이를 낳을 수 있다.

수태受胎 당시의 의식의 분위기나 상태가 태어날 아이의 본성을 결정한다. 임신한 어머니가 기도로써 그녀 뱃속에 있는 아이의 지적, 육체적 본성을 바꿀 수 있는 것도 사실이다. 어머니의 기도로써 완벽한 치유를 가져올 수 있다. 하나님의 눈에 그 아이는 완벽하다. 하나님은 자신의 창조물 모두를 완벽한 것으로 본다.

질병과 어려움이 기도하는 사람이나 과학적 사고를 가진 자*미신을 걷어낸 자에 의해서 해결될 때, 바로 이것이 하나님의 일을 보여 주는 것이다. *때가 낮일 동안에 나를 보내신 분의 일들을 행해야 하리라.* 이 구절의 의미는 진리의 빛이 비춰져 있는 동안 의식적으로 법칙을 지휘한다는 것이다. 수많은 사람들이 기도를 통해서 자신들의 눈을 낫게 했다. 절대적인 것은 결코 비난하거나 심판하지 않는다.

잡지나 신문을 통해 많은 성지에서 치유의 기적이 일어난 것을 읽었을 것이다. 이것은 우리 모두 안에 있는 치유력이 우리가 믿음과 신뢰로써 그에게 향한다면 응답한다는 것을 보여준다. 이러한 치유가 일어난 이유는 그곳이 성지였기 때문에 또는 어떤 의식儀式이나 의례 때문이 아니라 치유된 자들의 믿음 때문이다. 아프리카나 호주 정글의 무속인들도 믿음에 의해서 치유를 일으킨다. 어떤 물이나 연못에서 목욕을 하거나 성인의 유골을 만져서 치유되었다고 주장하는 사람들도 있다. 이러한 치유가 일어난 이유는 그들의 마음이 공포, 걱정에서 믿음으로 옮겨갔기 때문이다.

이런 맹목적 신앙으로 치유를 얻은 것에는 법칙에 대한 이해란 없다. 이러한 방법이 고통, 어려움, 질병을 덜어주는 면에서 좋은 역할을 한다. 하지만 재발은 흔히 일어난다. 왜냐하면 거기에는 정신적인 힘에 대한 과학적 인식이 없기 때문이다. 따라서 많은 경우 자신에게 영향을 주었던 예전의 지적 틀로 되돌아간다. 과학적이고 신성한 치유는 특정한 목표를 위하여 현재의식과 잠재의식의 일치에 있다. *아버지의 일*이란 그분의 본성인 선의, 진실, 미美를 표현하는 것이다. 왜냐하면 아버지는 우리 안에 계시기 때문이다.

침을 뱉어 진흙을 이겨 란 마치 어린 아이가 캔디를 먹고 싶어 입에서 침을 흘리는 것 같이 침을 흘리는 상태를 상징한다. 이것은 마치 샘물처럼 솟아나는 기쁨의 상태이다. 당신은 온천溫泉에서 물거품이 솟아오르는 것을 보았을 것이다. 온천 바닥 흙은 마치 살아 있는 것처럼 움직인다. 흙이란 보통 사람의 경우에는 자신 안에 보고寶庫가 있다는 것을 알지 못한다는 것을 상징한다. 그는 자신의 내적 잠재력에 대해서 알지 못하고 죽은 상태이다. 그는 자신 안에 하나님이 계신다는 것을 알지 못한다. 그러나 점차 신을 깨닫고 신을 찬양하면 신과 함께 살아나고, 이것이 바로 *주께서 땅에 침을 뱉어 진흙을 이겨* 의 의미이다. 이 구절은 과거의 제한된 상태, 즉 앞 못 보는 상태를 거부하고 지금 우리가 원하는 상태에 있다는 깊은 내적 확신을 의미하는, 독특하고 뛰어난 상징적 표현이다. 어린 학생이 칠판에 쓰인 삼각법 문제의 해답을 알게 되듯이 우리는 지금 진리를 알게 되었다.

예를 들어 어린 학생이 삼 더하기 삼은 칠이라고 칠판에 쓰더라도, 선생님은 수학에 대한 자신의 지식에 의해서 삼 더하기 삼은 육이라는 것을 절대적으로 확신한다. 삼 더하기 삼은 육이라고 선언했기 때문에 그렇게 된 것이 아니고, 그것은 항상 그래왔다. 선생님은 그 진리를 확신하고 있고, 결국 그 어린 학생은 진리에 순응하여 칠판에 썼던 숫자를 정정한다.

이와 마찬가지로, 하나님에게 진실한 것은 인간에게도 진실하다. 하나님은 눈이 멀거나 귀가 먹던가 말을 못하거나 아프지 않다. 인간에 대한 진리는 살아있는 전능의 영※이 자신 안에 있다는 것이다. 이것은 완전성, 축복, 기쁨, 완벽, 일치, 그리고 평화이다. 당신이 이제껏 위대한 것, 경이로운 것이라고 들었던 것 모두가 바로 우리 안의 전능의 살아있는 영이다. 이 끝없는 지혜 속에서는 어떤 분쟁이나 분열이 있을 수 없다. 그러므로 당신 마음을 이러한 하나님에 관한 진리에 두고 지적으로 그것들과 동일시하면 마음속에서 생각의 틀의 재조정이 일어나, 하나님의 완벽성과 완전성은 나타난다. 해답으로 썼던 숫자를 수학의 원리에 순응하여 바꿔야 했던 어린 학생처럼, 당신은 조화의 원리에 따라서 사고의 틀을 재조정해야 한다. 그렇게 하면 당신 신체의 원소들은 상호작용의 법칙에 따라 자동적으로 반응한다. 여기서 말하는 흙은 굳고 메마르고 잘못된 믿음이다. 진흙투성이인 이 혼란스런 마음은 깨끗이 제거되어야 한다. 그러면 진리에 대한 우리의 확신은 이루어진다.

*가서 실로암 못에서 씻어라*의 의미는 그만두고 버리라는 것

이다. 우리는 지금 과거 상태로부터 우리의 의식을 분리하고 있다. 이렇게 함으로써 잘못된 사고를 씻어내고 모든 실체의 영성靈性을 느끼고, 단언할 수 있다. *보지 못하는 상태란* 우리를 축복하고 있는 것을 보지 못함을 말한다. 인간이 자신의 마음 속의 소망을 실현시키는 것이 그의 구원자라는 것을 알지 못한다면 진정 소경인 셈이다.

내가 오지 않았다면 그들은 죄를 알지 못했을 것이다. 보지 못하는 상태에서는 죄를 모른다. 심지어 우리가 결핍과 여러 종류의 제한을 표현하더라도. 이런 상태에서는 대중적 마음이 우리 사고를 대신한다. 하지만 우리 눈이 떠졌을 때 우리는 우리 자신을 위해서 사고하기 시작한다. 내부에 있는 신성으로부터 생각하면서, 더 이상 부정적으로 생각하지 않고 긍정적으로 생각한다. 편견, 공포, 무지 등 인위적으로 부가된 것으로부터 사고를 하는 한, 우리는 분쟁, 질병, 폭력을 경험할 것이다. 진정한 사색가가 되자. 그러면 마치 하늘에서 단비가 내리듯이 우리 앞에 떨어지는 은혜를 경험할 것이다.

죄란 평화, 건강, 그리고 행복의 과녁을 벗어나는 것을 말한다. 이것은 우리의 목표를 성취하지 못하는 것이다. 만약 우리가 조준해서 맞춰야할 과녁이 없다면 당연히 죄를 지을 수도 없다. 진정한 죄란 우리의 목표를 실현시키지 못하고 행복한

삶을 살지 못하는 것이다.

이 장의 나머지는 많이 반복되었기 때문에 중요한 절만을 다루겠다.

(14) 그런데 예수께서 진흙을 이겨 그의 눈을 뜨게 하신 날은 안식일이었더라. (15) 그러므로 바리새인들이 그에게 어떻게 보게 되었느냐고 다시 물으니, 그가 그들에게 말하기를 "그 분이 내 눈에 진흙을 발라 주시기에 그 후에 내가 씻고 보게 되었노라."고 하니라.

바리새인은 어디에나 존재한다. 오감에 의존하고, 신을 경배함에 있어서 의식, 의례, 형식 등 외형적인 것에만 집착하는 사람이다. 그 바리새인들은 안식일이 일주일 중 특정 하루라고 생각할 뿐, 마음을 우리 이상과 소망에 두어서 결국 외부세상과 그 평결이 더 이상 우리를 혼란스럽게 할 수 없는 고요한 상태라고는 생각하지 못한다. 지금 이곳에서 우리는 오직 하나님과 함께 있고, 우리의 내적 깨달음에 의지한다. 바리새인은 해결책이 어디에 있는지 모른다. 외부에 나타나는 것은 결과이다. 바리새인은 항상 외적인 것을 원인으로 생각하면서 율법의 문자를 경배하고, 생명을 주는 영혼에 대해서는 알지 못한다. 우리 내부의 힘을 깨달았을 때 다음과 같이 외친다.
내가 전에는 소경이었다가 지금은 본다는 것이라.

(41) "만일 너희가 소경이라면 죄가 없을 것이나, 이제 너희가 말하기를 '우리는 본다' 고 하므로 너희 죄가 남아 있느니라." 고 하시니라.

인간의 이론, 견해, 가르침을 뜻하는 바리새인의 사고는 심지어 기도할 때도 우리 마음속으로 들어온다. 이 장 18절부터 마지막 절까지 나온 질문과 논쟁은 오직 의식, 의례, 형식에만 관계가 있는 의식상태를 보여준다. 이 세상 모든 도시를 활보하고 있는 이 바리새인들에게 종교생활의 실천은 오직 전통과 미신에 대한 집착뿐이다. 이런 사람들의 눈에는 기도로 암을 치료할 수 있고 소경의 눈을 뜨게 할 수 있다는 것은 불가능한 것으로 보인다. 왜냐하면 그들은 인류의 평결(評決)과 세상의 견해만을 믿기 때문이다. 우리는 종교의 상징을 조사하고 그 배후의 원리를 보아야 한다. 그 배후의 원리를 보는 것이 다음 절의 의미이다.

(39) "내가 심판을 위하여 이 세상에 왔으니, 이는 보지 못하

는 자들은 보게 하고 보는 자들은 소경 되게 하려 함이라."고 하시니라.

당신은 심판하기 위해서 존재한다. 왜냐하면 모든 심판은 아들에게 주어지기 때문이다. 당신의 생각에 의해서 당신은 심판을 한다. 생각하는 것은 바로 비교하는 것이다. 당신은 서로 다른 것을 비교할 수 있다. 좋은 것을 받아들이고 부정적이거나 잘못된 믿음은 거절할 수 있다. 당신은 분별하고 선택하기 위해서 존재한다. 당신이 내부에 계신 하나님을 발견했다면 하나님의 보고寶庫 안에 있는 것만을 선택한다. 당신은 진리를 깨닫고 있다. 과거에는 어떻게 선택하는지를 몰랐지만 지금은 하나님의 힘에 대한 인식과 앎에 의해서 치유와 고양과 축복만을 선택한다.

진정한 자유의지를 가졌다면 질병, 부족, 불행, 고통 등을 선택하지 않을 것이다. *이는 보지 못하는 자들은 보게 하고 보는 자들은 소경되게 하려 함이라.*

오감의 지배를 받고, 평범한 법칙 속에 사는 당신은 예전의 이론, 믿음, 전통, 독단에 대해서는 소경이 되고 하나님과 그의 전능에 대해서는 살아나야 한다. 그러면 진정으로 보게 된다. 기도할 때 기도에 도전하는 것들에 대해서는 귀머거리와 소경이 되어야 한다. 외부세계와 외부현상을 보지 말아야 한다. 오직 하나님과 그분의 응답에만 시선이 머물러 있어야 한다.

만약 우리가 조준해서 맞추려는 표적이 없다면 목표에서 벗어날 수도 없다. 따라서 죄를 지을 수도 없다. 그러나 만약 우리가 진리를 알고 있다고 주장하면서 우리의 목표를 실현시키지 못한다면 죄는 그대로 남아 있다. "나는 진리를 알고 있다."라고 말하는 것만으로는 충분하지 않다. 우리는 진리를 알아야 하고 그 진리가 우리에게 자유를 주어야 한다. 앎이란 우리의 생각과 소망을 지금 받아들일 수 있을 정도로 내부의 시야를 통해 보는 것, 혹은 고요한 내적 확신을 갖는 것이다. 바로 여기에 우리의 자유가 있다.

요한복음 10장

(1) "진실로 진실로 내가 너희에게 말하노니, 양우리에 문으로 들어가지 아니하고 다른 길로 넘어들어 가는 자는 도둑이요 강도라. (2) 그러나 문으로 들어가는 이는 양의 목자라. (3) 그에게 문지기가 문을 열면 양들은 그의 음성을 듣나니, 그러면 그는 자기 자신의 양들의 이름을 불러서 이끌어 내느니라. (4) 그가 자기 양들을 이끌어 낸 후 양떼 앞에서 걸어가면 양들이 그를 따라가나니 이는 양들이 그의 음성을 알기 때문이라. (5) 그러나 그들이 낯선 사람은 따라가지 아니하고 오히려 그에게서 달아나나니, 이는 그들이 낯선 사람의 음성을 모르기 때문이라." (6) 예수께서 이런 비유로 그들에게 말씀하시더라. 그러나 그들은 주께서 자기들에게 말씀하신 것이 무엇인지 깨닫지 못하니라. (7) 그러므로 예수께서 다시 그들에게 말씀하시기를 "진실로 진실로 내가 너희에게 말하노니, 나는 양들의 문

이라. (8) 내 앞에 온 자는 다 도둑이요 강도들이라. 양들이 그들을 듣지 아니하였느니라. (9) 나는 그 문이라. 누구든지 나를 통해서 들어가면 구원 받을 것이며 또 들어가며 나오며 초장을 찾으리라. (10) 도둑은 오직 도둑질하고 죽이며 멸망시키려고 오지만, 내가 온 것은 양들로 생명을 얻고 더 풍성히 얻게 하려 함이라.

여기서 *문*은 우리 의식의 문을 말한다. *나는 그 문이라.* 인생에 있어서 우리가 경험한 모든 것들은 우리 의식을 통해서 온다. 우리의 의식 상태란 우리가 생각하고 느끼고 믿고 동의한 것이고, 그것은 항상 외부로 표현된다. 먼저 내부에서 생성되어야만 외부에서 나타난다. 건강, 평화와 부를 이루기 위해서는 그것을 먼저 의식 속에 두어야 한다. 우리의 내면에서 그것을 이미 소유했다는 느낌을 가져야 한다. 즉, 원하는 것을 현실에서 소유하기 전에 소유했다는 의식상태에 있어야 한다. 옛날 선인들은 다음과 같이 말했다. "원하는 상태를 이루려면 그 상태를 가지고 있어야 한다."

만약 인간이 외부적인 수단을 통해서 자신이 원하는 것을 이루려고 하면 그것은 영원히 그를 피해 갈 것이다. 그는 강도이고 도둑인 셈이다. 왜냐하면 소망이 현실이 되었다고 주장하거나 느끼지도 않는 그는, 이상을 현실로 만드는 기쁨을 자신에게서 강도짓하고 약탈하고 있기 때문이다. 우리는 먼저 이루고자 하는 것과 동일한 것을 마음속에서 맛봐야만 한다. 그럴 때 그것은 현실에서도 뒤따르게 된다. 마음이나 의식은 밖으로 표현되는 것들에 대한 문이다.

보잘것없는 음식을 먹으면서 삶의 즐거움을 거부할 때, 혹은 신체적으로 고통스럽고 어려운 자세를 취할 때 자신이 성스러워진다고 생각하는 사람들이 있다. 또 어떤 이들은 채식을 고집하며 속세를 떠나 살아야만 성스럽게 된다고 생각하기도 한다. 단식, 경직된 삶, 육체적 훈련, 이런 것들이 원하는 정신적 변화를 가져오지 않는다. 그들은 잘못된 길로 올라가려 했고, 물론 얼마 지나지 않아 그것이 환상이었다는 것을 알게 될 것이다.

외부적인 통로를 통해 높은 정신적 인식의 단계에 도달할 수 있다고 생각하는 것은 터무니없다. 이런 사람들이 변명할 때 자주 인용하는 구절은 다음과 같다. "인간은 자신을 부정해야 한다." 당신은 분노와 원한, 악의와 적의, 독선과 영적인 오만, 그리고 자기정당화와 독선적 믿음과 같이, 잘못된 생각을 품으면서 자기만족에 빠져 있을지 모른다. 바로 당신의 이런 모습들이 당신이 거부해야만 하는 자아이다. 사람들에 의해 종종 회자되는 위 구절의 의미를 파악하기 위해서는 순전히 심리적인 측면에서 살펴봐야만 한다. 위 구절은 삶의 안락과 편의를 부정하라는 의미가 아닌 것은 분명하다. 이러한 것들은 어디서 오는가?

당신이 높은 경지에 오르고자 한다면 과거의 사고방식과 태도를 부정하고 거절해야 한다. 예전과 똑같은 마음상태에 머물러 있으면서 더 높은 정신적 성장을 꿈꿀 수 없다. 내적변화가 찾아와야만 한다. *너희는 이 세상과 일치하지 말고 너희 마음을 새롭게 함으로써 변화를 받아* 로마서 12:2

애벌레가 나비로 변하는 것을 본 적이 있거나, 적어도 들어는 봤을 것이다. 이것은 당신이 겪어야 할 변화를 상징한다. 당신에게는 이제껏 사용하지 않았던 날개가 있다. 그 날개는 사고와 느낌이고, 이것으로 날아올라 하늘에 계신 아버지의 품속으로 들어갈 수 있다. 성서에서 말하는 변형은 세포가 변하는 것을 의미하지는 않고 심리적, 감정적 변화를 말한다.

어떤 이가 치유되기를 바라면서 "나는 치유되었다."라는 확언을 반복했다고 가정해보자. 하지만 그의 말이 단순히 기계적인 것에 그친다면 어떤 결과도 일어나지 않을 것이다. 결과가 일어나기 위해서는 반드시 자신이 완벽히 건강하다는 느낌과 하나가 되어야만 한다. 반드시 자신의 의식 속에서 그 단언한 것들이 실체임을 주장하고 느껴야 한다. 영혼의 내적인 인식이 고요히 흔들리지 않을 때 치유가 뒤따른다. 부유해지기 위해서는 부유의 의식을 가져야만 그것이 뒤따른다.

만약 정신적으로 성장하기를 원한다면, 사도 바울이 제시했던 훌륭한 원칙을 따르라. *무슨 일에든지 참되며, 무슨 일에든지 정직하며, 무슨 일에든지 의로우며, 무슨 일에든지 순결하고, 무슨 일에든지 사랑스러우며, 무슨 일에든지 좋은 평판을 얻고, 만일 무슨 덕이 있거나 무슨 칭찬이 있으면 이런 것에 대해서 생각하라.* 빌립보서 4:8

외부가 아닌 내부에서부터 시작하라. 당신의 사고, 느낌, 반응, 그리고 감정에게 영성靈性을 부여하라. 당신의 사고, 지적활동, 그리고 충동이 사도 바울이 제시한 정신적 원칙에 순응하고 있는지 주의 깊게 관찰하라. 외적인 것은 내적인 것과 상응한다. 도둑과 강도들은 우리가 빠져있는 부정적 사고와 감정이다. 공포와 무지 그리고 미신이 진짜 도둑이다. 그것들이 우리에게서 건강과 행복과 마음의 평화를 빼앗아간다.

이 장에서 언급한 양은 우리를 축복하고 고귀하게 하는, 훌륭하고 고상한 의식상태를 의미한다. 좋은 것good에 대한 확신과 이해가 우리의 양(정신적 상태)을 돌보는 양치기이다. 마치 장군이 군대를 통솔하는 것 같이 마음속의 주도적 상태는 지배를 하고 명령을 한다. 마음의 권위와 창조적 힘에 대해서 알 때 우리는 진정한 양치기가 된다. 우리는 좋은 것을 선택하고 고약한 냄새가 나는 지적 음식물을 거부하는 우리의 능력에 대해서 신뢰와 확신을 가지게 되었다. 우리가 되고자 하는 것, 가지고 싶은 것, 하고 싶은 것 등, 우리가 갈망하는 상태를 현실로 느낄 때 우리는 *양들의 이름을 부르는 것이다*. 우리가 이러한 분위기를 유지하면, 그것들은 우리 안에서 마치 젤처럼 형체를 띤다. 그리고 이런 주관적 상태는 객관적인 상태로 표현된다.

4절에서 우리는, 단언한 것이 현실이 되기 위해서는 우리가 그것의 실체를 느끼고 지적으로 받아들여야 하는 지적 동일성의 법칙을 배우게 된다. 다시 말해서 느낌은 모든 실현에 앞서는 것이다. 트라워드 판사는 다음과 같이 말했다, "인간은 표현된 믿음, 그 자체이다."

*낯선 사람의 음성*이란 단언한 것과 느끼는 것이 다른 것을 상징한다. 예를 들어 어떤 이가 자신의 몸이 치유되기를 기도하면서도 자신이 불치라고 믿거나 별자리가 안 좋다고 믿는 것이다. 이런 마음태도는 마치 알칼리와 산성을 같이 섞은 것처럼 불활성 不活性 물질을 얻을 뿐이다. 물론 결핍이란 대답으로 응답할 것이다.

기도하고자 하는 목표를 자신의 모습으로 진정 느끼지 못한다면 자신에 대해서 강도짓을 하게 된다. 만약 어떤 이가 자신이 위대한 배우가 되기를 요구하면서 동시에 마음속으로는 그렇게 되지 못할 거라고 생각하면, 바로 이런 사람이 도둑이고 강도이다. 양(구체화된 사랑스러운 상태)은 이런 부정적 태도를 따르지 않는다. 양은 돌봐야 할 짐승이다. 내적확신 없이 외적으로만 그런 체하고 가식적이라면 실현이 불가능하다. *내 앞에 온 자는 다 도둑이요, 강도이라* 의 의미는 많은 사람들이 주장하듯이 기독교 이전의 모든 종교가 올바른 것이 아니라는 의미가 아니다. 그런 주장은 사실이 아니고 어리석다.

이 구절에 대한 다음에 나오는 해석이 이치에 맞을 것이다. 만약 주변의 환경이나 조건으로 인해, 혹은 나에게 일어난 사건이나 내 나이 때문에, 혹은 인종적인 문제나 돈이 없다는 문제 등의 이유로 인해 목표를 이루지 못할 거라고 믿는다면 강도이자 도둑이다. 왜냐하면 당신이 갈망하는 상태가 되는 기쁨을 당신 자신에게서 빼앗아가는 자가 바로 당신 자신이기 때문이다.

오직 하나의 힘이 있고, 기도가 이루어진다는 당신의 확신은 철회될 수 없다. "하나님과 하나인 자가 승리한다.", "만약 하나님이 당신 편이라면, 누가 당신에게 대적하리요?" 이것이 바로 다음 구절의 의미인 것이다. *내 앞에 온 자는 다 도둑이요 강도들이라.*

11절에서는 다음과 같이 말하고 있다. *선한 목자는 양들을 위하여 자기 생명을 내어 놓으나.* 당신은 마음속의 소망에게 생명을 주어야 한다. 그것의 실체를 느끼고 그것(소망)에게 생명과 사랑을 쏟아부음으로써 생명을 준다. 마치 결혼한 한 쌍의 부부처럼 두뇌와 마음이 하나로 결합해야 한다. 당신의 꿈을 실현시키기 위해서는 사고와 감정이 하나가 되어야 한다.

12절에서 나온 *이리*는 우리의 이상을 무효로 만들고 파괴하는 결핍과 의심, 그리고 공포의 분위기를 의미한다. 우리는 좋고 훌륭한 것에 대한 흔들리지 않는 확신을 가지고 있어야 한다. 만약 이것을 가지고 있지 않다면 양이 없는 것과 같기에 우리는 그저 삯꾼에 불과하다. 이런 상태에서는 의식 속의 사고를 가지지 않은 것이고, 비록 지성적으로 받아들이더라도 실제로는 믿지 않고 있다.

(16) 또 나에게 이 양우리에 들지 아니한 다른 양들이 있어 내가 그들도 데려와야 하리니, 그들도 나의 음성을 듣게 되리라. 그리하여 한 양떼에 한 목자만 있으리라.

우리는 가장 큰 소망뿐만 아니라 *다른 양들*로 표현되는 다른 소망들도 가지고 있다. 어떤 이가 건강과 자기실현을 소망하면서 아들의 번영과 딸의 행복한 결혼을 원할지도 모른다. 이러한 소망들을 이루기 위해서 소망들을 각각 다루고, 법칙을 하나하나씩 사용할 것이다. 침묵 속에서 환담을 함으로써 이 일을 한다. 그가 각각의 것을 끝냈을 때, 자신이 의식 속에서 주장한 모든 것들은 이미 주어졌다는 것을 깨닫는다. 그의 말(사고와 느낌)은 법칙이고, 자신의 기도가 이루어졌다는 즐거운 확신 속에서 잠이 든다. *한 무리의 양떼*란 사랑에 완전히 둘러싸인 것 혹은 사랑의 분위기를 말하고, *한 목자*는 그것이 이미 이루어졌다는 완벽한 확신을 말한다.

17절에서 *내가 생명을 다시 얻기 위해 나의 생명을 내어 놓기 때문이니라* 란 당신의 이상을 실현시키기 위해서는 먼저 당신 자신에 대한 과거의 개념과 평가에 대해서는 죽어야만 한다는 것을 말한다. 어떤 것이 태어나기 전에는, 다른 하나가 죽어야 한다. 정신적인 마음이 깨어나기 전에 물질적, 유물론적 마음은 죽어야 한다. 지혜가 태어나기 전에 무지는 죽어야 한다. 만약 어떤 이가 자신이 하는 일에 태만하고 책임감이 없었지만 갑자기 열심히 노력하며 모든 면에서 개선되었다면, 새롭고 근면한 사람이 태어난 것이고 과거의 태만하고 게으른 인간은 죽은 것이다.

18절에서는 세상 사람들이 죽음이라고 말하는 것이 정신적으로 계몽된 사람의 눈에는 단지 죽음에 대한 믿음일 뿐임을 말하고 있다. 죽음은 우리 안에 있는 것이지 관 속에 있는 사람 안에 있지 않다.

아무도 생명을 당신에게서 빼앗을 자가 없으나. 이 구절에 관한 절대적 진리는 다음과 같다. 어떤 사람이 살해당했다면 실제로 자기 자신을 살해한 것과 같다. 비록 다른 이가 방아쇠를 당겨 그를 죽였다고 해도 소위 살인자라는 자는 살해당한 자의 의식상태를 수행하는 도구일 뿐이다. 의식이 유일한 원인이고 인간 그 자신이 원인이고 결과이다.

나를 보내신 아버지께서 이끌어 주지 아니하시면 아무도 내게로 올 수 없느니라. 즉 나의 아버지(나의 주도적 의식상태)가 이끌지 않는 한 어떠한 결과물이나 어떤 외적 표현도 나에게 일어날 수 없다. 인간의 내부가 항상 원인이고 외부로 나타난 것은 내부의 결과이다. 우리가 *지극히 높으신 분의 은밀한 곳에 거한다고**시편 91참조 확신한다면 아무도 우리를 해칠 수 없고, 어떤 불행도 우리 앞에 떨어지지 않는다. 왜냐하면 하나님이 우리와 함께 있다는 것을 믿기 때문이다. 이것이 믿음이고 확신이다.

요한복음 10장

작년(1955) 일본에서 한 선생님이 어떤 중국 여인에 관한 이야기를 해주었다. 그녀는 비행기가 폭격하고 있을 때 사람들에게 이렇게 말했다고 한다. "나의 우산 속으로 들어오세요, 나는 하나님을 믿어요." 폭탄은 그녀 근처에 떨어졌지만 어떤 해도 입히지 못했다. 이런 일이 가능한 이유는 그녀가 서 있는 곳이 성스러운 장소(하나님의 사랑과 실체에 대한 그녀의 의식)였기 때문이다. 이 세상을 살아가면서 우리의 영혼을 기쁨으로 채우지 않는 것은 듣지 말아야 한다.

(28) 내가 그들에게 영생을 주노니 그들은 영원히 멸망하지 않을 것이며, 또 아무도 나의 손에서 그들을 빼앗지 못할 것이니라.

의식이 닿은 곳, 즉 의식이 축복을 내린 것은 그것이 무엇이더라도 영원하다는 것을 뜻한다. 일단 우리가 하나님과 진리의 영혼을 느껴보면 결코 예전과 같은 상태로 돌아가지 않고 영원히 새로운 인식과 함께 한다.

(33) 유대인들이 주께 대답하여 말하기를 "선한 일로 인하여 너를 돌로 치려는 것이 아니고 하나님을 모독하기 때문이라.

이는 네가 사람이면서 하나님으로 자처하기 때문이라." 고 하
니라.

여기서 *유대인*은 특정 민족을 말하지 않고 보통사람을 말한
다. '인간이란 하나님이 인간화 된 것'이라고 말하면 그들은
신성모독이라고 생각한다. 사람들은 진리를 말하는 사람에게
돌을 던진다. 왜냐하면 그런 가르침은 자신들이 생각하는 하
나님의 모습과 믿음과는 다르기 때문이다. 하지만 그들의 믿
음은 어리석은 앎에 기초한다. 이런 보통 사람들은 마치 먼지
속에 있는 벌레 같은 태도를 가지고 있다.

(34) 너희의 율법에 너희는 신들이라고 내가 말했다고 기록되
지 아니하였느냐?
(38) 비록 너희가 나를 믿지 않는다 해도 그 일들을 믿으라.
그리하여 아버지께서 내 안에 계시며 또 내가 그 분 안에 있는
것을 너희가 알게 되고 또 믿게 되리라. 고 하시니라.

실제로 모든 인간은 무한한 존재의 아들이고, 아들은 아버지
의 특성, 자질, 그리고 잠재력을 가지고 있다.
　그는 하나님의 형체로 계시므로 하나님과 동등하게 되는 것

을 탈취라 생각지 아니하셨으나 빌립보서 2: 6

 이제 깨어나서 우리의 신성을 주장하자. 성경 속 인물을 역사적 인물로 경배하는 것을 그만두고, 우리 내부 깊은 곳의 유일한 신을 경배하자. 내부에 있는 영이 신이고 우리가 그것과 파장을 맞추고 믿음으로 기도하면 우리는 우리를 보내신 분의 일을 하기 시작할 것이다. 우리가 이런 사실을 완전히 믿을 때, 그 순간 모든 권능은 우리에게 부여된다. 이것이 하나님의 힘과 활동이다.

요한복음 11장

(1) 이제 어떤 사람이 병들었는데 그는 마리아와 그녀의 언니 마르다의 마을 베다니 사람 나사로라. (2) (마리아는 주께 향유를 붓고 자기 머리카락으로 주의 발을 닦았던 그 여인인데 그녀의 오라비 나사로가 병든지라.) (3) 그러므로 그의 누이들이 주께 사람을 보내어 말하기를 "주여, 보소서, 주께서 사랑하는 자가 병들었나이다." 라고 하니 (4) 예수께서 그 말을 들으시고 말씀하시기를 "이 병은 죽음에 이르는 것이 아니라 하나님의 영광을 위한 것이라. 이는 하나님의 아들이 그 일로 인하여 영광을 받게 하려 함이라." 고 하시니라. (5) 예수께서 마르다와 그녀의 동생과 나사로를 사랑하시니라. (6) 주께서 그가 병들었다는 말을 들으셨으나 머무시던 곳에서 이틀을 더 계시더라. (7) 그 후에 주께서 제자들에게 말씀하시기를 "유대로 다시 가자." 고 하시니라. (8) 제자들이 주께 말씀드리기

를 "선생님, 최근에 유대인들이 선생님을 돌로 치려 하였는데 다시 그 곳으로 가시려나이까?" 라고 하니 (9) 예수께서 대답하시기를 "낮은 열두 시간이 아니냐? 누구나 낮에 다니면 넘어지지 아니하리니, 이는 그가 이 세상의 빛을 보기 때문이라. (10) 그러나 사람이 밤에 다니면 넘어지나니, 이는 빛이 그 사람 안에 없기 때문이라." 고 하시더라.

*마리아*와 *마르다*는 의식의 외적인 것과 내적인 것, 물질적인 것과 정신적인 것을 상징한다. *마리아*는 삶의 내적, 주관적인 면을 의미하고 *마르다*는 삶의 객관적인 면을 의미한다. 또한 마리아는 삶의 정신적 가치에 대한 사랑을 의미하고 마르다는 병자와 가난한 자의 물질적 필요를 충족하려는 소망을 상징한다.

*나사로*는 마르다와 마리아(의식의 두 가지 면인 현재의식과 잠재의식을 상징함)의 오라비(소망)인데, 우리 안의 죽음의 상태를 상징한다. 우리의 소망이나 이상은 죽은 상태이다. 왜냐하면 우리는 그것을 살리지 못했고 우리 내면에서 사실이라고 느끼고 주장한다면 의식이 그것을 되살리게 할 수 있다는 것을 모르기 때문이다. 나사로는 우리가 오랜 세월 동안 실현시키려고 노력했던 소망이 실현되지 못하고, 위축되고 죽어서

굳어버린 것을 상징한다. 질병을 가진 자에게는 건강이란 소망은 죽은 것이다. 하지만 건강은 죽지 않고 단지 병자 안에서 잠자고 있다. *예수께서 죽은 상태를 깨우기 위해서 간다* 는 것은 정신적 인식을 상징한다. 외부 감각들은 육체가 병들었다고 말한다. 하지만 정신적으로 깨어있는 자는 다음과 같이 선언한다. "나는 건강에 대해서 잠들어 있었지만, 이제 인류의 믿음이란 이름의 마력에 휩싸여 있던, 이 최면의 잠에서 빠져나와서 깨어나고 있다."

5절은 사랑은 하나됨unity이라는 것을 의미한다. 사랑은 감정적 일체감이다. 그것은 당신이 기도하는 것의 실체 속으로 들어가서 그 실체를 느끼고 소망하는 것과 결합한다. 기도의 첫 번째 단계는 정신적 힘을 인정하는 것이고, 두 번째 단계는 우리 소망을 받아들이는 것, 세 번째는 보이지 않는 사고의 실체에 대한 확신이다.

(14) 그때 예수께서 그들에게 분명히 말씀하시기를 나사로가 죽었도다. (16) 그때 디두모라고 하는 도마가 동료 제자들에게 말하기를 "우리도 주님과 함께 죽으러 가자. 고 하더라. (17) 예수께서 와서 보시니 그가 무덤에 있은 지 이미 나흘이 되었더라.

도마는 의심하는 자이다. 이런 마음태도는 우리 모두 안에 있다. 이것은 두 개의 길을 보면서 의식이 유일한 힘이라는 사실을 의심한다. 당신이 낙담하면, "그렇다면 그렇게 하자."라고 체념적으로 말하게 된다. 그때 우리 안에 있는 높은 자아와 낮은 자아, 또는 삼차원 자아와 사차원 자아와의 논쟁, 또는 우리의 오감과 정신적 인식의 싸움이 일어난다. 기도할 때 감각들이 당신 내부의 정신적 힘이 유일한 원인이자 최고 주권자라는 진실을 믿지 못하게 훼방 놓고 있는지 살펴보라. 당신은 이 힘과 함께라면 모든 것이 가능하다는 것을 굳게 믿어야 한다.

(23) 예수(당신의 계몽된 이성)께서 그녀에게 말씀하시기를 "너의 오라비가 다시 살아나리라." 고 하시더라. (24) 마르다가 주께 말씀드리기를 "마지막 날에 부활로 그가 다시 살아날 줄을 내가 아나이다." 라고 하니

마르다(우리의 현재의식, 이성적, 논쟁적인 마음)는 우리 소망의 부활 가능성을 의심한다. 그러나 위대한 진리는 우리 개개인 모두의 *나는*(의식)은 내부에서 사실이라고 느끼고 받아들이는 것을 부활시킬 수 있고 외부로 나타나게 할 수 있다는

것이다. 당신의 의식 안에는 한계 속에서 위축된 자신을 소생시킬 수 있는 힘이 있다.

24절에서 마르다는 우리 안의 세속적 의식 상태를 의미한다. 그는 먼 미래를 보고 다음과 같이 말한다. "언젠가는 나의 목표를 실현시킬 거야." "언젠가는 행복하게 될 거야." 이런 것은 옳은 태도가 아니다. 왜냐하면 믿기만 하면 우리 소망을 의식 속에 두어서 지금 바로 실현시킬 수 있기 때문이다.

> (38) 그러므로 예수께서 다시 속으로 신음하시며 무덤에 오시니라. 그 곳은 굴인데 돌이 그 위에 놓여 있더라. (39) 예수께서 말씀하시기를 "돌을 치우라." 고 하시니,

우리 모두가 문제나 어려움 때문에 신음할지도 모른다. 그러나 우리는 그것을 극복하고 정복할 수 있다는 굳은 결심을 해야 한다. 여기서 돌은 인류의 믿음과 공포, 인간이 만든 법칙을 받아들이는 것을 말한다. 우리가 찾고 있는 건강, 기쁨, 평화는 생명력을 구속하는 작고 제한적인 사고에 의해 무덤 속에 감금되어 있다. 믿음으로써 돌은 치워져야 한다. 조화, 힘, 활기의 내적 삶을 원하는 사람은 정신적 것에 최상의 힘이 있다는 것을 인식하고 믿어야만 한다. 그러면 그의 믿음의 기도

요한복음 11장

는 보이지 않는 전능한 하나님의 존재를 불러낸다. 이것이 하나님의 영광이다.

(40) 네가 믿으면 하나님의 영광을 볼 것이다.

영적인 사람은 외부현상과 상관없이, 보이지 않는 계획의 완성과 실체를 확언確言한다. 성서에서 *천사가 돌을 굴려내고**마태복음 28:2 참조라는 구절을 볼 수 있다. *천사*란 모든 현현에 앞서 존재하는 새로운 마음태도나 느낌 혹은 확신이다.

(41) 예수께서 눈을 들어 말씀하시기를 아버지시여, 내 말을 들으신 것을 감사하나이다. (42) 아버지께서 항상 내게 들으시는 줄 내가 알았나이다.

이 구절들은 기도의 중요한 공식을 주고 있다. 당신이 다른 사람을 위해서 기도한다면 그 사람에 대한 개념을 높여서, 빛나고 행복하고 자유로운 모습을 마음의 눈으로 보아야 한다. 그리고 이루어진 사실에 대해서 감사해야 한다.

예를 들어 백화점에서 모피 코트를 사기 위해 점원에게 돈을 지불했다면 그 물건이 곧 당신에게 도착할 것에 대해 감사할 것이다. 아직 물건을 받지 않았지만 점원을 신뢰하기 때문에 주문한 코트를 곧 받게 될 거라는 것을 의심하지 않는다. 이와 마찬가지로 당신이 하나님을 인정하고 그 분에게 향할 때, 당신은 하나님 안에 머물러 고양된다. "그는 결코 실패하지 않는다."는 것을 알게 된다. *모퉁이 그림자도 없고 변하지 않는 빛의 아버지*에 대한 신뢰와 흔들림 없는 확신을 가지게 되었다. 그분(하나님)이 항상 당신의 요청을 듣고 있다는 것을 안다. 왜냐하면 당신이 그분에게 향할 때 그분도 당신에게 향하는 것이 하나님의 속성이기 때문이다. 친구를 위해 당신이 사고와 느낌으로써 내부에 있는 신에게 가서 건강과 조화에 의식을 집중할 때 신의 창조력은 의식이 놓인 곳으로 흐르게 된다. 이것이 신의 활동이고 이 힘은 전능하다.

세 번째 단계는 그렇게 되었다는 인식, 수용, 확신이라 말할 수 있다. *예수님은 큰 음성으로 외쳤다* 란 이루어진 기도의 소리 또는 권위에 찬 분위기를 의미한다. *나사로야 나오너라* 란 우리의 내적 믿음에 항상 자동적으로 응답하는 불변의 법칙이 작용하는 것에 대한 절대적 믿음을 상징한다. 이것이 *나와 나의 아버지는 하나이다* 라는 것을 알고 있는 자의 내면에서 울려 퍼지는 명령이다.

44절에서 다음과 같은 구절을 볼 수 있다. *죽은 자의 얼굴이*

수건으로 가려져 있다. 길을 걷다가 만약 아는 사람의 얼굴이 가려져 있다면 그 사람을 알아볼 수가 없다. 우리가 원하는 것은 의식 속에 있는데, 우리는 그것을 볼 수 없다. 당신은 하나님에 대한 확신과 믿음을 볼 수 없다. 마치 물을 가득 머금은 구름이 결국 비가 되어서 떨어지듯이, 우리의 보이지 않는 마음이나 지적 분위기는 현실에서 모습을 드러낼 것이다. 인간은 하나님을 안에 모시고 있다. 인간의 진정한 면은 볼 수 없다. 당신은 분위기, 영혼, 사고, 느낌, 믿음, 희망, 소망, 이상, 포부 등을 볼 수 없다. 바로 인간 그 자체가 보이지 않는 것을 가리는 수건이다.

내가 헐 벗었을 때에 입혀 주었으며 마태복음 25:36

하나님은 인간의 생명 그 자체이고 내부에 살아있는 영혼이라는 것을 깨닫고 기도하면서 이 힘을 향해 고개를 돌리고 그것을 인정한다면 수건을 제거하게 된다. 그러면 다음과 같은 명령을 내릴 수 있는 위치에 있게 된다. "그를 자유롭게 해방시켜 주어라." 이것의 의미는 모든 고뇌로부터 해방된 채 자유로운 삶을 살고 하나님을 찬양하면서 자유롭고 즐겁게 땅 위를 걷는 것을 말한다. "나무들의 이야기, 돌들의 설교, 흐르는 시냇물의 노래, 그리고 모든 것 안에 존재하는 하나님"을 알게 될 것이다.

50절에서는 한 사람이 죽는 것이 유익하다고 말한다. *죽어야 할 자* 는 우리의 소망이다. 만약 그것이 우리 안에서 죽지 않으면 우리는 계속 좌절한 상태에 있게 된다. 궁핍에 대한 믿음이 죽은 후에 건강이 온다. 고통에 대한 믿음이 죽은 후에 평화가 온다. 평화는 하나님의 힘이다.

"평화가 지속되기를"

요한복음 12장

(1) 유월절 엿새 전에 예수께서 베다니에 오시니, 그 곳은 주께서 죽었던 나사로를 죽은 자들로부터 살리신 곳이라. (2) 거기서 그들이 주를 위해서 저녁을 마련하였는데, 마르다는 시중을 들고 나사로는 주와 함께 식탁에 앉아 있는 사람들 중 하나더라. (3) 마리아가 매우 값진 감송 향유 한 리트라를 가지고 와서 예수의 발에 붓고 자기의 머리카락으로 그 발을 닦으니, 그 집이 향유 냄새로 가득 차더라. (4) 그때 그의 제자 중 하나로 주를 배반한 자인 시몬의 아들 유다 이스카리옷이 말하기를 (5) "어찌하여 이 향유를 삼백 데나리온에 팔아 가난한 사람들에게 주지 아니하였느냐?" 고 하니 (6) 그가 이렇게 말한 것은 가난한 사람들을 염려해서가 아니라 그가 도둑인 까닭에 돈 주머니를 맡아서 그 안에 넣은 것을 가져감이더라. (7) 그러자 예수께서 말씀하시기를 "그녀를 가만 두어라. 그

녀는 나의 장례 날을 위해서 이것을 간직해 둔 것이라. (8) 가난한 사람들은 항상 너희와 함께 있으나 나는 너희와 항상 함께 있지 아니하느니라." 고 하시니라. (9) 그때 유대인의 큰 무리가 주께서 그곳에 계신 것을 알고 왔으니, 이는 예수뿐만 아니라 그가 죽은 자들로부터 살리신 나사로도 보려 함이더라. (10) 그러나 대제사장들은 나사로도 죽이려고 모의하였으니

*유월절*passover이란 넘어가다pass over, 즉 문제나 장애의 극복, 속박으로부터의 해방을 의미한다. 이것은 오감의 혼란과 횡포로부터의 해방을 상징한다. 유월절 행사 중에 우리의 의식이 어떤 상태에서 다른 상태로 넘어간다.

유대인은 이집트에서 탈출한 것을 기념해 매년 축제를 거행한다. *이집트*란 비참함과 고통 그리고 보이지 않는 테러에 대한 믿음으로 가득 채워진 인류의 마음을 의미한다. 이 세상에서 가장 큰 감옥은 마음의 감옥이다. (진정한 감옥은 벽돌 벽이나 쇠창살로 이루어진 교도소가 아니다.) 우리는 이집트를 떠나서 마음과 영혼의 진정한 세계로 가야 한다. 이것이 예수가 말하는 천국이고 사도 바울이 언급한, *사람이 만든 집이 아니고, 천국 속에서 영원히 거하다* 의 의미이다.

2절에서는 나사로가 이 연회에 참석했다고 한다. 우리의 의

식이 우리를 고양시켰기 때문에 지금 원하는 상태에 있다는 것을 뜻한다. *예수의 발에 붓고* 란 사랑과 기대의 즐거운 분위기 속으로 들어가는 것을 의미한다. 발은 이해를 의미하고 *예수*는 진리 또는 정신적 인식을 의미한다. *마리아의 손에 있는 향유*는 영원한 진리, 그리고 삶의 정신적 가치 또는 마음의 성스러운 술잔으로부터 사랑을 쏟아내는 것을 상징한다. 하나님과 그의 사랑에 대해서 경배하고 성스러운 것을 위해서는 아까운 것이 없다.

물론 성서에서 말하는 예수님은 우리의 소망을 의미한다. 왜냐하면 소망의 이루어짐이 구원자이기 때문이다. 당신이 원하는 이상적 상태는 당신과 하나가 되어야 한다. 즉 기도가 이루어진 기쁨을 알기 전에 그것을 사실로 느껴야 한다. 성서에서 *그 집이 향유 냄새로 가득 차더라* 라는 의미는 이루어진 기도의 기쁨을 억누를 수 없는 것을 말한다. 우리는 내부에 계신 하나님의 영광과 접촉한다.

그녀 머리카락으로 예수의 발을 닦으니 란 하나님의 힘을 의미한다. 하나님의 전능이 우리 믿음에 응답할 때, 우리 기도는 이루어진다. 우리는 믿음의 반석 위에 서서 어디에서나 존재하는 하나님의 실체에 믿음을 갖는다. 그러므로 우리는 우리 머리카락으로 우리 발을 닦게 되었다. 이것의 의미는 유일한

최고의 힘에 대해서 믿음을 다하고, 그 외 다른 것을 알지 못한다는 것이다. 우리는 하나님을 알게 되었고 그분에게 머물고, 전능자의 그림자 밑에서 휴식을 취한다. *그 분의 손을 치거나 그 분께 말하기를 '당신은 무엇을 하는가?' 할 자가 아무도 없느니라.* 다니엘 4:35

6절에는 *유다가 도둑인 까닭에 돈 주머니를 맡아서 그 안에 넣은 것을 가져감이더라* 라는 구절이 나온다. 여기서 어떤 문제에 대한 해방과 해결책에 관한 이야기가 나온다. 성서에 나오는 모든 이야기에는 어떻게 곤란한 상황에서 빠져나와 자유를 이룰 수 있는가를 가르치려는 목적이 담겨있다. *유다란 우리의 문제 또는 제한의 상태를 의미한다.* 그가 들고 다니는 돈이나 돈 주머니는 우리의 결핍과 부족을 상징한다. *가난한 사람들은 항상 너희와 함께 있으나* 란 지혜, 진리, 그리고 하나님에 대한 지식에 대한 우리의 결핍감을 말한다. 많은 사람들은 기쁨, 웃음, 선의에 대해서는 가난하다. 비록 그들이 백만 불을 가지고 있더라도 하나님에 대한 앎과 그분의 법칙에 대해서는 매우 가난할지도 모른다. 지금 당신이 가지고 있는 가난한 상태가 당신의 문제이다. 이 가난한 상태는 우리에게 동기를 부여하고 우리를 일으켜 극복하도록 재촉하는 관점에서 본다면 유익한 것이다. 당신은 그렇게 할 수 있는 힘이 있고,

요한복음 12장

그렇게 함으로써 자신의 신성과 천성적 힘을 발견하게 된다.

당신은 문제를 통해서 성장한다. 지금 당신을 덮고 있는 문제의 암흑 속에서 갈라진 작은 틈의 빛을 찾아보아라. 그것을 발견하게 될 것이다. 위기crisis라는 단어의 옛날 의미 안에는 기회라는 뜻도 있다. 바로 지금이 하나님의 힘과 지혜를 불러와서 문제를 해결하고 신체를 치유하고 절망의 구름을 없앨 수 있는 좋은 기회이다.

많은 사람들은 돈을 잃었을 때 모든 것을 잃었다고 생각한다. 하지만 마음의 평화, 사랑을 잃었을 때야말로 이 세상에서 유일한 실체를 잃은 것이라는 사실을 잊고 있다. 세상 사람들의 마음이나 인류의 의식으로 최면 된 상태의 사람들은 건강, 화합, 하나님의 부유를 잃는 것을 예상하고 있다. 동료에게 "혹시 감기에 걸리지 않았어?"라고 물어보라. 아마 그들은 "아직 걸리지 않았어."라고 대답할 것이다. 그들은 곧 그것이 걸릴 것을 기대하고 있는 말투이다.

우리 안에 있는 *유다*는 항상 결핍감을 상징하는 주머니를 들고 다닌다. 우리가 해방이나 우리 문제의 해결책을 이해하기 전에 먼저 결핍감을 버려야 한다. 유다는 배신을 한다. *배신*betray을 하는 것은 드러내는reveal 것이다. 당신의 문제(유다)는 당신의 구원자(당신의 소망)를 드러낸다. 모든 어려움과 문제와 제한은 소망의 형태로 그 자체의 해결책을 갖고 있다. 소망의 실현이 항상 우리의 구원자이다.

당신의 문제, 즉 유다는 지금 이 순간 당신에게 다음과 같이 말한다. "문제에서 물러서서 당신의 지성을 주관적인 지혜와 접촉시켜라. 그러면 당신이 가야할 길과 당신이 선택해야 할 것을 드러낼 것이다." 만약 당신이 더 높은 지혜를 가지고 있다면 문제에서 해방될 것이다.

전기 기술자는 집에 전기가 끊겼다면 전기에 대한 높은 지식을 통해 그 문제를 해결할 수 있다. 당신이 전기에 대한 원리를 알지 못한다고 가정하자. 그러면 이것은 당신에게 있어서는 문제가 된다. 지금 당신의 유다를 보고 그것을 즐겨라. 이것이 당신 안에 있는 하나님의 힘을 증명할 수 있는 좋은 기회인 것이다. 유다는 다음과 같이 말했다고 전해진다.

어찌하여 이 향유를 삼 백 데나리온에 팔아 가난한 사람들에게 주지 아니하였느냐? 결코 제한적이고 병적인 상태를 향해 주의를 주지 말라. 결코 부정적인 감정 속에 묻히지 말라. 보잘것없고, 비참하고, 수준 낮은 것을 향해 우리 의식을 둔다면 그것들은 우리 삶 속에서 나타난다. 마찬가지로 문제와 싸우고 저항하면 그것들은 더 커지게 된다. 당신의 예수인 당신의 이상적 상태와 하나라는 것을 느껴라. 두려움 없는 소망은 이

루어진다.

(12) 명절에 온 많은 무리가 예수께서 예루살렘에 오신다는 말을 듣자 (13) 종려나무 가지들을 들고 주를 맞이하러 가서 "호산나, 주의 이름으로 오시는 이스라엘의 왕은 복이 있도다." 라고 외치더라. (14) 예수께서 어린 나귀 한 마리를 찾아서 그 위에 타시니 기록되기를 (15) "시온의 딸아, 두려워 말라, 보라, 너의 왕이 나귀 새끼를 타고 오시도다." 라고 함과 같더라.

이것은 일요일 종려나무 이야기이다. *종려나무*는 승리, 성취를 상징한다. 여기서 예수님은 어린 나귀를 탔다고 묘사된다. *나귀 새끼*는 아직 훈련받지도, 길들여지지도 않은 우리의 새로운 이상과 소망, 즉 아직 고삐를 매지 않은 것이다. *예수께서 짐승 등을 타다* 란 우리는 활기에 찬 의식이나 분위기 속에서 살아야 하고, 우리가 평화의 도시인 예루살렘에 들어가기까지 그것을 지속해야 한다는 의미이다. 다시 말해서 그 분위기가 뚜렷해져 마음속에서 그 소망에 관해 평화를 느낄 수 있을 때까지 정신적으로 그것을 받아들여야 한다는 의미이다. 우리의 현재의식이나 잠재의식 속에 더 이상 분쟁이 없을 때 기도는 이루어진다. 그렇게 정신적으로 하나의 의견으로 통일한 것들은 내부의 영이 현실로 만들어낸다. 의식 속에서 받아들인 것만을 현실에서 받게 된다.

나귀 새끼를 타다 란 올바른 분위기를 탄다는 것이다. 이것은 인내를 의미한다. 말 조련사는 단호하면서도 다정하다. 그는 말에게 누가 주인인가를 각인시킨다. 당신의 주도적인 마음태도가 주인이다. 이것이 당신이 가야할 길을 결정한다. 그러면 우리는 "호산나"라고 외친다. 호산나라는 말은 평화 또는 신성한 해결책을 의미한다. *주의 이름으로 오시는 이스라엘의 왕은 복이 있도다.* 오시는 그분은 우리의 소망이다. 주(법칙)의 이름(속성)은 안으로 각인된 것을 밖으로 표현하는 것이다. *복이 있도다* 란 우리의 소망이 실현되는 것을 말한다.

(23) 예수께서 그들에게 대답하여 말씀하시기를 인자가 영광 받을 시간이 왔도다. (24) 진실로 진실로 내가 너희에게 말하노니, 한 알의 밀이 땅에 떨어져 죽지 아니하면 한 알 그대로 남아 있지만 죽으면 많은 열매를 맺느니라.

죽음은 항상 형태의 변화를 가져온다. 우리가 새로운 관념을 가지면 우리의 생각도 바뀐다. 이 변형과 변화는 과거 사고의 죽음이고 우리는 일상적인 삶의 결핍, 제한에서 빠져나온다. *한 알의 밀이 땅(우리의 의식)에 떨어져 죽다* 라는 것은 우리의 이상이나 소망을 두고 하는 이야기이다. 우리가 소망을 가지고 있는 한 좌절을 느끼고 행복하지 못하다. 마음속의 전쟁은 일어난다. 우리 소망과 지적, 정신적으로 동일시하면 소망은 죽어서 감정의 주관적 영역으로 들어가게 된다. 그러면 우리는 그것에 대해서 평화로움을 느낀다. 얼마 후 소망은 외부로 나타난다. 그러면 요한 계시록*박사님의 요한 계시록을 설명한 책 Pray your way through it 참조에서 말한 새로운 하늘과 땅이 오게 된다. *새로운 하늘*이란 당신의 새로운 의식상태를 말하며, 이 새로운 지적 세계에 부합(符合)하여 당신의 세계를 재창조하게 된다. 새로운 인간이 태어나기 전에 과거의 인간과 과거의 사고와 개념은 죽어야 한다.

이 장의 나머지 구절 중에 이미 설명한 것을 가능한 생략하고 중요한 구절만을 다루겠다.

자기 생명을 사랑하는 사람은 그것을 잃을 것이요, 이 세상에서 자기 생명을 미워하는 사람은 그것을 영생까지 보존하리라. 12:25

많은 사람들은 이 훌륭한 구절을 삶의 안락과 기쁨을 버려야 한다는 것으로 해석한다. 지나친 겸손으로 주위 사람의 관심을 피하거나 혹은 신체를 학대하면서, 심지어는 채찍으로 자신의 신체를 때리는 것들이 진리를 위하는 행동이라고 믿는 것은 미신이고, 인간의 타고난 신성을 거부하는 성숙하지 못한 생각이다. 인간은 신의 영광과 부를 표현하기 위해서 존재한다.

우리가 잃을 것은 신에 대한 잘못된 개념과 우리 자신에 대한 낮은 평가이다. 우리는 신과 하나됨을 주장해야 한다. 만약 우리가 제한, 한계를 사랑(감정적 결합)하면 우리는 그것과 결합되어 하나가 된다. 계속해서 더욱 더 큰 제한과 한계를 만들고 있는 자신을 보게 될 것이고 결국 모든 것은 우리에게서 떠나갈 것이다. 삶의 어떤 열정도 가지지 못한다는 의미에서 우리는 우리 생명을 잃는 것이고, 기쁨과 사랑과 아름다움에 대해서는 죽는 것이다.

이 세상에서 자기 생명을 미워하는 사람은 그것을 보존하리라.

성서의 *미워하다*는 의미 속에는 거부하다, 거절하다는 뜻도 있다. 부정적인 상과 부정적인 암시를 거부할 때 우리는 이전 삶을 미워하는 것이다. 마약 중독자가 자신을 지적으로 개조해서 새로운 사람이 되었다면 이전 삶을 미워한 것이다. 그의 습관적 사고가 그를 마약 중독자로 만들었다. 그가 잠재의식이라고 불리는 자신의 내부에 있는 엄청난 존재에 대해 배워서 사용하게 되면 삶 속에서 대단히 훌륭한 것을 이룰 수 있다. 그는 하나님의 작업터라고 불리는 자신의 상상 속에서 자신에 대한 새로운 상을 그리고 있다. 잠재의식은 그의 지적 틀에 따라 정확한 상을 충실하게 만들어낸다. 우리의 습관적 사고가 우리의 운명을 만들게 된다는 것을 잊어서는 안 된다. 습관적 사고가 현재 우리의 상태를 만들었다. 자신의 지적인 틀을 바꾸면 영생永生을 이루게 된다. 이것의 의미는 이 세상에서뿐만 아니라, 영원히 평화, 일치, 번영의 기쁨을 누린다는 것이다. 신의 얼굴(진리)을 본 사람이 예전과 같은 삶을 살 수는 없다.

신의 작품을 보자. 만약 우리가 올바르게 보면 풍요로운 삶을 인식할 수 있을 것이다. 아이의 미소에서, 연인들의 입맞춤에서, 그리고 친구의 미소 속에서 신을 보게 될 것이다.

또 내가 땅에서 들리우면 모든 사람을 내게로 이끌어 오리라. 고 하시니라. 이것을 말씀하심은 주께서 어떠한 죽음으로 죽으실 것인가를 의미하심이라. 12:32-33

이것이 육체적 죽음을 말하는 것이 아님은 명백하다. 이것은 우리에게 어떻게 인식의 높은 지점까지 오를 수 있는가를 말하는, 비유이자 뛰어난 심리적 표현이다. 기도할 때 당신은 당신이 이미 받았다는 곳까지 관념을 고양시켜야 한다. 그러면 그것의 실현은 뒤따른다. 당신의 육체적 오감은 기껏해야 의기소침한 것만을 전달할 뿐이다. 기도할 때 당신은 내부의 정신적 진리의 영역으로 가서 거기에 마음을 정착시켜야 한다. 그렇게 함으로써 당신은 오감을 뛰어넘는 힘과 용기, 믿음을 받는다. 그러면 당신은 고양되어 과거의 상태는 죽게 되고 의식의 새로운 상태는 부활한다. 이것이 바로 심리적 죽음이다.

이 세상 속에서 당신이 보는 것을 신에 대한 지식에 의해서 올바른 것으로 만들 수 있다. 의기소침한 상태에서는 결코 유익한 것을 이룰 수 없다. 우리는 산 위로(의식의 높은 지점) 올라가서 새로운 상태에 대한 스릴을 느껴야 한다. 우리의 비전을 보고 그것의 실체를 느끼는 것을 통해 거슬러 올라가지 않으면 새로운 미래에 대한 전망을 얻을 수가 없다.

너희는 빛이 있을 동안에 행하여. 12:35

빛이란 우리가 불렀을 때 우리를 인도하는 내부의 신, 신의 지성을 말한다. 신이 우리의 모든 길을 인도한다는 믿음을 갖고 앞으로 나가야 한다. 그러면 오직 올바른 행동과 표현이 우세적이게 될 것이다. 만약 우리가 혼란 속에 있다면 어둠 속을 걷는 것이고 어디로 가야 하는지를 알지 못한다. 사람들은 자신에 대한 진리를 보려하지 않는다는 관점에서 본다면 눈이 멀었다고 할 수 있다. 그들은 새로운 것을 거부하고 내부의 힘에 대해서는 눈먼 상태로 남아있다. 과거의 원한과 분노에 집착해서 마음이 굳어져 있다. 그들은 부정적 감정과 동일시했고, 종교적 편견으로 가득 차있다. 만약 그들의 눈과 귀가 열려서 자신들에 대한 진리를 들으면 치유와 평화가 찾아온다.

나를 거절하고 내 말들을 받아들이지 아니하는 자는 그를 심판할 이가 있으니 곧 내가 말한 그 말이 그를 마지막 날에 심판하리라. 12:48

*심판하는 이*란 우리 자신의 마음이다. 왜냐하면 모든 심판은 아들에게 주어졌기 때문이다. 니콜 박사는, *아들*이란 당신의 마음을 의미한다고 했다. 그것은 또한 당신의 사고를 의미한다. 당신 사고로써 당신은 스스로를 하루 종일 심판한다. 우리의 지적상태가 우리를 심판하고 우리의 믿음과 확신에 따라 우리를 재창조한다. 우리를 비난하고 벌주는 사람은 우리 자신 말고는 없다. 자신에게 모든 것을 준 것은 바로 자신이기에, 실제 그의 존재와 그가 갖고 있는 것이나 그가 경험하는 모든 것들은 그의 의식이 밖으로 표현된 것이다.

우리는 우리 자신과 타인에 대한 확신에 의해서 우리 자신을 심판한다. 우리는 어떻게 타인에 대해서 판결을 내리는가? 우리는 병자를 보는가, 건강한 사람을 보는가? 만약 당신이 어떤 사람이 아픈 것을 보고 "나는 그가 좋아지기를 희망한다."라고 혼잣말을 한다면, 옳은 판단이 아니다. 그러나 당신이 그 환자를 올바르게 다루고자 한다면, 그가 이미 치유되었고 건강해졌음을 확신해야 한다. 이렇게 하는 것이 올바른 판결을 내리는 것이다.

우리의 말에 의해서 우리는 옳게 되고, 우리의 말에 의해서 우리는 옳지 않게 된다. 우리의 말이란 의식의 변화를 말하고 그것은 불변의 법칙을 자동적으로 작동하게 한다. 우리는 모든 사람들을 그들이 마땅히 있어야 할 행복하고, 빛나고, 완벽한 상태의 모습을 봄으로써 옳게 판결한다.

요한복음 13장

(1) 유월절 전에 예수께서 이 세상에서 떠나 아버지께로 가야 할 자기 때가 된 것을 아시고 세상에 있는 자기 사람들을 사랑하시되 그들을 끝까지 사랑하시니라. (2) 저녁 식사가 끝나자 마귀가 이미 시몬의 아들 유다 이스카리옷의 마음 속에 주를 배반할 생각을 넣은지라. (3) 예수께서는 아버지께서 모든 것들을 자기 손 안에 주신 것과 자기가 하나님께로부터 왔다가 하나님께로 가는 것을 아시고 (4) 저녁 식탁에서 일어 나시어 옷을 벗어 한쪽에 놓고 수건을 가지고 허리에 두르시더라. (5) 대야에 물을 부으신 후 제자들의 발을 씻어 주시며, 또 허리에 두른 수건으로 닦아 주시기 시작하고 (6) 그 다음에 시몬 베드로에게 오시니 그가 주께 말씀드리기를 "주여, 주께서 내 발을 씻기려 하시나이까?" 라고 하니라. (7) 예수께서 대답하여 그에게 말씀하시기를 "내가 하고 있는 일을 네가 지금은 몰라도

이후에는 알게 되리라." 고 하시니 (8) 베드로가 주께 말씀드리기를 "주께서 내 발은 절대로 씻기시지 못할 것이니이다."라고 하니, 예수께서 그에게 대답하시기를 "만일 내가 너를 씻기지 아니하면 너는 나와 상관이 없느니라."고 하시더라. (9) 시몬 베드로가 주께 말씀드리기를 "주여, 내 발뿐만 아니라 손과 머리도 씻어 주소서."라고 하니 (10) 예수께서 그에게 말씀하시기를 "이미 목욕한 사람은 발밖에 씻을 필요가 없으니 그는 온 몸이 깨끗함이라. 너희는 깨끗하나 다 그런 것은 아니니라."고 하시더라.

*유월절*은 기도하는 자의 마음속에서 항상 일어나고 있다. 물론 유대인들이 실제 기념하는 행사이고 사람들을 고무시키는 매우 훌륭한 종교적 드라마이자 축제이기도 하다. 유월절의 외형적 의식과 행사는 이스라엘 민중들이 파라오의 학정과 구속에서 해방된 것을 기념했다. 하지만 우리 모두 안에는 심리적 의미의 신비스러운 유월절이 있다. 실제로 성서의 이야기들은 심리적 변화, 내적 변화를 가져오게 하려는 의도가 담겨있다.

우리가 성서를 보면 예수가 누구인지 알 수 있기에 더 이상 그를 찾아 헤매지 않고 그 모습 그대로 받아들인다. 하지만 성서의 숨겨져 있는 내적 의미를 찾아야 한다.

이 드라마에서 예수는 자신의 제자들에게 자신이 곧 죽을 것이고 제자 중 한 명이 자신을 배신할 거라고 말한다. 당신 조직 구성원 중에서 당신의 사업계획과 사업비밀을 폭로하려는 사람이 있다면 그를 제거하지 않을 것인가? 만약 당신이 정부를 위해서 어떤 과학적 연구 조직에 참여하는데 그 조직 내에 스파이가 정부의 비밀을 훔쳐가려고 한다면, 당신은 그를 그대로 둘 것인가? 아니면 당장 축출(逐出)할 것인가? 나는 당장 축출할 것으로 확신한다. 당신이 이 장과 다음에 나올 장을 읽어감에 따라 이런 의문에 대한 해답을 얻게 될 것이다.

기도하는 과정에서 당신은 결핍의 상태에서 이루었다는 느낌으로 바뀌게 된다. 만약 두려움을 가지고 있다면, 한국 전쟁의 어떤 병사처럼 확신과 믿음의 분위기 속으로 이동해야 한다. 그 병사는 전투 과정에서 빠져나갈 길이 없어 두려움으로 무릎이 떨리고 얼굴이 하얗게 질렸다고 한다. 그 때 "하나님은 나와 함께 있다. 따라서 나는 아무것도 두렵지 않다."라고 크게 되풀이했다고 한다. 그러자 고요함과 평화가 밀려들어왔을 뿐만 아니라 아무런 해도 입지 않고 무사히 그 죽음의 올가미에서 빠져나올 수 있었다고 한다. 유월절을 경험한 것이다. 즉 자신의 구원, 해방을 위해서 헌신을 다해 정신적 존재에게 향했을 때 심리적 변화가 그에게 밀려들어왔다.

유월절을 경험하기 위해서는 성취하고자 하는 이상과 동일시해야 하고 이 이상 속에 충실히 머물러 있어야 한다. 당신은 믿음으로써 이상을 십자가에 못 박는 것을 성공했고, 어떤 이의 도움 없이도 그것은 부활할 것이다.

2절에서 *저녁 식사가 끝나자* 란 심리적 축제의 끝을 상징한다. *유다 이스카리옷*은 제한과 한계를 의미한다. *이스카리옷*은 많은 도시를 의미하는데 의식의 많은 상태들을 말한다. 그는 시몬의 아들이라고 한다. *시몬*이란 듣는 것을 의미한다. 다시 말해서 만약 당신이 나쁜 소식을 듣거나 한계에 빠져있다면 부정적인 것을 듣는 중이다. *배신betray*이라는 것은 드러내는reveal 것이다. 당신의 문제는 소망의 형태로 나타나는 당신의 구원자, 즉 해결책을 드러낸다. 해결책은 항상 문제의 반대편이다.

3절에서 *예수님은 하나님께로부터 왔다* 라는 말을 듣는다. 이것은 하나님이 우리 소망을 통해서 우리에게 응답하신다는 것을 의미한다. 당신이 당신에게 이익이 되는 것과 소망을 정신적으로 받아들일 때 그것을 성서적 언어로 표현하자면 *당신은 하나님에게로 가게 되었다* 라고 말할 수 있다. *예수께서는 옷을 벗어 한 쪽에 놓고* 란 남성적 상징의 관점에서 창조 과정을 드러낸 것이다. *수건을 가지고 당신 허리에 두르다* 란 당신 의식이 창조적이라는 것을 깨닫고 그 외의 힘을 완전히 거부함으로써 새로운 마음태도를 갖는 것이다.

(*역주. 성서에 나온 할례와 관련된 표현. 창조(the head of creation)는 인간의 개념, 의식(수건)에 의해서 가려져있다가, 이 수건이 제거되었을 때 창조는 드러나게된다는 의미.)

*대야에 물을 부으신 후 제자들의 발을 씻어 주시며, 또 허리에 두른 수건으로 닦아 주시기 시작하고*13:5

우리가 실제 기도를 할 때나 속박에서 자유로 옮겨갈 때 passing over 일어나는 현상이다. *대야*란 당신의 모든 사고, 개념, 느낌, 믿음을 쏟아 붓는 당신의 마음이다. 여기서 물이란 하나님이 유일한 존재이자 힘이라는 진리가 지금 마음속으로 흘러 들어가는 것을 상징한다.

당신의 정신적 기능들(제자들)에게 진리를 선포하고 창조과정에 대한 당신의 앎을 말한다. 그리고 당신 소망에게 의식과 헌신을 주면서 내부의 하나님의 힘이 당신의 요구를 들어줄 거라고 대담하게 주장한다. 당신은 이 내적 원인의 원리에 대해서 확고하고 충실한 태도를 지닌다. 지금 당신의 모든 사고와 개념은 믿음과 신뢰, 힘과 원인에 대한 확신의 빛 속에 담겨있다. 당신은 당신 제자들(지적 태도)의 발을 씻어 주고 그들에게서 모든 공포, 의심, 그리고 외부의 힘과 원인에 대한 믿음에 의해서 발생한 걱정들을 제거하고 있다. 당신은 당신이 원하는 것과 하나가 되고 완전성을 느끼는 장소에 도착했다. 당신은 기도가 신성한 마음속에서 이미 이루어졌고 모든 것은 잘 진행되고 있다는 확신이라는 내적태도의 수건을 두르게 되었다.

발은 이해를 상징한다. 마음속에서 사실이라고 느낀 것은 외부에 실현된다는 것을 알 때 당신의 발은 씻긴다. 우리 영혼을 기쁨과 즐거움으로 채우지 않는 것을 듣지 않을 때, 신에 대한 우리의 믿음은 실제적이고 확고하게 된다. 그러면 *베드로의 발은 씻어지게* 된다.

베드로는 신에 대한 믿음을 의미한다. 베드로는 우리 모두 안에 있는 어떤 마음의 기능이다. 오감이 무엇을 전하든, 외부 세상에서 무엇을 암시하든 간에 어떤 동요도 일으키지 않을 정도로 자신을 단련할 수 있다. 이렇게 할 수 있는 이유는 당신이 내적으로 듣는 것은 *그는 결코 실패하지 않기* 때문이다. 이것이 성서에서 *이미 목욕한 사람은 발밖에 씻을 필요가 없으니* 의 이유인 것이다.

수건을 걷어버린다면 그 남자의 비밀스러운 부분은 드러난다. 이것은 우리의 인식과 마음이 창조의 권능임이 밝혀지는 것을 상징한다. 신은 인간 안에 거주하고, 인간은 신의 집이다. 인간의 잘못된 믿음이 그 자신에게 병마와 누더기를 입힌다. 하나님의 창조력에 대해서 명상할 때, 당신은 힘, 지혜, 건강을 드러내게 될 것이다. 당신은 외부 껍데기(잘못된 믿음과 부정적인 태도)를 벗기고 있고 신성한 이상과 영원한 진리의 정신적 주권을 드러내고 있다.

7절에서 말하는 것은 믿음으로 이루어지는 것이다. 비록 어떤 방식으로 이루어질지 몰라도 우리가 찾는 이상을 지니고 앞으로 나가야 한다.

믿음은 바라는 것들에 대한 실상이요, 보이지 않는 것들에 대한 증거니. 히브리서 11:1 우리가 원하는 것을 가지거나 원하는 상태가 되는 스릴을 느낄 때, 이것이 보이지 않는 것들에 대한 증거이다.

이 장의 다음 절들은 이미 많이 다루었기 때문에 핵심 절만을 다루겠다.

내가 너희 주와 선생으로 너희 발을 씻겼으니 너희도 서로의 발을 씻겨 주는 것이 마땅 하니라. 13:14

여기서 *너희 주* 라는 것은 당신의 정신적 인식, 신의 진리에 대한 주도적인 느낌이다. 누가 당신 마음, 감정, 반응을 다스리고 있는가? 지혜인가? 만약 당신의 사고가 현명하다면 행동도 현명할 것이다. 사고가 외부 실체가 되고, 타인에 대해서 생각하고 행동하는 대로 그들은 당신에게 그대로 대한다는 새로운 지식을 가질 때 *당신 발은 씻어진다.* 당신은 사람들 모두가 무한한 존재의 모든 보물들을 갖게 되기를 기원함으로써 그들을 씻어준다. 모든 것을 이해하는 것이 모든 것을 용서하는 것이다. 모든 사람에게서 신을 봄으로써 그들의 마음을 씻어준다. 계속해서 당신 제자들의 발을 씻어라. 겸손하고 진지한 인간이 되라. 당신 마음속에서 오만과 자만과 파괴적 태도들을 제거하라.

겸손이라는 것이 노예 같이 되라는 뜻은 아니고, 모든 힘과 충성을 내부의 신에게 주라는 의미이다. 불공정한 대우를 받아 상대방에게 사과를 받아야 한다는 피해의식이나 자기정당화와 같은 것들, 이 모든 것들을 정신적으로 거부할 수 있다. 당신 안에 있는 신이 모든 곳에 있는 신과 인사하게 하자. 기도할 때마다, 당신 제자들의 발(당신의 지적기능들과 지적태도)을 씻어야 한다. 치유를 위해 기도하면서 동시에 죄책감, 질투, 적의를 가지고 있다면 그런 마음의 상태 역시 기도 과정 속으로 들어간다는 것을 명심해야 한다.

예를 들어 만약 해결되지 않은 분쟁이나 원한을 가지고 있으면 생명력은 이 오염된 상태를 따라 흐르게 되고 당신의 목표들을 잃게 된다. 부엌 싱크대 수도관이 여러 잡탕 쓰레기로 막혀 있다면 물은 잘 나오지 않고, 나오더라도 쓰레기에 오염된 채 나올 것이다. 물은 항상 나오려 한다. 하지만 수도관에 문제가 있다. 모든 부정적 감정들을 제거하고 사랑, 아름다움, 선의의 옷을 입혀라. 질투, 변명, 그리고 모든 종류의 맞비난의 목을 쳐서 그것들을 신의 사랑의 불로써 태워 없애라.

지금 내가 그 일이 일어나기 전에 너희에게 말하는 것은 그 일이 일어날 때 내가 그인 줄 너희로 믿게하려 함이니라. 13:19

당신이 기도할 때면 항상 앞으로 무슨 일이 일어날 것인지를 예언하는 것이다. 마음속에서 원하는 결말을 상상하고, 그것이 당신의 정신세계 속으로 완전히 흡수될 때까지 이 지적 그림을 즐기고 스릴을 느낌으로써 앞으로 다가올 것을 미리 볼 수 있다. 당신이 먼저 마음속에서 본 것을 객관적 세계에서 경험하게 된다. 당신 믿음에 의해서 미래에 일어날 일을 예측할 수 있다. *내가 그인 줄 너희로 믿게하려 함이니라.* 당신은 당신이 사실이라고 느끼는 것 그 자체이다. 그러므로 **나는** I AM 이 당신의 구원자라는 진리를 발견하게 된다.

"내가 빵 한 조각을 적셔서 주는 자가 그니라."고 하시고, 빵 한 조각을 적셔서 시몬의 아들 유다 아스카리옷에게 주시니라. 13:26 *그 빵 조각을 받은 후에 사탄이 그에게 들어가니라.*

그러므로 예수께서 그에게 말씀하시기를 "네가 하는 일을 속히 행하라." 고 하시더라. 13:27

성서 언어 사전The Dictionary of the sacred Language에서 유다는 한계, 제한, 문제나 곤란한 상황을 상징한다고 언급한다. 우리의 잠재된 힘을 나타내기 위해서는 제한, 한계의 상태가 필요하다.

십자가에서 죽은 그리스도의 이야기는 처음부터 끝까지 심리적인 드라마이다. 우리의 문제(유다)는 내부에 계신 하나님을 발견할 수 있는 기회이다. 유다(우리의 결핍감, 공포, 병마)는 소망을 드러내고 우리를 자유롭게 하는 구원자를 받아들이게 한다. 다시 간단히 말해서 우리의 유다는 우리의 예수를 드러낸다. 예수님은 구원하는 자이다. 만약 지금 당신이 아프다면 무엇이 당신을 구원하는가? 건강이 아마 당신을 구원해 줄 것이다. 무한한 치유력이 당신의 모든 신체에 가득 차는 것을 실감한다면 당신을 자유롭게 할 것이다.

*빵 한 조각*은 정신적 음식, 내적 힘에 대한 지식을 상징한다. 예수님이 접시에 있는 음식을 유다에게 주었다는 구절이 있다. 이 구절의 의미는 오직 하나의 힘이 있다는 진리를 받게 되었다는 것이다. 그것으로 인해 고통받는 구원자라는, 어리석고 무시무시한 생각, 복수의 신과 같은 공포는 이제 자취를 감춘다. 당신은 당신이 발견한 내부의 보이지 않는 힘의 만찬

을 즐기고 있다. 당신의 사고는 내부의 전능의 영을 움직이게 한다. 지금 당신은 지극히 높은 곳에서부터 부여받은 힘이 잠재의식 속에 있다는 것과 자신의 상태를 창조한다는 것을 완전히 깨닫게 되었다.

당신의 숨겨져 있는 힘을 발견하면 이전의 공포, 긴장, 걱정 등은 모두 사라진다. 확신과 신뢰의 분위기를 당신 안으로 불어넣음으로써 재충전한다. 당신은 당신의 예수를 발견하게 되었고 더 이상 과거, 현재, 미래의 어떤 인물도 구원자로 보지 않는다. 자신만이 자신의 구원자라는 것을 발견했다. 당신의 예수, 즉 숭고한 인식과 지식이 마음속에 주어졌고 한계나 문제는 멀리 사라져서 무관심 때문에 죽게 된다. 그리고 당신은 당신 소망을 부활시킨다.

유다(문제를 지닌 당신)는 빈곤(하나님에 대한 지식의 부족)으로 간주되었지만 지금 당신은 부유하다. 왜냐하면 당신은 하나님의 영원한 사랑과 평화와 기쁨 그리고 완전성을 지금 여기서 즐겁게 느끼고 있기 때문이다. 이 글을 읽고 있는 여러분의 문제가 무엇이든지 간에 그것이 해결된 것을 명상해서 확신의 상태에 도달한다면 해결할 수 있다. 그때 유다는 예수가 된다. 즉 결핍을 느끼던 의식상태는 당신을 구원해줄 해방의 의식상태가 된다.

성서가 기록되었던 그 당시뿐만 아니라 오늘날도 세계 각지에서는 *빵 조각을 나눠 주는* 성스러운 의식을 행한다. 심리적인 측면에서 이 이야기는 정신적 연회를 상징한다. *빵 한 조각을 적시다* 란 당신이 단언한 진리에 대해서 확신이 들 때까지 마음속에 그 진리를 주입시키고, 그것에 대해 짜릿함을 느끼는 것을 의미한다.

네가 하는 일을 속히 행하라. 시간을 낭비하지 말라. 속히 그 진리를 깨달아 당신이 갈망하던 존재가 되었다는 느낌으로 자신을 소생시켜라. 유다는 스스로 목매 자살했다고 한다. 우리는 우리 손으로 목을 매서 자살한다. 즉 우리는 과거에 대해서는 죽고, 진리의 실현에 의해서 새로운 상태에 대해서는 살아난다.

자, 치유된 사람에게 어떤 일이 일어났는가? 그의 과거의 모습은 자살했고, 하나님(완벽한 사랑) 안에서 새로운 인간으로 태어났다. 새로운 관점과 새로운 가치관을 갖게 되었을 때 그는 바뀐다. 숭고한 정신적인 기준에 의해서 당신의 모든 사고, 계획, 개념을 결정하게 될 때 새로운 사람이 된다.

예를 들어 만약 당신이 신의 끊임없는 원천에 대한 인식 속에 머물고, 신은 당신의 이익을 증가시켜준다는 의식 속에 있다면, 모든 면에서 번영하게 된다. 그러나 만약 당신이 마음의 법칙을 모른다면 결핍, 한계, 혼란 등을 생각하고 있는 유다가 되고 삶 속으로 더욱 많은 한계를 가져올 것이다. 미신을 버리고 당신의 사고와 지적 상을 산상수훈에 맞춤으로써 의식 속에서 예수 그리스도 같은 상태를 발전시키게 된다. 그로써 당신은 내부와 외부에서 놀라운 모습으로 성장하게 될 것이다.

네가 나를 위하여 네 생명을 내어 놓겠느냐? 진실로 진실로 내가 네게 말하노니, 닭이 울기 전에 네가 나를 세 번 부인하리라. 13:38

베드로는 예수를 세 번 부인해야 한다. 당신은 오직 하나의 힘인 하나님 외에 다른 신과 주인을 가져서는 안 된다. 우리는 오직 하나의 원인인 내부의 영혼 외에 다른 힘들을 분명하게 거부해야 한다. 숫자 3은 확신을 의미한다. 만약 우리가 주인을 가지고 있으면 노예가 된다. 이런 이유로 *아무에게도 주인님이라고 부르지 말라* 라고 예수는 말한다. 인간은 노예가 아니다. 그는 지배의 힘을 부여받았다.

닭은 새벽을 알리기 위해서 운다. 또한 닭은 알을 낳은 후에 운다. 이런 이유로 성서에서는, 자신 안에 있는 창조력을 알게 되었을 때 승리의 함성을 낼 것이라는 상징으로, 닭의 울음을 이용한다. 우리가 의심하지 않고 우리 각자의 **나는**I AM이 우리의 신이자 주인이라는 것을 확신할 때 그 외 다른 것에 대해서는 알지 못한다. 우리 각자가 말하는 **나는**I AM에 느낌을 가지고 결부시키면 우리는 그렇게 주장한 존재가 된다. 이 때 우리 내부의 닭은 울게 된다. 왜냐하면 이런 사실은 우리에게 새로운 날이기 때문이다. 이것이 하나님을 깨닫게 되는 상징이다.

세상과 그것의 잘못된 믿음을 거부하고 하나님에 대해서는 살아나라. 그러면 지상의 모든 지배자들을 부인하는 베드로가 된다. 지금 당신의 마음속에는 확신이 생겨, "그것은 끝났다!"라고 외친다. 바로 당신이 세 번의 부인을 한 베드로이다.

요한복음 14장

(1) 너희는 마음에 근심하지 말라. 너희가 하나님을 믿으니 또한 나를 믿어라. (2) 내 아버지 집에는 많은 저택들이 있느니라. 그렇지 아니하면 내가 너희에게 말하였으리라. 나는 너희를 위하여 처소를 마련하러 가노라. (3) 내가 가서 너희를 위하여 처소를 마련하면 다시 와서 너희를 내게로 영접하여 내가 있는 그 곳에 너희도 있게 하리라. (4) 내가 어디로 가는지 너희가 알고 또 그 길도 너희가 아노라." 하시니 (5) 도마가 주께 말씀드리기를 "주여, 우리는 주님께서 어디로 가시는지 모르는데 어떻게 우리가 그 길을 알 수 있나이까?" 라고 하니 (6) 예수께서 그에게 말씀하시기를 "나는 길이요 진리요 생명이라. 나로 말미암지 않고는 아버지께로 올 사람이 아무도 없느니라. (7) 만일 너희가 나를 알았더라면 내 아버지도 알았으리라. 이제는 너희가 그 분을 알고 또 보았느니라." 고 하시니

(8) 빌립이 주께 말씀하시기를 "주여, 아버지를 우리에게 보여 주소서. 그러면 만족하겠나이다."라고 하니라. (9) 예수께서 그에게 말씀하시기를 "빌립아, 내가 너희와 그처럼 오랜 시간을 있었는데 네가 나를 모르겠느냐? 나를 본 자는 아버지를 보았느니라. 그런데 어찌하여 '아버지를 보여 주소서.'라고 말하느냐? (10) 너는 내가 아버지 안에 있고 또 아버지께서 내 안에 계시는 것을 믿지 아니하느냐? 내가 너에게 하는 말들은 내 스스로 하는 것이 아니라 내 안에 거하시는 아버지께서 그 일들을 하시는 것이라. (11) 내가 아버지 안에 있고 또 아버지께서 내 안에 계시는 것을 믿어라. 그리하지 못하겠거든 행한 그 일들을 보고 나를 믿어라. (12) 진실로 진실로 내가 너희에게 말하노니, 나를 믿는 자는 내가 하는 일들을 할 것이요 또 이보다 더 큰 일들을 할 것이라. 이는 내가 내 아버지께로 가기 때문이라. (13) 또 너희가 내 이름으로 무엇이든지 구하면 내가 그것을 행하리니, 이는 아버지로 아들 안에서 영광을 받으시게 하려는 것이라. (14) 너희가 무엇이나 내 이름으로 구하면 내가 행하리라.

우리 아버지 집에는 많은 저택이 있으니. 이 구절은 의식의 많은 상태들을 의미한다. 우리는 항상 마음의 상태 속에서 살

고 있다. 예를 들어 이 장을 읽고 있는 독자 여러분은 많은 꿈, 동경, 욕망, 열망, 계획, 느낌, 상상, 결핍, 감정들을 갖고 살고 있음을 느낄 것이다. 이런 모든 것들은 실제로 존재하는 실체이다. 아침에는 행복하고 즐거워 보였던 사람이 오후에는 심술궂고 화가 나 있을지도 모른다. 그러다 또 저녁에는 온화하고 차분해져 있을 수 있다. 그렇다면 하루 동안 많은 저택 속에서 살았던 것이다.

비록 어떤 이가 외형적으로는 궁궐 같은 집에서 살더라도 동시에 적의, 걱정, 공포라는 정신적 감옥 속에서 살 수도 있다. 진정으로 속박당하는 죄수는 마음속에 있다. 만약 침대에 누워 있게만 되었다면 궁궐 속에 사는 것이 무슨 소용이 있는가? 아침에 일하러 갈 때 기쁜 마음으로 가는 사람은 훌륭한 마음의 저택 속에서 살고 있는 것이다.

하나님의 능력은 무한하다. 따라서 인간의 능력도 무한하다. 인간 안에 있는 영광과 아름다움을 결코 다 표현할 수 없다. 인간은 자신에 대한 개념을 무한할 정도로 많이 가질 수 있다. 우리는 실제로 마음의 무한한 세계 속에 살고 있다. 무형의 존재가 우리 안에 있고, 내부의 것을 외부로 표출시키는 우리의 드러냄은 끝이 없다.

내가 가서 너희를 위하여 처소를 마련하면. 만약 우리가 현

재의 집(한계 상태)에서 떠나려고 하면 의식 속에서 일어나 우리의 이상과 하나가 되어야 한다. 우리가 이 상태(우리의 이상)를 확신하는 상태까지 확고히 한다면 우리가 결국 차지하게 될 장소를 준비하게 된다. 다시 말해 우리는 우리가 소망하는 것을 먼저 마음속에 만들어야만 한다. 그러면 우리는 마음속에서 그것을 받았다는 상태까지 도달하게 되고 외부로의 실현은 뒤따른다.

6절은 어떤 인간을 지칭하는 것이 아니다. 그것은 인간의 내적 의식이 건강, 자유, 평화로 가는 길이라는 뜻이다. 당신의 **나는** I AM이 바깥세상의 모든 것과 모든 현현들로 향하는 문이다. 당신은 당신이 생각하는 대로 된다. 당신의 의식이나 인식은 실체實體이다. 왜냐하면 당신이 사실이라고 느낀 것은 이루어지기 때문이다. 소망의 성취가 지금 당신을 속박에서 자유롭게 한다. 이것이 당신을 자유롭게 하는 진리이다.

이 진리를 테스트할 수 있다. 일상생활이 조화롭고 우호적이고, 사람들이 정말 친절하다고 믿기 시작하면 당신의 삶은 이런 새로운 태도로 인해 새로운 의미를 얻게 된다. 당신이 믿는 그대로 당신에게 이루어진다. 당신은 마음의 법칙을 작동시키고 있다. 의기소침함, 그리고 실망과 외로움으로부터 자신을 해방시키는 진리를 발견했다. 당신이 세상은 좋은 것이라고 믿으면 이런 태도에 맞춰서 당신의 생활과 당신의 세상은 좋게 변한다는 것을 보게 된다. 당신의 사고와 느낌이 당신의 운명을 정한다는 것을 아는 것은 세상 사람들의 문제 위를 뛰어넘어서 마음, 영혼 속에 있는 해결책에 거할 수 있게 만든다. 당신 의식이 가는 곳으로 당신의 육신도 가게 된다. 의식이 가는 곳으로 손과 발이 간다. 만약 당신이 "나는 가난하다"고 말하면서 빈곤함을 느끼면, 당신의 의식은 가난을 더욱 끌어당긴다. 그래서 가난한 자는 더욱 가난해지고 부자는 더욱 부유해진다.*마태복음 25:29 참조

나로 말미암지 않고는 아버지께로 올 사람이 아무도 없느니라. 이 구절은 우리 의식이 끌어당기는 것만이 우리에게 일어날 수 있다는 의미이다. 이 구절에서 *나* 는 우리 각자의 **나는** I AM을 말하는 것이다. 당신의 **나는** I AM은 모든 생각의 부모이다. 빌립이 *우리에게 아버지를 보여 주소서* 라고 말한 것은 우리의 주도적인 분위기를 불러내는 것을 의미한다. 분위기나 느낌은 볼 수 없다. 당신이 내적원인의 원리를 알게 되었을 때 하늘에 계신 아버지를 발견하게 된다. 지금 생명의 원리를 발견했다면 그것을 현명하게 사용해야 한다. 이 내적 생명의 자유로운 흐름을 패배와 무기력함이 방해하게 해서는 안 된다. 당신이 무엇을 인식하느냐에 따라서 결핍이나 혼란을 보게 되

는지 또는 부유, 질서, 조화를 보게 되는지를 결정한다.

우리는 원리를 눈으로 볼 수는 없지만 그 결과는 볼 수 있다. *빌립*은 인내를 의미하는 말 조련사이다. 오감에 의해서 받은 상(像)이 당신의 목표를 이루려는 것을 방해하지 못하도록 할 때 당신은 빌립이라고 불리는 이 마음의 자질을 불러낸 것이다. 당신은 당신의 비전이 가는 대로 가게 된다는 것을 알아야 한다.

나를 보는 자는 아버지를 보았느니라. 즉 당신의 의식이 당신 세계에서 이루어진 것들의 아버지라는 것이다. 당신의 모든 경험, 환경, 그리고 상태는 당신의 현재 세계 배후의 원인인 의식상태, 즉 아버지를 목격하는 *아들*로 표현할 수 있다. 내부의 무한한 힘을 새롭게 인식하고 현재 상태, 현재 사실을 뛰어넘어 목표에 집중한 채 하나님의 평화와 사랑, 기쁨과 행복이 지금 당신 것이라고 대담하게 주장하라. 외부세계의 양상(樣相)들이 당신을 겁주고 놀라게 하면, 즉시 내부의 신성으로 향한 채 당신의 목표를 지금 바로 그곳에서 선언하라. 그 어떤 것도 당신의 고양된 영혼의 기를 꺾도록 허용해서는 안 된다. 비록 아직 그것이 육안으로 보이지 않더라도 당신 내부의 빛은 당신이 가는 길의 램프가 되고 당신은 신의 빛의 길을 걷고 있는 자신을 발견하게 될 것이다. 걱정, 시련, 재난에 둘러

싸여 있을 때, 마치 욥처럼 신의 촛불이 당신 머리 위에 켜져 있다는 것을 알고 신에게 믿음을 두다. 그러면 암흑 속을 신의 빛으로써 걸을 수 있게 된다.

나(이루어진 소망)를 본 자는 아버지(내적 분위기 또는 확신)를 보았느니라. 이 구절은 내적 깨달음을 말하고 있다. 12절에서 다음과 같은 진리를 듣게 된다. *예수가 하는 일들을 당신도 할 것이요 이 보다 더 큰 일들을 할 것이다.* 우선 우리는 하나님과 하나임을 깨닫고 이 신성 속에 있다는 것을 알아야 한다. 성서가 정말로 말하고자 하는 것은 예수가 이용했던 힘을 이 세상 누구라도 이용할 수 있다는 것이다. 예수가 사용했던 치유력은 우리 역시 사용할 수 있다. 우리도 예수의 지혜와 지성을 이용할 수 있다. 우리는 우리의 엄청난 잠재력을 인식해야만 한다. 우리가 하나님의 아들이고 전능과 하나라고 믿는 정도에 따라 우리는 그것에 상응하는 그분의 힘과 영광을 나타낼 수 있다.

예수님은 우리와 똑같은 방식으로 태어났다. 하지만 훈련과 명상, 기도와 하나님과의 영적교섭을 통해 그 누구와 비교할 수 없을 정도의 높은 경지에 오르게 되었다. 하지만 어떤 사람도 지혜나 힘에 있어서 예수님보다 더 뛰어날 수 있다. 왜냐하면 인간 안에 있는 영광과 지혜는 끝이 없기 때문이다. 하나님은 무한한 존재이다. 따라서 인간도 또한 무한하다. 예수님이 가장 높은 곳까지 도달했다고 말하는 것은 어리석다. 끝은 없기 때문이다. 예수, 모세, 엘리야, 부처, 그 외 다른 성인들은 의심할 것 없이 마음의 세계 속에서 살고 있고 자신이 누구인가 라는 영광을 드러내고 있다.

너희가 내 이름으로 구하면, 내가 그것을 행하리니. 우리는 소망의 본질을 가지게 될 때 이름으로 구하는 것이다. 우리가 구하는 것이 실재임을 사실로 받아들여야 한다. 우리는 의복(심리적 태도)을 입어야 한다. 그것이 실체가 될 때까지 이 지적 소유감의 느낌과 분위기를 지속하는 것이 소망을 이루는 비결이다. 모든 잠재력은 인간 안에 있다. 우리는 이 장에서 핵심인 절을 다루겠다.

또 내가 아버지께 기도하겠고, 그 분께서 다른 위로자를 너희에게 주시리니 그가 너희와 함께 영원히 거하시리라. 14:16

신비스런 힘이 항상 우리의 위로자이고 구원자이다. 이 장을 쓰고 있는 도중에 친구의 전화를 받았다. "경쟁자들이 나와 내 사업을 망쳐놓으려고 해."라고 분노에 찬 목소리로 말했다. 분명히 그는 위로자가 내부에 있고 그와 영원히 함께 한다는 사실을 몰랐다. 그는 다음의 간단한 정신적 방법으로 자신의 구원자가 내부에 있다는 것을 발견했다. 다음과 같은 방식으로 기도하기 시작했다. "이 둘(그가 말하는 소위 적들)은 하나님과 그분의 선의를 언제나 반영하고 있다. 그들은 나와 마찬가지로, 희망과 소망과 열망을 가지고 있다. 그들이 평화, 일치, 사랑, 기쁨, 부유를 원하는 것처럼 나 역시 그렇다. 나는 그들에게 하나님의 모든 축복을 기원한다. 우리의 관계는 조화롭고 평화롭고 신성한 합의로 충만하다. 그들은 내가 행한 황금률에 따라 옳은 일을 하기를 원한다. 나는 지금 그들 안에 있는 신에게 인사를 한다. 마치 신이 그들을 완전하고, 정결하고, 완벽하게 보는 것처럼 나도 그렇게 보고 있다. 모든 것들은 잘 되었다."

이것이 내가 그에게 전화로 주었던 기도문의 핵심이다. 나는 그에게 이런 진리를 소유하게 될 때까지 이런 느낌과 생각을 마음 깊은 곳에 두라고 말했다. 그리고 이렇게 축복하는 것을 계속한다면 마치 영혼의 정화淨化 같은 내적 해방감이 일어날 거라고 말했다. 나는 그가 평화를 느끼게 되고 마치 평화의 강이 그의 마음과 가슴에 가득 차듯이, 위로자가 올 것이란 것을 이해하도록 만들었다. 그는 위와 같은 것을 전념을 다해서 행했고 실제로 그의 깊은 곳에서부터 신비스런 치유력이 나와서 그가 말하던 두 사람과의 관계가 완벽하고 조화롭게 해결되었다. 훌륭한 변화가 그들 사이에 일어난 것이다. 그는 그의 위로자, 상담자는 자신 내부에 있다는 것을 발견했다.

위로자의 의미를 설명하는 또 다른 간단한 방식은 당신의 예수를 당신의 이상 또는 소망으로 간주하는 것이다. 위로자가 오기 전에 당신의 소망은 죽어야 한다는 것은 명백하다. 당신이 소망하는 것을 가졌다는 의식을 지닌다면 더 이상 그것을 원하지 않게 된다. 당신이 가지고 있는 것을 얻으려고 애쓰지 않기 때문이다. 그래서 먼저 당신 소망을 의식 속에 두어야 한다. 만약 당신의 소망이 항상 당신 앞에 있고 미래에 있다면 결코 그것을 가질 수 없다. 그렇게 되는 이유는 만약 우리 의식이 미래의 상태 속에 있게 되면 우리는 현재에 있지 못하기 때문이다. 모든 기도는 현재시제로만 기능한다. 확신과 평화와 평정 속에서 이미 이루어진 상태를 봄으로써 소망이 현재 이루어졌음을 받아들여야 한다. 우리는 걱정하거나 서두르거나 결과물을 미래로 기대해서는 안 된다. 우리는 단지 그것이 이미 이루어졌다는 것만을 알아야 한다.

진리의 영인 그를 세상은 영접할 수 없으니 이는 세상이 그를 보지도 못하며 또한 알지 못하기 때문이라. 그러나 너희는 그를 아나니 이는 그가 너희와 함께 거하시며 또 너희 안에 계실 것임이라. 14:17

위로자는 물론 성스런 영 또는 완전성의 느낌, 즉 우리 이상과 하나됨을 의미한다. 우리가 공포, 의심, 걱정 속에서 사는 한 외부 세계는 항상 이 진리의 영혼을 거부한다. 위로자 Comforter는 신God과 동의어이다. 우주적인 것은 개인 속에 있고, 개인은 우주 속에 있다. 진리를 아는 것이 위로자를 아는 것이고 이것이 당신을 모든 억압에서 해방시켜준다. 하나님은 어디에나 존재하고 하나님은 사람을 차별하지 않고 그 법칙 안에 도덕은 없다.

비는 선한 사람이나 악인에게나 똑같이 내린다. *마태복음 5:45

최근에 나는 어떤 로펌에서 해결책에 대해 기도해달라는 요청을 받았다. 그들은 오랫동안 해결 못한 사건이 있었고 그 문제는 아주 넌더리난다고 말했다. 그 로펌의 한 변호사는 한 시간씩 매주 두 번 나와 상담을 했다. 이 변호사는 자신이 원하는 것이 조화로운 신성한 해결책이었음을 이해했다. 그래서 반대편이 어떤 손해를 입거나, 그들의 권리를 빼앗는 것을 생각하지 않게 되었다. 자신에게 예전에 일어났던 일들은 자신이 법칙을 잘못 사용했기 때문이었음을 깨달았다. 그는 모두를 축복하는 신성하고 올바른 행동과 판단을 요구했다. 마음의 법칙은 그의 목표와 소망을 받아들였고 그것을 현실에서 일구어냈다. 그의 목표와 동기는 선한 것에 있게 되었다. 법칙은 도덕과 상관이 없다. 우리의 도덕은 우리가 법칙을 사용하는 방법과 관련이 있다.

소송에 휩싸이게 되었다고 가정하자. 어느 한쪽에서 속이고 사기를 치려한다면 그는 법칙을 오용(誤用)하는 것이다. 왜냐하면 그의 사고와 동기에 따라 법칙이 반응하기 때문이다. 그의 동기는 죄책감과 옳지 않은 일을 하려는 감정이다. 그러므로 그는 법칙이 그의 사고와 느낌에 자동적으로 반응하는 것을 경험했다. 내가 말하고자 하는 것은 소송에서 특정한 곳을 편들려고 하는 것이 아니고, 신은 실제로 자신을 고소할 수 없고 조화의 법칙과 신적인 정의가 우세하게 된다는 사실을 깨달아야 한다는 것이다. 현재 상황이 어찌 되었든 또한 불리한 판결이 있더라도 이 법칙을 지속한다면 신은 결코 늦지 않는다. 선하고 좋은 것을 단단히 붙잡아라. 어떤 경우에도 결코 다른 사람을 해치거나 그의 것을 뺏으려고 하지 말라.

나를 사랑하지 않는 자는 나의 말들을 지키지 아니하느니라. 너희가 듣는 말은 내 말이 아니요, 나를 보내신 아버지의 말씀이니라. 14:24

내가 너희에게 한 말들은 영이요, 생명이라. 6:63

말이란 당신의 사고와 느낌을 상징한다. 성서에서 나오는 말이란 당신의 확신, 내적 느낌, 인식을 의미한다. 아픈 사람의 완전성과 완벽성을 절대적으로 확신할 때 당신은 당신의 말을 보내서 그 사람을 치유하게 된다.*시편 107:20 참조 당신의 말이란 마음속에서 사실이라고 주장하는 것에 대한 흔들리지 않는 확신이다. 그러면 당신의 말은 하나님의 말씀이 된다. 즉 의식의 상태가 자신의 모습을 나타낸다는 것이다. 성서에서 당신의 말은 영이요 생명이라고 한다.

그러나 위로자이신 성령을 아버지께서 내 이름으로 보내시리니, 그가 너희에게 모든 것 들을 가르치시며 또 내가 너희에게 말한 모든 것들을 생각나게 하시리라. 14:26

성령이란 완전성이나 하나됨의 느낌을 의미한다. *완전함이란 당신의 목표와 하나가 되는 정신 상태를 의미한다.* 마음은 더 이상 분열되지 않고, 당신은 소망을 실현시켰기에 평화롭다. 성령이란 완전성에 대한 당신의 내적 느낌이나 이루어진 기도를 말한다. 영이라는 단어는 생명이나 느낌을 의미한다. 추론은 간단하다. 내적 확신이 생긴다면 성령을 방문하는 것이다.

사랑은 법칙을 실행하는 것이다. 당신이 갈망하는 상태에 대한 느낌으로 가득 채워질 때 법칙을 실행한 것이다. 당신은 다른 사람들의 모든 축복을 기원함으로써, 사랑과 선의로 가득 채워진다. 법칙을 올바르게 사용함으로써 당신뿐만 아니라 모두를 축복한다. 당신은 당신 자신과 조화를 이루었고, 온 세상

과 조화를 이루었다. 선의와 평화의 영혼인 위로자를 발견했다. 우리가 모든 사람에게 사랑을 쏟아 붓고 그들을 구원과 올바른 것으로 감쌀 때 위로자는 온다.

28절에서 다음과 같이 말하고 있다. *내가 갔다가 너희에게 다시 온다.* 우리의 이상, 우리의 예수(소망)는 의식 속으로 들어가야 한다. 우리가 내부에서 사실이라고 느끼는 것은 외부에서 경험하게 된다. 우리의 이상이 실현되어 객관화되기 위해서는 그것은 멀리 가야 한다. 먼저 마음속에 주입된다면 그것은 밖으로 표현된다. 이것이 갔다가 다시 오는 것이다. 설명이 너무 단순해서 왜 많은 사람들이 이 구절을 가지고 신비한 것처럼 만드는지, 의아해 할 것이다.

내 아버지께서 나보다 위대하심이라. 14:28 창조자는 언제나 자신의 창조물보다 위대하다는 뜻이다. 사상가는 그의 사상보다 위대하다. 예술가는 그의 작품보다 위대하다. 우리의 의식은 그 관념보다 더 위대하다. 이것을 깨달았을 때 우리 자신에 대한 관념을 뛰어넘는 힘을 가지고 있음을 알게 된다. 왜냐하면 우리 안에 있는 것을 표현하는 것은 끝이 없기 때문이다.

이제 그 일이 일어나기 전에 내가 너희에게 말한 것은 그 일이 일어날 때 너희로 하여금 믿게 하려는 것이라. 14:29

나는 현실에서 어떤 사건들이 일어나기 전에 미리 본 적이 있었다. 독자 여러분도 이런 경험이 있을 거라고 생각한다. 아마 수학자 듄처럼 꿈에서 어떤 사건을 보고 그것이 실제로 일어난 경험이 있을 것이다.

지금 마음속에서 소망을 이루게 할 수 있다. 조용히 앉아서 상상 속에서 소망하는 결과를 경험하고 결말을 보고 이루어진 상태, 예를 들어 집을 성공적으로 매매했다거나 사랑하는 사람의 성공 등을 즐겨라. 이것은 현실에서 이루어지기 전의 일을 본 것이고, 앞으로 일어날 일을 미리 본 것이다. 당신 마음의 극장인 상상 속에서 보고 듣고 느끼는 것들은 외부 세계에서 경험하게 된다.

이후로는 내가 너희에게 많이 말하지 아니하리니 이는 이 세상의 통치자가 오나. 그는 내 안에 아무것도 가지고 있지 아니함이라. 14:30

당신은 평화 속에서 오직 좋은 것만을 듣도록 마음을 훈련시켰기에, 두려운 생각이 마음에 들어오더라도 어떤 미동도 없다는 의미이다. 당신은 더 이상 인류의 대중적 암시의 희생자가 아니다. 우리는 사자 우리 안에서 오직 빛과 구원만을 보는 다니엘처럼 되어야 한다. 세상에 나타난 모든 것들은 그것들의 배후가 되는 사고들이 없다면 더 이상 존재하지 않는다. 사고는 모든 것의 본질이 되고, 영원히 존재한다. 외부로 나타난 형태는 사고가 표현된 것이다. 감지感知하는 사람과 감지된 사물은 하나이다.

내가 지금 하나의 산을 볼 수 있고 다른 사람들도 그 산을 볼 수 있는 것을 보면, 우리 모두에게는 공통된 하나의 마음이 있다는 사실을 보여준다. 의식 속에서 산이라는 관념이 존재하지 않는다면 산을 볼 수는 없다. 마찬가지로 현실에서 우리를 불쾌하게 만드는 사건을 접했다면 그것은 마음속에서 우리를 불쾌하게 만드는 사건을 허용했기 때문이다. 우리는 그것과의 관계를 바꿔야 한다. 그러면 그것은 우리에게 영향을 줄 수 없다. 만약 어떤 이가 조간신문을 읽고 그것이 자신을 불안하게 하도록 허용하면, 그것은 나쁜 분위기이고, 이 세상의 통치자가 그를 뒤흔들도록 허용한 것이다.

일어나라, 여기를 떠나자 14:31 이 구절의 의미는 의식 속에서 일어나서 내부의 은밀한 장소로 떠나라는 것이다. 예수의 제자들은 문 앞에 있는 거지에게 다음과 같이 말했다. *은과 금은 나에게 없으나 내가 가진 것을 네게 주노니 나사렛 예수 그리스도의 이름으로 일어나 걸으라.* 사도행전 3:6

가난한 자에게 돈을 주는 것은 그 자의 결핍의식을 치료해주지 못한다. 대신 그에게 지혜를 주고 그에게 지식을 가르치면 그는 다시 구걸하지 않는다. 하나님이 모두에게 필요한 것을 공급해 주는 원천임을 알고 그것을 주장할 때 끊임없는 부가 흘러들어온다. 가난한 자에게, 자신의 내부로 들어가서 부유의 마음을 불러냄으로써 부유에 대한 생각을 그의 마음의 옷으로 짤 수 있는 능력이 있다는 것을 가르쳐라. 당신은 그에게 지혜를 준다. 그는 더 이상 과거의 낡은 옷, 한 그릇의 스프, 또는 커피 한 잔 값을 원하지 않을 것이다. 당신이 하나님에게 진실한 것은 당신 자신에게도 진실하다는 것을 주장할 때 당신은 침상(진리)을 들고 땅 위를 자유롭게 걷게 된다.

거지가 구걸하는 모습을 보지 말고 그가 마땅히 되어야 할 모습을 보아라. 마치 하나님이 그를 보는 방식으로 그를 보아라. 제자들은 완벽함을 보았고 그것은 이루어졌다. 절름발이가 절뚝거리며 걷는 것을 보지 말고 그가 걷고 달리는 것을 보아라. 우리 존재의 참 모습에 눈을 떠라. 세상에서 나타난 지금의 모습은 환영일 뿐이다. 우리는 지금 완벽하다. 그러므로 *하늘에 계신 너희 아버지께서 온전하심 같이 너희도 온전하라.* 마태복음 5:48 *우리 눈을 흐리게 하는 비늘을 떨어뜨리게 하고** 사도행전 9:18 참조 *세상의 근원의 진리를 주장하자. 사랑하는 자들아, 이제는 우리가 하나님의 아들들이라.* 요한일서 3:2

요한복음 15장

(1) "나는 참 포도나무요, 나의 아버지는 농부시라. (2) 내 안에서 열매를 맺지 못하는 가지마다 그 분께서 제거해 버리시고, 열매를 맺는 가지마다 정결케 하시어 더 많은 열매를 맺게 하시느니라. (3) 이제 너희는 내가 너희에게 일러준 말을 통하여 깨끗해졌느니라. (4) 내 안에서 구하라. 그러면 나도 너희 안에 거하리라. 가지가 포도나무에 붙어 있지 아니하면 스스로 열매를 맺을 수 없듯이 너희도 내 안에 거하지 아니하면 역시 그렇게 되리라. (5) 나는 포도나무요 너희는 그 가지들이라. 그가 내 안에 내가 그 안에 거하면 그 사람은 많은 열매를 맺느니라. 이는 나를 떠나서는 너희가 아무것도 할 수 없기 때문이라. (6) 내 안에 거하지 아니하는 사람은 가지처럼 버려져 말라 버리느니라. 그러면 사람들이 그것들을 거두어 불 속에 던질 것이요 그것들은 타 버릴 것이다. (7) 너희가 내 안에

거하고 내 말들이 너희 안에 거하면 너희가 원하는 것은 무엇이나 구하라. 그러면 너희에게 이루어지리라. (8) 너희가 많은 열매를 맺는 이일로 내 아버지께서 영화롭게 되실 것이요 너희는 내 제자들이 되리라. (9) 아버지께서 나를 사랑하신 것같이 나도 너희를 사랑하였으니 너희는 내 사랑 안에 계속 거하라. (10) 내가 내 아버지의 계명들을 지켜서 그 분의 사랑 안에 거하는 것같이 너희도 나의 계명들을 지키면 나의 사랑 안에 거하리라. (11) 내가 이런 것을 너희에게 말한 것은 나의 기쁨이 너희 안에 머물러 있어 너희의 기쁨이 충만하게 하려는 것이라. (12) 나의 계명은 이것이니, 내가 너희를 사랑하는 것같이, 너희도 서로 사랑하라는 것이라.

나는IAM은 하나님을 뜻하고, 사람들 모두는 하나님이라는 생명 안에 뿌리내려 있기에 하나님을 진정 포도나무라고 할 수 있다. 또 생명은 사람들 모두를 통해 흐르기 있기에 그들 모두 당신 안에 뿌리내려 있다고 말할 수도 있다. 생명원리The Life-Principle는 만물의 근원이고 더 이상 나뉠 수도 없다. 이것은 결코 태어나지도 죽지도 않는다. 우리는 하나님으로부터 생명, 힘, 실체를 받는다. 하나님의 생명이 우리의 생명이고, 그분의 힘이 우리의 힘이다. 이것은 결코 태어나지도 죽지도 않는다. 이것은 유일한 존재가 여러 가지 형태로 나타나는 것이다. 옳은 판단과 옳은 길로의 인도, 그리고 건강한 육체를 위해서 당신 내면의 하나님의 현존에게 시선을 향하라. 당신은 모든 축복이 나오는 신성 속에 뿌리내려 있다는 사실을 느끼고 깨달아라.

나무 가지는 나무 본체로부터 영양분을 받는다. 만약 가지를 자르면 말라 죽는다. 뿌리로부터 영양분의 전달이 끊겼기 때문이다. 가지는 줄기로부터 수액樹液을 받음으로써 살 수 있다. 심리적 관점에서 보면 가지는 우리의 사고, 소망, 갈망, 그리고 열망이다. 우리의 이상과 소망은 의식 속에 뿌리내려져 있어야 한다. 즉 그것들은 사랑, 혹은 하나라는 느낌으로 유지되어야만 한다. 그러면 열매를 맺을 것이다. 그것들은 우리 인생 속에서 우리가 소망하는 상태, 사건, 환경으로 객관화된다. 만약 문제에 대한 해결책이 마음 안에 있다는 것을 깨닫지 못한다면 심리적 관점에서 보면 신성으로부터 절단된 상태이고 해결책은 떠오르지 않게 된다.

형식, 형태, 그리고 물질에 관련된 법칙에 얽매여 정도正道에서 벗어나지 말라. 외적이 아닌 내적 인간의 방식과 당신의 내적인 힘에 대해서 배워라. 당신은 마음속에서 자신이 강하고 자신감이 있고 평화롭다고 주장해서 하늘나라의 포도주를 마실 수 있다. 신의 섭리 안에서 어떤 종류의 분위기라도 건강, 부, 그리고 올바른 표현으로 바꿀 수 있다. 당신의 재능과 재주와 소망은 당신 자신의 깊은 곳에서 뻗어 나온 가지이다. 사용하지 않으면 그 기능을 잃게 된다. 이것이 생명의 법칙이다. 만약 우리의 재능을 사용하지 않으면 근육을 사용하지 않았을 때 위축되는 것처럼 재능들 역시 우리 내부에서 죽게 되고 우리는 좌절하고 불행해진다.

사업이나 과학, 혹은 영적인 분야에서 건설적인 아이디어가 생기면 그것을 이용하라. 많은 사람들은 훌륭한 아이디어나 계획, 꿈을 가지고 있으면서도 두려움에 가득 차서 그것들에게 세상의 빛을 보게 하지 않는다. 그들은 마음속에서 장애를 보거나 기한이 늦춰지는 것을 본다. 때로는 비웃음을 사거나 비판받지 않을까 두려워한다. 그래서 그 경이로운 아이디어들은 그 분야에서 대단한 축복이 될 수도 있었지만 이런 것들로 인해 빛을 보지 못하고 시들어버린다.

지금 엄청난 기회가 당신을 기다리고 있다. 내부로 들어가서 소중한 생명의 보석을 끌어내라. 그리고 열정을 가지고 승리와 성취를 향해 가라. 당신 자신을 비판하거나 평가절하하는 것을 멈추라. 만약 당신이 자신을 비판하거나 평가절하하면 하나님을 비판하는 것과 같다. 당신이 이득을 얻었다고 인식하고, 그것과 하나가 되어라. 그러면 모든 면에서 성장하게 될 것이다.

열매를 맺는 가지마다 정결케 하시어. 이 구절은 기도가 이루어질 때마다 승리를 얻는다는 의미이다. 진정한 기도의 결과는 영원히 지속되고, 당신의 잘못된 믿음은 영원히 제거된다. 지금 더욱 많은 열매를 맺게 되었다. 기도의 힘에 의해서 승리를 쟁취할 수 있다.

기도가 당신의 사고와 태도와 자질을 왕 중의 왕, 신 중의 신 앞에 모으는 것이라고 생각하라. 그리고 감사와 승리의 노래를 불러라. 이 같은 방식으로 당신은 소망과 하나인 사랑의 분위기라는 옷을 입을 수 있다. 기도가 이루어졌을 때 잠시 만족한다. 하지만 당신을 더욱 높이 오르도록 재촉하는 또 다른 소망이 생기게 된다. 당신은 마음속에서 또 다른 도전을 직면하고 달성해야할 또 다른 목표를 갖는다. 당신은 영광에서 영광으로 가기 위해서 존재한다. 생명의 행진은 계속되고 당신의 전진 역시 끊임없다. 당신은 끊임없는 마음의 정화를 경험해야 하고 그렇게 함으로써 의식의 높은 경지를 경험하게 된다.

생명을 지닌 모든 사람들을 생명나무의 가지라고 생각할 수 있다. **나는** I AM은 나무이다. 모든 사람들은 그것 안에서 살고 움직이고 그들의 자아를 가지고 있다. 지구의 25억의 사람들

요한복음 15장   231

은 하나님의 가지들이다. 그들이 포도나무에 붙어 있지 않으면 그들의 열매(조화, 평화, 그리고 기쁨)를 맺을 수 없다. 내부의 하나님으로부터 오는 수액(고무, 인도, 그리고 힘)은 그들에게 전해져야만 한다. 이런 앎이 없다면 인간은 아무것도 이루어낼 수 없다. 하나의 힘으로부터 분리와 고립만이 계속될 뿐이다. 내부의 목소리는 인간에게 하고 싶고, 되고 싶고, 가지고 싶은 것을 계속해서 재촉한다.

인간은 습관적으로 그의 오감이 전하는 판단을 전해 듣는다. 따라서 공포, 걱정, 무능 안에 얽매인다. 외부세계는 다음과 같이 말한다, "당신은 할 수 없다." 내부 세계는 다음과 같이 말한다. "당신은 할 수 있다." 누가 이길 것인가? 그것은 당신이 결정한다. 만약 당신이 실패의 목소리를 듣게 되면 그것은 당신을 비판하고 비난하고 책망한다. 결국 실망과 후회의 감정에 빠지게 될 것이다.

지금 당신 마음의 보이지 않는 손님인, 소망의 부드러운 발소리를 들어라. 마음과 가슴을 열고 당신의 소망이 들어오도록 하라. 그것을 환영하고 다음과 같이 말하라. "이것은 하나님으로부터 왔다. 새로운 생명과 고무鼓舞를 전하는 전갈이다." 이것은 당신 자신 안에서 당신의 소망을 열정적이고 사랑스럽게 받아들이게 하는 신이다. 당신의 믿음과 헌신에 반응하여 내적 충동은 실현된다.

자신에 대한 한계의 개념을 버리고 끝없는 우주와 하나라는 것을 깨달아라. 당신은 정원의 중심에서 자라고 있는 생명나무에 속해있다. 당신은 사고, 느낌, 믿음이라는 씨앗을 심게 되는 신의 정원이다. 당신이 가지고 있는 힘과 기능을 사용하라. 사용하지 않으면 정체, 좌절, 분해, 퇴화를 가져온다.

너희는 내가 너희에게 일러준 말을 통해서 깨끗해졌느니라.
15:3

우리는 명상과 기도, 그리고 하나님은 유일한 존재이고 힘이라는 사실을 단언함으로써 우리 마음을 깨끗하게 한다. 하나님의 진리를 전념을 다해서 의식적으로 단언함으로써 이런 것들은 우리 내부 깊은 곳으로 들어가게 되고 거기서 우리는 깨끗하게 되는 것을 경험한다. 신의 빛, 즉 정신적 진동은 잠재의식 속의 모든 부정적인 틀을 부순다. 하나님의 진리는 우리의 주관적 세계의 깊은 곳에 자리 잡고 있는 수많은 부정적 사고의 틀을 부수는 하나님의 전사이다. **나는** I AM은 열매를 맺고 있는 크리스마스 트리이다. 신으로부터 모든 인간에게 부여된 이 세상의 가장 훌륭한 열매가 거기에 달려있다. 인간은 일어나서 이런 선물을 가져야 한다. 당신은 *성령의 열매를 먹*

요한복음 15장 233

고 있는가?

성령의 열매는 사랑과 기쁨과 화평과 오래 참음과 친절과 선함과 믿음과 온유와 절제니, 그러한 것을 반대할 법이 없느니라. 갈라디아서 5:22-3

너희는 의인에게 복이 있으리라고 말하라. 이는 그들이 그들의 행위의 열매를 먹을 것임이라. 악인에게는 화로다! 그에게 화가 있으리니, 이는 그의 손들의 보응이 그에게 주어질 것임이라. 이사야 3:10-11

너희가 내 안에 거하고 내 말들이 너희 안에 거하면 너희가 원하는 것은 무엇이나 구하라. 그러면 너희에게 이루어지리라. 요한복음 15:7

이러한 구절들의 의미는 우리가 의식 속에 가지고 있는 것은 항상 밖으로 표현된다는 것이다. 우리 소망을 의식 속에 확고히 하려면 그것에 대해서 생생하고 흥미롭게 또한 따뜻한 느낌을 갖고 명료하게 생각해야 한다. 이것은 어떤 흥분이라기보다는 기도하는 것이 지금 존재한다는 완벽한 확신이다. 가장 큰 비밀은 당신이 갈망하는 상태를 지금 지니는 것이다. 외적인 것은 항상 내적인 것을 반영하기 때문에 사실이라고 생각한 것은 형태를 취한다. 우리가 평화, 건강, 행복의 삶을 살 때 아버지를 찬송하게 된다.

이 장에서 이미 다룬 내용은 생략하고 하이라이트 부분만을 다루겠다.

사람이 친구들을 위하여 자기 생명을 내어 놓은 것보다 더 위대한 사랑은 없나니 내가 명령한 대로 너희가 행하면 너희는 나의 친구들이라. 15:13-14

당신은 건강, 일치, 평화, 기쁨을 표현하는 빛을 비추라는 명을 받았다. 이러한 것들이 당신의 위대한 친구들이다. 당신은 하나님과 우호적이고 사이가 좋은가? "나는 지금 무엇과 친구가 되려 하는가?"라고 자신에게 물어 보아라. 만약 당신이 아프다면 당신의 가장 위대한 친구는 건강이다. 그러므로 당신은 *당신 친구를 위하여 당신 생명을 내어 놓아야* 한다. 이것의 의미는 질병에 대한 믿음에 대해서는 죽고 하나님의 선물인 완벽한 건강에 대한 신뢰와 지식, 확신 속에서 일어서야 한다는 것이다. 당신이 건강했을 때 항상 했던 일들을 하고 있는 모습을 명확하게 상상하고, 완벽한 신체에 대해서 생각하기 시작하라. 그러면 당신은 친구를 위해서 생명을 내어놓은 것이다. 다시 말해서 완벽한 건강에게 생명을 준다.

당신의 의식이 생명이 되는 비결이다. 막대한 이득을 돌려줄 수 있는 건강과 행복에 대한 생각에 의식을 두어라. 건강에 대한 의식 속으로 들어가라. 건강에 대한 사고를 하다가 얼마 안가 모순되는 것을 생각할 여유가 없다. 이런 것은 중화를 가져올 뿐이다. 이런 이유로 인해 많은 사람들이 건강과 행복을 표현하지 못한다. 그들은 그들의 비전과 하나가 되지 않았다. 가난 때문에 생필품조차 살 수 없다면 당신이 맞이해야 할 친구는 신의 풍요와 부일 것이다. 그러면 그것들은 당신에게 끌려올 것이다.

너희가 나를 선택한 것이 아니요 내가 너희를 선택하여 15:16
만약 투표로 당신이 의장직에 선출되었다면 당신의 의식 상태가 그 지위를 결정한 것이다. 다시 말해서 이것은 당신의 내적의식의 표출인 것이다. 당신의 지적태도나 확신이 끌어당기지 않는 한 어떤 경험과 명예도 당신에게 오지 않는다. 선택된 당신 그리고 당신을 조직의 의장으로 선출되기 위한 당신에 대한 지지 투표는 단순히 당신의 고양된 분위기와 내적 믿음을 목격하고 확증하는 외적행동에 불과하다. 만약 나무의 열매가 썩었다면, 거기에는 나무와의 관계에 있어 어떤 잘못이 있는 것이다. 이와 마찬가지로 당신이 결핍과 한계를 경험하고 있다면 포도나무를 바꿔야 한다. **나는**I AM은 포도나무이다. 내부로 들어가서 의식을 바꿔야 한다. 지적태도와 당신 자신에 대한 평가를 바꾼다면 당신이 겪게 될 경험과 환경과 사건도 바뀐다. 당신 외에 그 누구도 이 일을 할 수 없다!

너희가 나의 이름으로 아버지께 구하는 것은 무엇이든지 그 분께서 너희에게 주시게 하려는 것이니라. 15:16

너희가 구하는 것은 무엇이든지 란 당신이 사실이라고 믿고 주장하는 것은 이뤄진다는 뜻이다. 여기서 이름이란 당신이 찾는 상태의 자연스러움 또는 정신적으로 그것을 받아들인 분위기를 의미한다. 만약 우리 모두가 *예수 이름으로 일어나서 걸어라* 라고 말하면 기적을 이룰 수 있을 것이다. 물론 여기에는 다른 의미가 있다. *예수 이름으로 구하라* 란 의식 속에서 이미 이루어져 있는 소망의 실체를 느끼는 것을 의미한다. 해낼 수 있다는 의식을 가져라. 그러면 목표로 가는 도중에 쉽게 좌절하지 않을 것이다.

만일 내가 와서 그들에게 말해 주지 아니하였더라면 그들에게 죄가 없었을 것이나, 이제는 그들이 자기들의 죄에 대하여 변명할 것이 없도다. 15:22

이 절의 의미는 만약 당신이 조준해서 맞춰야 할 과녁이 없다면 당신은 벗어날 목표가 없기 때문에 죄를 지을 수도 없다는 것이다. 예수는 당신에게 이익이 되는 것들이거나 소망의 형태로 나타난 신이다. 당신이 허기졌다면 음식은 마치 신과 같이 다가간다. 당신이 목마르다면 물은 마치 신과 같이 다가간다. 소망, 아이디어, 그리고 욕망은 하나님으로부터 나와서 당신에게 다가간다. 오직 당신이 해야 할 것은 그것들을 받아들이는 것이다. 만약 성장하고 표현하려는 욕망이 없다면 조준해서 맞추려는 대상이 없는 것이다. 당신의 죄란 당신의 목표를, 즉 소망하는 상태를 벗어나는 것이다. 당신은 당신 죄에 대한 변명을 가지고 있을 수 없다. 왜냐하면 생명의 법칙을 이해했을 때 목표를 벗어났던 것에 대한 변명과 구실을 더 이상 댈 수 없기 때문이다. 소망을 실현시키지 못한 것이 당신의 죄이다. 만약 현재 상황에 만족하고 현재 당신에 대한 개념을 뛰어넘을 욕망이 없다면 아마 좌절하고 병들어 있는 현재의 상태 속에 계속 머무를 것이다.

그러나 내가 아버지께로부터 너희에게 보낼 위로자, 곧 진리의 영이 아버지께로부터 나오시면 그가 나에 관하여 증거하시리라. 15:26

당신이 원하는 상태를 느끼는 것이 진리의 영이다. 이것은 당신이 옳다는 것을 당신에게 말하는 내적 증언이다. 당신은 항상 당신의 의식 상태를 증언하고 있다. 타인과 다툼이 잦은 사람이 "나는 다른 곳으로 가서 살면, 거기에는 좋은 사람들이 많이 있을 거야."라고 말하지만 다른 곳으로 이사를 가더라도 그곳 사람들과 다시 싸우게 된다. 그는 부정적인 지적 태도를 제거하고 우호적이고 사랑스런 사고로 교체해야 한다.

생명의 법칙은 당신 안에 있다. 사고에 의해서 당신은 영혼과 마음의 내적 세계와 접촉할 수 있다. 부정적이고 패배적인 사고들이 내부에 있는 하나님의 보고寶庫를 가리도록 용납해서는 안 된다. 기도의 방식은 교환하는 것이다. 당신이 변화하기 위해서는 생각들을 바꿔야 한다. 당신이 새로운 전망, 새로운 정신적 가치, 새로운 정신적 기준을 가지게 될 때 이런 일을 한다. 그 변화는 당신의 모든 사고와 관념들, 견해들과 생각들을 새롭게 만들 것이다. 이 장을 읽은 당신은 새로운 잣대를 가져야 한다.

모든 일과 문제들에서 하나님의 존재를 느껴라. 생명에 대한 새로운 사고는 당신에게 마음속의 부정적 사고들을 몰아내는 유일한 방법이 긍정적, 건설적인 사고로써 그것들을 뽑아내는 거라고 가르친다. 이것이 바로 건강과 부와 번영의 비결이다. 이런 간단한 진리를 행하는 것이 당신에게 믿음과 희망 그리고 확신을 줄 것이다. 어렵고 위험한 상황에서는 하나님과 함께 있어라. 하나님을 전적으로 신뢰하라. 건강, 부 등의 모든 것들을 끊임없이 주는 하나님의 영원한 원천을 믿어라. 이 믿음은 경이로운 모습으로 보다 강대해지고 성장하고 넓혀갈 것이다. 부정적인 상태에 생각이 머물러 있으면 물론 그것 역시 증가되고 커지게 된다. 마음의 상태가 부를 가져온다.

전능한 하나님에 대한 확신과 믿음의 분위기가 당신이 세상 어디를 가든지 건강, 평화, 행복, 안전, 그리고 하나님의 부유를 가지게 할 수 있다. 하나님과 하나라는 느낌을 가짐으로써, 당신이 어디를 가든, 모든 문은 열리고 모든 이들이 환영하는 것을 보게 될 것이다. 당신이 필요한 모든 것들이 채워질 것이고 감사의 마음으로 그 값을 지불한다. 인생의 여정에서 만난 남자와 여자, 어린 아이 등 모든 사람들은 당신을 돕는다. 왜냐하면 당신이 오는 것을 보고 그들은 *보아라, 저기 살아있는 신의 아들이 오고 있다* 라고 말하기 때문이다. 우리들은 신의 아들이라는 것을 증언하고 목격해야 한다.

하나님의 아들들이 기뻐서 소리쳤다. 욥기 38:7

요한복음 16장

(1) 내가 너희에게 이런 일들을 말함은 너희로 실족하지 않게 하려 함이라. (2) 그들이 너희를 회당에서 축출할 것이라. 참으로 그 때가 오면 너희를 죽이는 자는 누구든지 하나님을 섬기노라고 생각하리라. (3) 또 그들이 이런 일들을 너희에게 행하리니, 이는 그들이 아버지도 모르며 나도 모르기 때문이라. (4) 그러나 내가 이런 일들을 너희에게 말한 것은 그 때가 오면 내가 그런 일들에 대해 말했음을 너희로 기억나게 하려 함이라. 내가 처음부터 이런 일들을 너희에게 말하지 아니하였으니 이는 내가 너희와 함께 있었기 때문이라. (5) 이제 나는 나를 보내신 분께로 내 길을 가노라. 그래도 너희 중 한 사람도 나에게 '어디로 가느냐?' 고 묻는 사람이 없고 (6) 도리어 내가 이런 일을 너희에게 말하므로 슬픔이 너희 마음에 찼도

다. (7) 그러나 내가 진리를 너희에게 말하노니 내가 가는 것이 너희에게 유익하니라. 만일 내가 가지 아니하면 위로자가 너희에게 오지 아니하시리라. 그러나 내가 떠나가면 내가 그 분을 너희에게 보낼 것이라. (8) 그 분이 오시면 죄에 대하여, 의에 대하여, 심판에 대하여 세상을 책망하시리라. (9) 죄에대하여라 함은 그들이 나를 믿지 않기 때문이요 (10) 의에 대하여라 함은 내가 내 아버지께 가므로 너희가 나를 다시는 보지 못하기 때문이며 (11) 또 심판에 대하여라 함은 이 세상의 통치자가 심판을 받기 때문이라. (12) 내가 아직도 너희에게 말할 것들이 많이 있으나 지금은 너희가 그것들을 감당할 수 없느니라.너희를 죽이는 자는 누구든지 하나님을 섬기노라고 생각하리라. (16:2)

많은 사람들은 진리를 어기고 있다. 그들에게 "각자의 **나는** I AM은 신이다."라고 말하면 그들은 충격을 받는다. 그들은 신은 하늘 저 멀리 어딘가에 있고 최후의 날에 그들을 심판하는 어떤 의인擬人적 존재라고만 생각한다. 사람들은 계속해서 진리를 죽이고 있다. 증오하고 분노하고 싸우고 공포심을 가질 때 사랑, 평화, 건강, 행복은 죽는다. 없애야 할 것은 무지, 공포, 미신이다. 진리와 계몽된 이성의 칼로 이런 잘못된 개념들을 죽여야 한다. 만약 당신이 위험, 실패, 질병, 노령, 불행을 두려워한다면 자신을 죽이는 것이다. 즉 심리적으로 신의 사랑, 빛, 진리, 미로부터 멀리 떨어진다. 우리의 교회당(우리 마음) 안의 램프를 켜서 열정과 열광으로써 계속 타오르게 해야 한다. 수 세기 동안 일어났던 많은 종교 전쟁들을 보면 사람들이 이교도들을 불태워 죽이고 고문하는 것을 하나님을 섬기는 일이라 여겼음을 보여준다.

7절에서는 *내가 가는 것이 너희에게 유익하니라* 라고 말한다. 이것은 위로자가 오기 전에 소망은 죽거나 가야한다는 것을 의미한다. 당신이 소망을 가지고 있는 한, 평화는 오지 않는다. 소망이 가거나 잠재의식 속으로 묻히게 될 때 긴장이 풀리고 평화가 찾아온다. 그러면 하나님의 평화인, 성취된 기도를 의미하는 위로자가 온다. 위로자란 항상 당신과 함께 있는 신성한 존재이다. 이것은 영원히 순결하고 깨끗하고 결백하다. 잘못된 믿음과 잘못된 인상을 받아들이더라도 이 신성한 존재는 퇴색되거나 그 빛을 잃지 않는다. 이것은 당신이 불러주기를 항상 기다리고 있다. 하나님의 평화는 내부에 있고, 하나님의 치유력은 당신 안에 있다.

예수님이 떠나가다 란 당신의 소망은 분해되어야 한다는 의미이다. 당신의 소망이 이루어진 것을 경험하기 전에 그것은

죽어야 한다. 당신이 소망하는 것을 얻었다는 느낌을 가지게 될 때 기도는 이루어진다. 이미 가지고 있는 것을 얻기 위해서 찾지 않는다. 따라서 먼저 의식 속에서 소망을 취해야 한다. 당신이 어떤 것을 소망하는 한, 당신은 마음속에서 그것을 아직 받아들이지 못했다는 것을 의미한다. 기도로써 목표를 이루게 될 때 이전의 한계 상태(죄)를 비난하고 거부한다.

많은 사람들은 잘못된 도덕관을 가지고 있다. 그들은 어떤 규칙, 관례, 혹은 교회의 의식에 집착하는 것을 통해 자신들이 옳은 일을 하고 있다고 생각한다. 마음과 영혼의 법칙에 기초하지 않으면 그들의 판단은 옳지 않다. 모든 기도는 마음과 영혼의 내적 움직임이다.

만약 건강을 원하면 마음속에 옳은 것을 공급해야 한다. 당신이 원하지 않는 상태로부터 의식을 멀리하고 건강과 조화(調和)로 시선을 돌려라. 완벽한 건강의 상(像)을 갖고 그 안을 치유력에 대한 믿음과 확신으로 채워라. 당신 마음에게 왜 당신은 건강해질 수 있는지에 대한 모든 이유를 말해주라. 이것을 규칙적으로 한다면 의식 안에 건강에 대한 확신을 주입시킬 수 있다. 이것이 진정한 올바름, 즉 마음법칙을 올바르게 사용하는 것이다. 하지만 그것은 하나님이 벌을 주는 존재라든가 고통을 주기 위해 질병을 보낸다는 믿음을 가졌던 율법학자나 바리새인들이 주장하는 올바름과는 거리가 멀다.

고상한 정신적 기준에 기초한 당신의 판결은 올바르다. 그리고 신의 뜻은 당신의 가장 큰 꿈을 뛰어넘는 것 이상이다. 지금 당신은 어떤 공포라도 극복할 수 있다. 어쩌면 사랑하는 사람이나 몸이 아픈 친구를 걱정하고 있을지 모른다. 당신 마음을 바꾸면 그 현상도 바뀐다. 지금 당신은 공포를 좌지우지할 수 있다. 마음을 확신으로 채우고 이 지적 상태를 유지하면 믿음은 커지고 결국 마음은 당신의 목표와 결합한다. 지금 당신은 11절에서 언급한 이 세상의 통치자에 대해서 판결을 선언하게 되었다. *이 세상의 통치자*는 인류의 믿음, 부정적인 암시, 그리고 외부세계에서 우리에게 쇄도(殺到)하는 광경과 소리를 말한다.

세상의 통치자에 대한 당신의 판결은 그것이 오직 마음의 그림자에 불과한 것이라고 선언하고 또한 모든 부정적인 사고에 대해서는 완전히 거절하는 것이다. 당신의 마음이 오직 좋은 것만을 인식하도록 의식적으로 조정하고 훈련한다면 잘못된 믿음과 마음속의 공포에 대해서 판결을 선언할 수 있게 된다. 당신은 잘못된 개념들을 사형시켰고 당신에게 이익이 되도록 판결을 내리게 되었다. (이것이 큄비가 사람들을 위해서 기도하는 방식이다.)

12절에서 진리에 대한 신비스런 말씀을 듣게 된다. 당신은 받아들이도록 준비된 것만을 들을 수 있다. 오감에 의존하는 보통 사람들은 성서를 문자 그대로 받아들이고 생명에 관한 내적 의미와 심리적 의미를 받아들일 준비가 되지 않았다. 인간의 마음은 열려서, 듣고 이해하도록 준비되어야 한다.

열 살 먹은 아이에게 화학에 관해서 가르칠 수 없다. 수년 동안 공부하고 연구해야 한다. 성서의 내적 가르침을 받아들이는 것은 보통 점차적으로 이루어진다. 마음의 법칙을 가르치는 선생은 자신이 가르치는 것을 제자들이 아직 받아들일 준비가 되지 않은 것을 알고 있다. 성서에 관한 인류의 믿음과 문자적 이해가 우리 마음속에 깊이 자리 잡고 있어서 우리는 가끔 "이렇게 좋은 것이 사실일리 없어."라고 말한다. 왜냐하면 성서의 숨겨진 내적 의미는 대부분의 보통 사람들이 들었던 것과 반대되기 때문이다. 다음 절은 16장 나머지 부분의 핵심을 설명한다.

그러나 진리의 영이신 그분이 오시면 너희를 모든 진리로 인도하시리라. 그분은 스스로를 말씀하지 아니하시며, 무엇이나 들은 것을 말씀하실 것이요, 또 너희에게 다가 올 일들을 알려 주시리라. 16:13

진리의 영은 우리 안에서 솟아나는 직감과 영감이다. 무한한 지성은 접수된 요구에 응답한다. 이것은 스스로 질문하고 대답한다. 만약 당신이 차분함을 유지한 채 하나님과 그의 지혜를 생각한다면 마음은 걱정과 공포에서 깊고 고요한 믿음으로 옮겨간다. 내적 빛은 지금 당신을 비추고 있다. 신의 목소리를 들어라. 마음이 차분해질 때 신성한 사고는 떠오른다. 해결책은 마치 섬광같이 오거나, 조용하고 차분한 목소리이거나, 조용한 내적 깨달음의 행태로 올 것이다.

여인이 해산할 때면 그 때가 다가오므로 근심하나 아이를 낳고 나면 사람이 세상에 태어난 기쁨 때문에 더 이상 그 고통을 기억하지 아니하느니라. 16:21

기도할 때 오히려 상황이 더 나쁘게 되는 것을 목격한 적은 없는가? 말하자면 우리 주위에 있는 집이 무너지는 것처럼. 이것은 마치 집 안 청소를 하면 우선 먼지가 많이 일어나는 것과 같다. 당신 앞에 다가올 기쁨을 위해서 고통을 겪고 있는 것이다. 법칙이 작용하고 있다는 명백한 신호이고 아이(이상, 소망, 계획)를 출생시키고 있는 것이다.

기도는 잠재의식을 바꾼다. 공포, 혼란, 오류 등은 마음 깊은 곳에 있는 그들의 요새를 계속 보유하려고 싸운다는 것을 명심해야 한다. 당신이 이들을 몰아내려면 상당한 소동을 일으켜야 한다. 어떤 것이 태어나기 전에 다른 하나는 파괴되어야 한다. 많은 사람들은 종종 터널의 90퍼센트를 지나왔다가 되돌아간다. 만약 그들이 며칠만 지속했다면 새로운 날의 빛을 보았을 것이다. 가끔 기도는 터널 속을 지나가는 것과 같다. 우리는 칠흑 같은 어둠만을 본다. 하지만 우리가 계속해서 가면 터널 끝에 도달하게 된다.

기도를 하면 잠재의식 속의 더러운 것들을 제거하게 된다. 이 과정이 많은 혼란을 일으키는 듯 보인다. 여인(잠재의식)은 산고를 겪는 것처럼 보인다. 하지만 그녀가 아이를 출산하게 되면(우리의 기도가 객관화되다) 그 고통을 기억하지 못하고, 모든 것은 이루어진 기도의 기쁨 속에서 잊힌다. 이것이 22절의 *아무도 그 기쁨을 너희에게서 빼앗지 못할 것이다* 의 의미이다.

지금까지는 너희가 내 이름으로 아무것도 구하지 아니하였으나 구하라. 그러면 받을 것이니 너희 기쁨이 충만케 하려 함이라. 16:24

많은 사람들은 예수 이름으로 구하면 기도가 이루어질 것이라고 생각하는 것 같다. 오직 마음이나 의식에서 받아들인 것만을 경험하게 된다는 것을 알았다면 당신이 살아있는 예수 그리스도, 혹은 이 세상에서 활동하는 영적인 인간이다. 더 이상 현재의식과 잠재의식 사이에서 논쟁하는 것 없이 하나의 뜻으로 일치하게 될 때 당신은 살아있는 예수 그리스도이다. 예수는 당신의 계몽된 이성을 상징하고 그리스도는 주관적 자아의 힘을 상징한다.

예수 그리스도께서 너희 안에 계신 것을 스스로 알지 못하느냐? 그렇지 못하면 너희는 버림받은 자들이라. 고린도후서 13:5

당신의 사고와 느낌 또는 당신 마음과 가슴은 하나로 일치되어야 한다. 그러면 기도는 이루어진다. 어떤 것의 이름이란 속성, 개성, 특질, 특성을 의미한다. 내가 당신의 이름을 부르면, 당신은 대답한다. 따라서 믿음을 가지고 유익함good*조셉머피는 Good과 God를 동의어로 파악한다을 부르면 유익함은 응답한다.

나는 최근에 마음의 법칙을 가르치는 선생님이 되기를 원하는 여인을 만났다. 그녀에게 의식 속에서 선생님의 역할을 가정해서 수행하라고 말했다. 그녀는 상상 속에서 많은 학생들을 가르치기 시작했다. 이런 것들이 자신의 일부분이 될 때까지 그것들에 대한 스릴을 느끼는 것을 계속했다. 결국 그녀는 그 공부를 하게 됐고 성직자 과정을 밟았다. 심지어 교수님들을 능가했다고 칭찬했다고 한다. 훌륭한 선생님이 되려는데 필요한 자질들은 그녀 안에서 살아났다. 이것이 이름으로 구하는 것이고, 소망에 대한 사고에 몰두함으로써 자신의 일부분으로 만든 것이고, 소망 그 자체를 구하게 된 것이다.

세상에서는 너희가 환난을 당할 것이나 기운을 내라. 내가 세상을 이겼노라. 16:33

우리의 마음은 외부 세계로부터 오는 모든 선전과 견해와 오류투성이의 인상을 받는 수용적 매개체媒介體이다. 그 받아들이는 인상들에는 좋은 것과 나쁜 것이 있다. 인간의 마음을 체질하여 왕겨에서 밀을 가려내듯이 현명하게 단련시키지 않으면 나쁘고 잘못된 주입이 뿌리를 내려 병과 혼란과 공포와 같은 온갖 종류의 한계를 일으키게 된다. 세상은 좋은 것, 나쁜 것, 질병과 결핍을 믿는다. 만약 우리가 이 세상의 믿음 속에 머물고 과학적 기도를 게을리 한다면 분쟁과 시련과 역경을 경험하게 된다.

정신을 바로 갖추라! 무한한 존재에 대한 당신의 앎이 문제들을 극복할 수 있다. 마음을 영원한 진리로 가득 채워라. 치유하고 축복하고 고무시키고 존귀하게 하거나 당신 영혼을 기쁨으로 가득 채우게 하는 생각으로 주의, 헌신, 그리고 사랑을 줄 수 있는 힘, 신으로부터 부여받은 타고난 그 힘을 인식하라.

당신은 의식의 주도적 상태를 향해 가게 된다. 신의 힘과 그의 존재에 대한 인식을 영혼 속에 가득 채움으로써 모든 장애물을 뛰어넘어서 *하나님과 함께라면 모든 것이 가능하다* 라는 확신 속에서 휴식을 취할 수 있는 정신적 세계로 들어갈 수 있다. 어떤 곤란한 상황 속에서도 이 마음의 태도를 유지하면 당신은 세상(객관적 상태와 세상의 공포)을 극복할 수 있다. 당신은 선지자의 다음 말처럼 될 것이다.

그는 강가에 심겨진 나무 같아서 계절을 따라 열매를 맺으며, 그의 잎사귀는 마르지 아니하리니, 그가 무엇을 하든지 번성하리로다. 시편 1:3

요한복음 17장

(1) 예수께서 이러한 말씀들을 하시고 눈을 들어 하늘을 보시며 말씀하시기를 "아버지시여, 그 시간이 왔나이다. 아버지의 아들을 영화롭게 하셔서, 아들로 아버지를 영화롭게 하게 하옵소서. (2) 아버지께서 아들에게 모든 육체 위에 권세를 주신 것은 아들에게 주신 모든 사람에게 영생을 주게 하려 하심이니이다. (3) 영생은 이것이니, 곧 사람들이 유일하시고 참 하나님이신 아버지와 아버지께서 보내신 예수 그리스도를 아는 것이옵니다. (4) 내가 땅에서 아버지를 영화롭게 하였으며 아버지께서 내게 하라고 주신 그 일을 완성하였나이다. (5) 이제 아버지시여, 세상이 있기 전에 내가 아버지와 함께 갖고 있던 그 영광으로 친히 나를 영화롭게 하여 주옵소서. (6) 나는 아버지께서 이 세상으로부터 나에게 주신 그 사람들에게 아버지의 이름을 나타내 보였나이다. 그들은 아버지의 사람들이었

는데 아버지께서 나에게 주셨으며 그들은 아버지의 말씀을 지켰나이다. (7) 이제 그들은 어버지께서 내게 주신 모든 것들이 다 아버지께로부터 온 것임을 알았나이다. (8) 아버지께서 내게 주신 그 말씀들을 그들에게 전하였으니, 그들은 그 말씀들을 영접하여 내가 아버지께로부터 온 것을 분명히 알았으며, 또 아버지께서 나를 보내신 것을 믿었나이다. (9) 내가 그들을 위하여 기도하나이다. 나는 세상을 위하여는 기도하지 아니하고 다만 아버지께서 내게 주신 자들을 위하여 기도하나이다. 이는 그들이 아버지의 사람들이기 때문이니이다. (10) 나의 모든 것은 아버지의 것이오며 또 아버지의 것은 나의 것이옵니다. 그리하여 내가 그들 안에서 영화롭게 되었나이다. (11) 이제 나는 더 이상 세상에 있지 아니하나 이들은 세상에 있나이다. 그리고 나는 아버지께로 가나이다. 거룩하신 아버지시여, 아버지께서 내게 주신 그들을 아버지의 이름으로 지켜 주셔서 그들도 우리처럼 하나가 되게 하옵소서. (12) 내가 그들과 함께 세상에 있었을 때는 아버지의 이름으로 그들을 지켰나이다. 아버지께서 내게 주신 그들을 내가 지키었고 멸망의 아들 외에는 그들 중 아무도 잃어버리지 아니하였으니 이로써 성경이 이루어지게 한것이옵니다.

이 기도는 하나님의 아들로서 훌륭함과 영광榮光을 깨닫는, 위대한 각성문이라고 알려져 있다. 여기에서는 하나님과 인간의 하나됨에 대하여, 즉 하나님의 지혜와 인간 지성의 완벽한 결합에 관해 묘사하고 있다.

그 시간이 왔다 란 모든 한계에 대한 죽음, 그리고 하나님과 모든 훌륭한 것들과의 하나됨을 깨닫는 것을 의미한다. 인간이 그의 잠재의식을 완전히 정화淨化하고 현재 의식에서 모든 공포와 한계를 제거할 때 둘은 하나가 된다. 그 완전성과 하나가 된 것을 나타내는 의식의 상태에 들어갈 때 그 시간이 온다. 내적 인식을 통해서, 인간은 즉시 하나님의 위대한 진리를 알게 된다. 그러면 그는 마음속에 품었던 모든 관념들을 장대한 것들로 만들기를, 즉 찬미하기를 원한다.

그의 아들(또는 개념)은 창조자인 아버지의 영광을 나타내야 한다. 모든 사람들은 *아들*이다. 당신이 건강, 평화, 일치, 분별력, 그리고 선의를 표현할 때 실제로 아버지를 찬미하는 것이다. 당신의 지성이 하나님의 지혜에 의해서 계몽될 때 아버지를 찬미하는 것이다.

영화롭게 하다 란 정신적으로 높이고 고상하게 하고 찬미한다는 의미이다. *당신은 모든 육체 위에 권세를 가지고 있다* 란 당신은 세상에 대한 지배권을 가지고 있다는 의미이다.

육체라는 말은 당신의 신체, 환경, 오감이 포착한 것들, 인류의 믿음, 그리고 세상의 사고를 의미한다. 당신 안에 있는 정신적 힘이 당신의 주인, 그리고 당신 사고에 응답하는 자이자 당신의 신이라는 것을 깨달아야 한다. 결과를 원인으로 만들어서는 안 된다. 신체와 환경에 대한 지배력과 정신적 주권에 대해서 인식하고 있어야 한다. 당신의 신체는 반드시 당신의 명령에 복종한다. 그것은 그 자체의 의지력이나 주도권이 없고 관성에 의해서 지배 받는다. 관성의 지배를 받지 않고 스스로 움직이는 것은 당신 내부에 있다. 이 힘이 당신의 신체를 움직인다.

 당신은 모든 육체나 인간이 만든 견해에 대한 지배력을 가진다. 옳지 않고, 부정적인 상을 계속 살아있게 할 수도 있고, 또한 당신 주의(注意)를 조화로운 지적개념들에게 줄 수도 있다. 마음의 힘에 의해서 그것들은 계속 살아있게 된다. 진정한 찬미는 우주적 의식을 가지는 것과 점차 신의 세계 속으로 들어가는 것이다.

 4절의 *내가 그 일을 완성하였나이다* 의 의미는 지금 과거의 모든 힘을 교정(矯正)하고 신의 아들인 것을 자랑스럽게 여긴다는 것이다. 기도할 때, 내부로 들어가서 당신이 소유하고 싶고 표현하고 싶은 것을 이루었음을 그려봄으로써 일을 완성한다.

나는 몇 주 전에 어떤 알코올중독자에게, 그의 부인이 술을 끊은 것에 대해서 축하하는 것을 상상하고 마음속에서 이 그림을 계속해서 믿으라고 말했다. 나는 그에게 이런 상상을 한다면 잠재의식에서 솟아난 힘이 술에 대한 갈망을 잠재워 과거의 습관에서 해방시킬 수 있다고 말했다. 이 지적 그림이 외부세계로 객관화되는 것을 경험했고, 새로운 습관이 형성되었다. 그는 그의 일을 완성한 것이다. 즉 그는 자유에 대한 사고와 느낌을 가짐으로써 과거 습관으로부터 해방된 느낌으로 의식을 점차 가득 채우게 되었다. 그리고 내부에서 느낀 것과 자신이 선언한 것이 작용(作用)하게 되어 실제 경험으로 나타났다.

내부로 들어가서 법칙의 힘에 대한 확신으로써 당신 기도를 주관화시킬 때 당신의 일은 완성된다. 하나님은 세상을 인간에게 물려주었지만 인간은 그의 내적 힘에 대해서 잠들어 있다. 인간은 이 모든 것들의 상속인이다. *나는 세상의 빛이라*
8:12

어떤 사람은 백 와트를, 어떤 사람은 이백 와트를, 또 어떤 이는 오백 와트를 인식하며 살지만 자신이 무한한 빛과 하나라는 사실을 깨닫는다면 모든 한계에서 벗어난다. 우리가 누구이고, 어디에서 왔는가에 대해서 완전히 깨닫게 되었을 때 일은 완성된다. 트라워드는 다음과 같이 말했다. '모든 것들은 영혼이 스스로 간주看做하는 것에 의해서 형성되었다.' 하나님은 자기 자신을 인간으로 간주함으로써 인간이 되었다.

7절에서 *내게 주신 모든 것들이 다 아버지께로부터 왔다* 란 인간이 경험한 모든 것들은 그의 의식을 통해서 왔다는 의미이다. 인간이 자신의 기도가 이루어짐을 믿을 때 이 물질 세상 속에서 그 일이 이루어진 것을 보게 된다. 우리는 우리 자신을 발견하기 위한 여행을 하고 있다. 우리는 우리가 누구인가를 발견하기 위해서 여기 존재한다. 순례자, 순례 여행, 그리고 그 여정은 내 자신에서 내 자신으로의 여행일 뿐이다. 여행 중에 보이는 많은 것들은 단순히 내가 누구인가를 말하고 있다.

10절에서 *나의 모든 것은 아버지의 것이오며 또 아버지의 것은 나의 것이옵니다. 그리하여 내가 그들 안에서 영화롭게 되었나이다* 란 하나님은 어디에나 계시고 하나님에게 진실한 것은 인간에게도 진실하다는 뜻이다. 왜냐하면 하나님이 인간으로 나타났기 때문이다. 하나님의 모든 지혜와 지성과 힘은 우리 모두 안에 있으면서 우리가 그것을 발견해 사용하기를 기다리고 있다. 우리 의식은 하나이고 파괴되지 않는다. 의식으로부터 모든 것들과 모든 경험들이 오고, 모든 것들은 다시 의식 속으로 되돌아간다.

하나님의 빛과 사랑이 자유롭게 흐르는 통로가 되었을 때 당신은 영화롭게 된다. 인간이 신이라고 부르는 이 광대하고 불변하는 존재는 자신을 어떤 인간이라 믿음으로써 제한 받게 된다. 이 땅에 태어난 모든 아이는 아이의 모습으로 나타나는 우주적 생명이다. 그것은 이 땅에 태어난 신이고, 모든 아이들은 인류의 믿음 속에서 태어나고 그의 환경이 만들어내는 실체를 떠안고 태어난다.

내가 그들과 함께 세상에 있었을 때는 아버지의 이름으로 그들을 지켰나이다. 아버지께서 내게 주신 그들을 내가 지키었고 멸망의 아들 외에는 그들 중 아무도 잃어 버리지 아니하였으니 이로써 성경이 이루어지게 한 것이옵니다. 17:12

12절의 의미는 "나는 그것이다."라고 주장함으로써 아버지의 이름으로 모든 것을 지켰다는 것이다. 당신의 모든 마음의 상을 아버지 이름으로 지킨다. 다시 말해 당신이 기도하는 것의 실체와 자연스러움을 느끼는 것을 의미한다. *이름*이라는 것은 기도하는 대상의 자연스러움이나 본질을 의미한다. *멸망의 아들*이란 손실에 대한 믿음, 한계의 느낌을 의미한다. 손실이란 손실에 대한 믿음일 뿐이다. 손실에 대한 믿음이 죽게 되면 거기에는 손실이 없다. 멸망의 아들은 또한 영혼의 손실에 대한 믿음을 의미한다. 아무도, 그 어떤 것도 잃어버릴 수 없다.

이 절에서 다음과 같은 진리를 본다. 손실에 대한 믿음은 멀리 떠나보내야 하고 그렇게 함으로써 인간의 의식이 신이자 그들의 구원자라는 앎과 더불어 성서의 말씀은 이루어진다. 잃어버린 영혼이란 있을 수 없다. 왜냐하면 하나님은 그 자신을 잃어버릴 수 없기 때문이다.

우리는 이 장에서 가장 중요한 절을 만나게 된다.

내가 그들에게 아버지의 말씀을 주었더니 세상이 그들을 미워하였나이다. 이는 내가 세상에 속하지 아니한 것 같이 그들도 세상에 속하지 아니하기 때문이옵니다. 17:14 세상 사람들은 오랜 세월 동안 어떤 유형적인 신들에 대한 믿음이 있었고, 인간의 의식이 먼저 정신적으로 모든 것을 창조하고 그렇게 된 후에 그것들이 외부 세상에서 형성된다는 진리를 믿지 않았다. *내가 세상에 속하지 아니한 것* 이란 **나는** I AM이 인간 내부에 있는 의식이고 타인의 도움 없이 그것 자체의 창조물을 만들 수 있는 완벽한 힘을 가지고 있다는 의미이다. 이 기본이 되는 원리는 곧 꽃을 피우게 될 새로운 지적 세계의 근본이 될 것이다.

내가 기도하옵는 것은 아버지께서 그들을 세상에서 데려가시리는 것이 아니옵고 그들을 악에서 보호해 주시라는 것이옵니다. 17:15

숭고한 정신적 삶을 살기 위해서 속세를 떠나거나 수도원으로 들어갈 필요는 없다. 이런 것은 현실 도피이다. 우리는 삶의 현장에서 떠나지 말고 그 자리에 서서 다음과 같이 말하자. "두려워 말라, 나는 세상을 극복했다." 우리는 타임즈 광장이나 헐리우드 대로에서도 우리의 신성을 증명할 수 있다. 우리는 산 속 깊은 곳뿐만 아니라 대도시 안에서도 정신적으로 성장할 수 있다.

또 그들을 위하여 나는 나 자신을 거룩하게 하오니 이는 그들도 진리를 통해 거룩하게 되기 위함이니이다. 17:19

우리 자신 외에 아무도 우리를 개조시킬 수 없다는 것을 깨달아야 한다. 인간이 자신에 대한 평가나 개념을 바꿀 때 이 세상과의 관계를 바꾸게 된다. 우리 자신을 거룩하고 완전하고 깨끗하게 만들어야 한다. 만약 자신을 거룩하게 만들면, 마음속에서 오직 좋고 깨끗한 것만을 보게 된다.

만약 내가 이 세상 속에서 평화를 원한다면 나는 내 자신부터 시작해야 한다. 내가 나의 마음속에서 평화를 세우면 이 세상의 평화에 기여하게 된다. 만약 내가 내부의 신성과 우호적이면 이 세상 모든 사람들과 우호적이게 된다. "내부에서와 같이 외부에서도 똑같이 이루어진다." 내가 사랑의 눈을 가지고 보면 세상의 가장 저속한 사람조차도 미워하지 않게 된다. 나는 의식 상태를 통해서 본다. 만약 내가 사랑스럽고 좋은 것과 동일시하면 불쾌한 것을 볼 수 없다.

깨끗한 관점에서 보면 모든 것들은 깨끗하다. 내가 먼저 내 안에서 조화로운 지적 분위기를 세우지 못하는 한 나는 외적으로 조화로움을 경험할 수 없다. 타인에 대한 판결과 확신은 바로 자기자신에 대한 판결과 확신이다. 당신이 타인에 대해서 생각하는 것은 바로 당신 자신에 대해서 생각하고 있는 것이다. 세상을 바꾸려고 하지 말고 자신을 바꿔라. 이 세상은 우리 자신들의 집합이다. 이 세상의 폭군, 독재자는 우리 마음속에 있는 독재자 콤플렉스가 확장된 결과이다.

이는 그들 모두가 하나되게 함이오니, 아버지시여, 아버지께서 내 안에 계시고, 내가 아버지 안에 있는 것같이 그들도 우리 안에서 하나가 되게 하여서 세상으로 하여금 아버지께서 나를 보내신 것을 믿게 하여 주옵소서. 또 아버지께서 내게 주신 그 영광을 내가 그들에게 주었사옵니다. 그리하여 우리가 하나인 것같이 그들도 하나가 되게 하려는 것이옵니다. 17:21-2

이 절들은 우리가 찾고 경배해야 할 오직 하나의 존재인 하나님이 우리 의식 속에 존재하고 있다는 위대한 진리를 설명하고 있다. 모든 것은 이 힘과 존재에 의해서 내부로부터 만들어진다. 이것은 하나이고 분리되지 않는다. 실제로 우리는 하나이다.

실례로 우리가 대륙을 보면 분리되어 있는 것처럼 보인다. 하지만 대양 밑으로는 서로 연결되어 있다. 우리는 하나의 바다 위로 솟아오른 마른 땅을 보고 있다. 객관적으로 봐서 우리는 서로 다르고 각자 떨어져 있는 것으로 보인다. 하지만 마음과 생명은 하나이고 분리될 수 없다. 주관적으로 우리 모두는 하나이다. 당신이 보는 모든 것들은 유일한 하나의 존재가 바위, 모래, 태양, 달, 나무, 동물 등으로 나타난 것이다. 모든 사람들은 당신의 확장이다.

당신 머리의 머리카락과 당신 신체의 모든 세포를 보아라. 수백만의 세포가 당신 신체를 이루고 있다. 이 세상 25억의 인구 역시 당신 신체의 세포와 같다. 그들은 당신 자신의 확장이다. 내가 다른 사람을 해치면 나 자신을 해치는 것이다. 내가 타인을 도우면 나 자신을 도우는 것이다. 우리 모두는 하나이다. 이것이 우리 모두가 형제자매임을 증명하는 말인 "우리 아버지"라고 부르는 이유이다. 유일한 하나의 존재가 많은 것으로 표현된 것이다. 가장 높고 위대한 자아의 개념을 요구하라.

내가 그들 안에 또 아버지께서 내 안에 계심을 그들을 하나로 온전하게 하셔서 17:23

이 절은 우리의 시각이 어떤 것을 우리에게 전하든 간에, 우리가 보기를 원하는 완벽한 상태를 제외한 다른 것은 보지 않아야 한다는 위대한 진리를 말하고 있다. 우리가 기도하는 것이 무엇이든지 간에 우리는 그것을 의식 속에서 구해야 한다.

또한 나는 그들에게 아버지의 이름을 밝히 알게 하였으며, 또 밝히 알게 하리니 이는 아버지께서 나를 사랑하신 그 사랑이 그들 안에 있게 하고 또 내가 그들 안에 있게 하려 함이니이다. 고 하시더라. 17:26

이 절의 의미는 오랜 세월 동안 선지자들은 **나는**I AM은 신神이고, **나는**I AM은 문이고, **나는**I AM은 유일한 법칙이라는 진리를 선언해왔다는 것이다. 인류가 자신의 진정한 실체를 인식하기까지 이 진리는 앞으로도 계속해서 선언될 것이다. 이 진리가 각 개인에게 알려지면 이 영원한 원리를 사랑하고 이 신성한 비밀을 형제들과 공유하는 것을 즐기게 된다. 신의 부권父權과 인간의 형제관계는 이 지상의 현재의식 세계에서 우리가 생각하는 것보다 더 빨리 명백해질 것이다.

요한복음 18장

(1) 예수께서 이런 말씀들을 하신 후 제자들과 함께 케드론 시내 건너편으로 가시더라. 거기에 동산이 있는데 주와 주의 제자들이 들어가더라. (2) 주를 배반한 유다도 그 장소를 알고 있었으니 이는 예수께서 자주 그 곳으로 제자들과 함께 다니셨기 때문이라. (3) 그때 유다가 군대와 대제사장들과 바리새인들에게서 온 경비병들을 이끌고 등불과 햇불과 무기들을 가지고 그 곳에 오더라. (4) 그러므로 예수께서 자기에게 다가올 모든 일을 아시고 나가시어 그들에게 말씀하시기를 "너희가 누구를 찾느냐?"고 하시니 (5) 그들이 "나사렛 예수라."고 주께 대답하니 예수께서 그들에게 말씀하시기를 "내가 그니라."고 하시더라. 주를 배반한 유다도 그들과 함께 서 있더라. (6) 주께서 "내가 그니라."고 말씀하시자 그들이 뒤로 물러서서 땅에 엎드리더라. (7) 그때 주께서 그들에게 다시 물으시기

를 "너희가 누구를 찾느냐?"고 하시니 그들이 말하기를 "나사렛 예수라."고 하더라. (8) 예수께서 대답하시기를 " '내가 그니라.'고 내가 말하였도다. 그러므로 너희가 나를 찾는다면 이 사람들은 자기들의 길을 가게 하라."고 하시니 (9) 이는 그가 말씀하신 바 "아버지께서 내게 주신 자들을 내가 하나도 잃어버리지 아니 하였나이다."라는 말씀이 이루어지게 함이더라. (10) 그때 시몬 베드로가 칼을 빼어 대제사장의 종을 쳐서 그의 오른쪽 귀를 잘라 버리더라. 그 종의 이름은 말코더라.

무슨 일에든지 참되며, 무슨 일에든지 정직하며, 무슨 일에든지 의로우며, 무슨 일에든지 순결하며, 무슨 일에든지 사랑스러우며, 무슨 일에든지 좋은 평판을 얻고, 만일 무슨 덕이 있거나 무슨 칭찬이 있으면 이런 것에 대해서 생각하라. 빌립보서 4:8

이 같은 진리를 명상할 때 마음의 정원에 있는 것이다. 당신이 이 위대한 진리에 집중해 머물러 있으면 기쁨과 즐거움의 기름을 짜내는 게세마이 언덕에 있는 것이다.

너희가 누구를 찾느냐? 라는 4절의 질문은 항상 예수, 즉 우리를 구원해 줄 무언가를 찾는다는 의미이다. 우리에게 이익이 되는 것을 받을 수 있는 유일한 방법은 마음의 법칙을 이해

하는 것과 이익이 되는 것을 의식 속에서 완전히 받아들이는 것이다. *내가 그니라* 고 답변하는 음성이 있다.

6절에서는 *주께서 "내가 그니라"고 말씀하시자 그들이 뒤로 물러서서 땅에 엎드리더라* 라고 한다. 이 절은 물론 문자 그대로 받아들여서는 안 된다. 문자적인 면에서만 보면 이 절은 아무런 의미가 없다. 횃불과 무기를 지닌 사람들이 기도하고 있는 어떤 신사를 보고 땅에 엎드리는 내용이 아니다. 우리는 문자적인 측면에만 빠져있어서는 안 된다. 이 이야기가 당신에게 도움이 될 유일한 방법은 문자 이면의 정신적 가치를 보는 것이다. 그러면 당신의 모든 잘못된 개념과 이론, 부정적이고 공포에 가득 찬 사고는 땅에 엎드린다. 즉 그것들은 당신 마음에서 쫓겨나고 힘을 잃는다.

그들이 뒤로 물러서서 란 잘못된 개념들을 버리고 **나는** I AM 이라고 불리는 정신적이고 유일한 최고의 존재를 인정하고 충성을 다하게 되었다는 의미이다. *내가 그니라.* 이 구절에서 *그* 라는 단어는 나중에 덧붙여졌다. 지금 이 글을 읽고 있는 당신은 게세마이 언덕 속으로 들어갈 수 있다. 마음을 차분히 하고 조용히 앉아서 의식을 소망, 목표에 집중하고 그것에 믿음을 유지하라. 의식이 목표한 것에서 벗어난다면 당신의 이상과 그것의 실체에 대한 생각으로 다시 되돌려 놓아라.

그러므로 너희가 나를 찾는다면 이 사람들은 자기들의 길을 가게 하라. 18:8 당신 문제에 대한 해결책을 찾기 위해서 당신은 하나님 외에 다른 힘을 인정해서는 안 되고 다른 힘에 대한 모든 믿음을 거부해야 한다. 그렇게 함으로써 마음은 올바르게 단련되고 소망의 실체에 대한 명상 속으로 완전히 흡수된다.

10절의 오른쪽 *귀를 잘라 버리더라* 란 우리가 객관적 증거, 외부 현상이나 타인의 관점을 듣는 것을 거부해야 한다는 것을 상징한다.

그러자 예수께서 베드로에게 말씀하시기를 "네 칼을 칼집에 꽂으라. 내 아버지께서 내게 주시는 잔을 내가 마시지 아니하겠느냐?" 고 하시더라. 18:11

잔은 사고를 받아들이는 당신의 마음이다. 커피를 잔 속으로 붓듯이 마찬가지로 당신 계획 안에 생명, 사랑, 느낌, 그리고 열정을 쏟아 부을 수 있다. 모든 씨앗은 그것에 맞는 열매와 양식糧食의 약속이다. 당신의 소망은 그것의 실현에 대한 예언이다. 유일하게 필요한 것은 마음속에서 받아들이는 것뿐이다.

그때 군대와 대장과 유대인 경비병들이 예수를 붙들어 묶으니라. 그리하여 주를 먼저 안나스에게로 끌고 가니 이는 그가

그 해의 대제사장인 카야파의 장인이기 때문이더라. 18:12-13

안나스(지성, 현재의식)는 *카야파*(율법의 아버지)의 장인이다. 법칙은 다음과 같다. *나는 내 자신에 대해서 느끼는 것 그 자체이다.* 카야파는 씨앗 또는 잠재의식을 의미한다. 현재의식은 잠재의식의 아버지이다. 왜냐하면 현재의식은 잠재의식을 조정하고 어떤 종류의 인상도 각인시킬 수 있기 때문이다.

한 사람이 백성을 위하여 죽는 것이 유익하다. 18:14

예수님, 즉 우리의 소망이 부활하기 위해서는 반드시 먼저 죽어야만 한다는 것을 말하고 있다.

한 알의 밀이 땅에 떨어져 죽지 아니하면 한 알 그대로 남아있지만 죽으면 많은 열매를 맺느니라. 12:24

트라워드는 씨앗(소망)이 그 자체의 과학을 가지고 있다고 말했다. 즉 당신의 소망은 그것을 실현시킬 수 있는 그 자체의 방법을 가지고 있다. 지금 당신이 갈망하는 상태에 있다고 믿고 느끼면, 이전 개념이나 당신에 대한 이전 평가에 대해서는 죽게 되고 새로운 개념에 대해서는 부활하게 된다.

기도할 때 당신은 문제나 곤란한 상황에서 의식을 멀리 떨어지게 하고 소망이 곧 이루어질 것을 알면서 소망의 실체에 머물러 있어야 한다. 정신적으로 당신을 제약하는 모든 것들을 버리고 당신 세계에서 실현되기 원하는 것과 정신적으로 함께 살아야 한다. 당신이 지금 무엇을 인식하고 있든지 그것은 당신의 믿음을 나타낸다. 이 장을 읽어감에 따라 기도하는 대상이 실체임을 인식하고 외부의 것들에게 힘을 부여하던 행위를 단호하고 확고하게 멈출 것이다. 그래서 당신의 이상에 반대되는 것들, 그리고 다른 힘들과 장애를 더 이상 사실로 받아들이지 않게 된다.

나는 몸 일부가 마비되어 있는 사람과 대화를 나눈 적이 있다. 그에게 몸이 건강했을 때 평상시 했던 일들, 예를 들어 자신의 사무실에서 걷고 책상을 만지고 전화를 받는 것과 같이 그가 치유되었다면 할 수 있는 일들을 상상하라고 말했다. 그는 그렇게 했다. 이러한 기도를 몇 주 실행한 어느 날, 그의 부인과 간호사가 외출 중일 때 전화벨이 울렸다. 전화기는 약 12피트쯤 떨어져 있었는데 그는 그 전화를 받았다. 전능의 힘은 그의 의식의 초점을 따라 흘렀고 치유는 뒤따라 일어났다. 심리적으로 말해서 그의 지적 상(像)은 마음의 암실 속에서 현상(現像)되었고 완벽한 치유가 뒤따르게 되었다. 그는 뇌에서 다리까지 도달하는 임펄스의 흐름을 방해하는 지적 장애물을 가지고 있어서 걸을 수 없었다.

하지만 그가 전능한 존재에게 의식의 초점을 옮겼을 때 치유력은 전능한 존재와 조화되지 않는 모든 것들을 분해하면서 흐르게 되었다. 그는 절뚝거리는 이전의 믿음에 대해서는 완전히 죽고, 사실이라고 주장하는 것에 대해서는 살아나기 시작했다. 그는 유다(문제, 질병, 결핍)처럼 자살했다. 즉 그의 과거 상태는 죽고 예수님 또는 구원의 의식 상태는 부활했다. 새로운 상태에 자신의 의식을 두고서 마치 그것들이 사실인 듯, 정신적인 세계 속에서 살았다. 이로써 과거의 상태는 생명을 잃고, 새로운 상태는 결국 그 안에서 확고한 것이 되었다. 그는 밖으로 나가서 자살했다(과거의 상태의 죽음)고 말할 수 있다.

아무도 생명을 내게서 빼앗을 자가 없으나... 나에게는 생명을 내어 놓을 권세도 있고, 또 그것을 다시 얻을 권세도 있노라. 10:18 이와 마찬가지로 당신이 원하는 삶을 살기 전에 현재 상태에서는 죽어야 한다.

우리는 이 장에서 가장 중요한 부분을 다루겠다. 27절에서 베드로는 예수를 세 번 부인했다고 한다. 같은 이야기가 마태복음 26장 34절에도 나온다. *닭이 울기 전에 너는 나를 세 번 부인할 것이다.* 하나님 혹은 내부의 영적인 힘이 아닌 어떤 다른 주인도 인정해서는 안 된다는 것을 말한다. 3이라는 숫자는 깊은 믿음이나 확신을 나타낸다. 우리를 조정하고 지배하는 어떤 주인이나 다른 힘이 있다고 믿는 한, 우리는 노예이다.

많은 사람들은 날씨나 보이지 않는 바이러스의 노예가 되어서 만약 독감에라도 걸리면 이런 것들로 원인을 돌린다.

베드로는 세 번 부인했다 란 오직 하나의 힘에 대한 믿음을 가지고 그 외의 다른 힘에 굴복하지 않는 의식 상태, 즉 단련된 태도를 의미한다. *세 번 부인하다* 란 어떤 논쟁을 허용하지 않는 믿음의 주관적 상태이다. 창조행위 후에 닭은 항상 태양의 탄생(계몽된 현재의식)을 알리며 운다. 동이 트면서 두려움과 의심의 그림자는 저 멀리 사라진다. 예수님을 세 번 부인한 베드로는 승리의 노래를 상징한다. 그 노래를 부르게 될 때 인간은 창조자이자 모든 문제의 구원자인 내부의 주이자 마스터 IAMness에게 온 마음을 다하게 된다.

(31) 그러자 빌라도가 그들에게 말하기를 "그를 데리고가서 너희의 율법에 따라 재판하라."고 하니, 유대인들이 그에게 말하기를 "우리가 누구를 사형에 처하는 것은 적법지 못하이다."라고 하더라. (32) 이는 예수의 말씀, 즉 주께서 어떤 죽음으로 죽으실 것인지 예시로 말씀하신 것이 이루어지게 함이더라. (33) 그때 빌라도가 다시 재판정으로 들어가서 예수를 불러 그에게 말하기를 "네가 유대인의 왕이냐?"고 하니 (34) 예수께서 그에게 대답하시기를 "그 말이 네 스스로 하는 말이

냐, 아니면 다른 사람들이 나에 관하여 너에게 해 준 말이냐?"라고 하시더라. (35) 빌라도가 대답하기를 "내가 유대인이냐? 너의 민족과 대제사장들이 너를 나에게 넘겨주었느니라. 네가 무엇을 하였느냐?"고 하니 (36) 예수께서 대답하시기를 "나의 왕국은 이 세상에 속한 것이 아니니라. 만일 나의 왕국이 이 세상에 속한 것이라면 내 부하들이 싸워서 나를 유대인들에게 넘어가지 않게 하였을 것이라. 그러나 지금은 나의 왕국이 여기에 속한 것이 아니니라."고 하시더라. (37) 그러므로 빌라도가 주께 말하기를 "그러면 네가 왕이냐?"고 하니, 예수께서 대답하시기를 "네 말이 옳도다. 내가 왕이니라. 이를 위하여 내가 태어났고, 이런 연유로 내가 세상에 왔으니 진리를 증거하려는 것이라. 진리에 속한 자는 누구나 나의 음성을 듣느니라." 고 하시니 (38) 빌라도가 주께 말하기를 "진리가 무엇이냐?"고 하더라. 이 말을 한 후에 그가 다시 유대인들에게 나와서 말하기를 "나는 이 사람에게서 아무런 잘못도 찾지 못하였노라. (39) 그러나 유월절이면 내가 한 사람을 놓아 주는 것이 너희와의 관례인데 너희는 내가 유대인의 왕을 놓아 주기를 바라느냐?"고 하니 (40) 그때 그들이 모두 다시 소리질러 말하기를 "그 사람이 아니라 바라바라."고 하니라. 그런데 바라바는 강도더라.

*빌라도*는 현재의식이고, 항상 판결을 내린다. 당신도 당신의 생각이나 결심 혹은 마음속에 내린 결론에 기초해서 하루 종일 판결을 내리고 있다. 여기서 *재판정*은 명확하지 않고 혼란스러운 마음의 왕국을 말한다.

33절에서는 구세주가 누구인지는 현재의식이 알지 못하고 오로지 느낌만이 알고 있다는 것을 말하고 있다. 36절에서 *우리의 부하들*은 우리의 사고, 계획, 느낌, 그리고 지적, 정신적 법칙의 이해를 의미한다. 마음의 작용에 대한 믿음과 확신을 가지면 결과는 필연적이고 모든 장애들은 사라진다. 외부적인 방법으로는 내부의 평화에 도달하지 못한다. 우리가 힘에 의해서 무언가를 강제로 얻는다면 그것을 유지하기 위해서도 힘이 필요하다. 사랑은 자유를 주며, 영원히 자기 자신을 내어준다. 또한 만물을 포함하는 하나님의 영이다.

37절에서는 모든 사람이 왕이라고 말한다. 왜냐하면 모든 사람은 그의 사고, 감정, 그리고 자신의 반응에 대해서 왕이기 때문이다. 인간은 자신의 사고를 다스릴 수 있고 모든 부정적 개념과 잘못된 생각이 들어오는 것을 거부할 수 있다. 인간은 자신의 영역에서 왕이다. *당신의 왕*은 당신의 의식이다. 사고들은 항상 당신의 명령(믿음)을 따르고, 어떤 이의도 제기하지 않는다. 왜냐하면 당신은 당신 사고와 느낌에 대해서 지배력을 가지고 있기 때문이다. 이 절은 우리가 신의 존재를 목격하고 표현하고, 우리의 지배력을 증명하기 위해서 존재한다고 말하고 있다.

나는 요한복음에 대한 강연에서 어떤 알코올중독자에게, 당신이 알코올을 지배하는 왕이고 주인이라고 말했다. 그는 자유롭고 행복하고 건강했을 때 하던 일을 하고 있는 자신을 상상하기 시작했다. 그는 자신의 이 지적 상을 계속 그림으로써 자신의 무의식 깊은 곳으로부터 힘을 끌어내 이 힘이 자신을 자유롭게 만들 것임을 알았다. 그가 이 단순한 진리를 고수해 나갔을 때 자신이 보았던 마음의 상을 현실로 만들어냈다. 그의 비전은 경험 속에서 구체적인 실체가 되었다. 마음속 그림은 마음의 평화와 완벽한 절주가 되어 나타났다. *나의 육신 속에서 나는 하나님을 보게 될 것이다.*

38절의 의미는 현재의식, 즉 각자의 세속적 마음은 항상 "진리가 무엇이냐?"고 묻는다는 것이다. 진리는 항상 조용하다. 이것은 논쟁, 논증, 이론, 독단, 교리를 뛰어넘는다. *진리* 란 당신 자신의 실체를 느끼고 접촉해보는 내적 경험, 내적 인식, 또는 내적 느낌이다. 당신의 의식이 사람들과의 관계, 외부 세상과의 관계, 당신의 모든 경험들을 결정한다. 성서는 "나는 진리이다."라고 말하고 있다.

당신 안에 있는 신의 존재는 진리이고, 우리 모두 안에 있는 변하지 않는 실체이다. 우리의 모든 경험들의 실제적 원인은 주관적 요인이다. 2 더하기 2는 4가 된다는 사실은 논쟁할 수 없다. 진리는 논쟁을 허용하지 않는다.

나는 최근에 어떤 남매와 이야기를 나눴다. 여동생은 딸기를 먹으면 뾰루지가 생기고 오빠는 아무렇지도 않다고 했다. 물론 이렇게 된 이유는 여자 아이의 주관적인 공포 때문이다. 그녀는 딸기를 맛있게 먹고 다음과 같이 단언했다. "이것은 정신적인 물질이고 나의 소화기관을 통해서 아름다움으로 변형된다." 이제 딸기를 먹고도 더 이상 어려움을 겪지 않게 되었다.

이 상대적인 세상의 모든 진리는 절반의 진리라고 불린다. 왜냐하면 우리가 믿는 대로 이루어지기 때문이다. 만약 덩굴 옻나무가 당신에게 심각한 뾰루지를 준다고 믿으면 실제로 그러한 경험을 겪게 될 것이다. 나는 병사들이 덩굴 옻나무 위에서 자고 나서도 아무렇지 않은 것을 보았다. *진리란 무엇인가?* 이것은 주관적인 믿음이다. 당신은 이 상대적인 세상에서 혼란, 논쟁, 갈등, 싸움을 보게 될 것이다. 그러나 당신 내부의 깊은 곳에는 무한한 존재가 미소를 지으면서 수면을 취하고 있다. 이 절대적인 존재 속에는 모든 축복, 평화, 화합, 완벽성이 있다. 이것이 에머슨이 말한, 조용한 현명함이다. 신은 고요함 속에 존재하고 진리는 고요 속에서 살고 있다. 진리는 고요 속에서 들리고 느껴진다. 진리는 고요 속에서 전달된다. 왜냐하면 신은 고요 속에 존재하기 때문이다. 이 얼마나 훌륭한가!

당신은 지극히 높은 존재의 은밀한 곳으로 들어갈 수 있다. 거기서 당신 소망이 이미 이루어진 모습을 그려라. 당신이 믿는 대로 그것은 그대로 당신에게 이루어질 것이다. 인간이 고요 속에서 신과 홀로 있을 때 고무鼓舞, 인도引導, 깨달음이 찾아온다. 성서에 나오는 등장인물들은 당신 안에 있다. 그것을 2천 년 전의 역사적 사건으로 보아서는 안 된다.

유월절이면 한 사람을 놓아 주는 것이 관례라는 39절의 내용은 기도의 과정과 기교를 말해준다. 유월절은 과거의 의식상태에서 새로운 의식상태로 옮겨가는pass over, 의식의 변화를 나타낸다. 앞서 말했던 알코올중독자는 이 유월절의 방법으로 건강과 행복이라는 마음속 그림에서 현실의 구체적인 경험으로 옮겨갔고, 이로써 살아있는 실체로써 마음의 평화와 절주를 얻게 되었다.

대중들(당신의 사고와 소망)은 외친다. *그 사람이 아니라, 바라바라고 하니라. 그런데 바라바는 강도더라.* 우리 모두는 *바라바*, 즉 우리에게서 평화, 일치, 번영을 빼앗아가는 의식상태를 제거하려고 한다. 만약 우리가 아프면 건강(우리를 구원하는 예수)을 간청하고 바라바(질병)를 풀어주고 싶어 한다.

1년 동안 대장염을 앓고 있는 어떤 남자가 그의 동료에 대한 분노를 버리는 것을 주저하고 있었다. 나는 그에게 만약 분노(바라바)를 풀어주고 사랑과 선의(예수님)로 마음을 채운다면 치유될 거라고 말했다. 그의 분노는 고통이 되풀이 되도록 그를 묶고 있었다. 그는 동료에게 신의 축복, 즉 평화, 건강, 기쁨, 생명, 자유 등을 기원하기 시작했다. 그는 치유되었다. 그의 마음속 사고들은 바라바를 풀어주라고 외쳤고 이로써 신체조직은 정상으로 돌아왔다.

만약 당신에게 이루지 못한 소망, 꿈, 목표가 있다면 틀림없이 마음속에서 공포나 걱정에 대한 생각을 품고 있거나 장애물을 보고 있을 것이다. 정신적, 감정적으로 목표와 하나가 되는 것을 통해 소망하는 모습이 되었다고 여겨라. 목표의 실현을 자주 마음속에 그려봄으로써 마음속에 그것을 건설하라. 마치 집을 지을 때 벽돌을 하나하나 쌓아 나가듯이 계속된 분위기와 느낌은 점점 커져서 결국 의식 속을 당신이 원하는 사고와 느낌으로 가득 채우게 된다. 계속해서 비전에 충실히 머물러 있다면 당신은 당신 이상을 십자가에 못 박게 해서 그것을 현재의식 상태에서 내적 인식의 주관적 상태, 즉 잠재의식 안의 형체로 만들 수 있다.

  당신은 빌라도, 예수, 바라바, 그리고 대중들이다. 당신이 문제를 가지고 있다면 지적으로 바라바를 풀어주고 당신의 예수(소망)를 십자가에 못 박아야 한다. 소망이 실현되기 위해서는 십자가에 못 박아야 한다. 즉 그것을 의식 속에 고정시켜야 한다. 당신의 소망은 죽거나 사실로 느껴야 한다. 그렇지 않다면 계속해서 원하게 될 것이다.

  기도는 죽음과 탄생의 과정이다. 우리는 항상 과거의 상태에서는 죽고 새로운 상태에서 살아나야 한다. 그리스도의 십자가에서의 죽음이라는 드라마는 신비적인 것이다. 이것은 유대인이라고 불리는 사람들이 어떤 사람을 사형시키는 이야기가 아니다. 아무도 당신의 구원자를 죽일 수 없다. 당신이 당신 자신의 구원자이다. 신에 대한 믿음이 당신의 구원자이다.

  우리는 이 기도의 이야기를 왜곡했고 가학적이고 간담을 서늘하게 하는 드라마로 만들었다. 우리는 유대인이라 불리는 민족을 비난해서는 안 된다. 이 이야기는 인간이 자신들의 신성을 깨닫는 아름다운 드라마이다.

요한복음 19장

(1) 그러므로 그때 빌라도가 예수를 데려다가 채찍질하고 (2) 병사들은 가시로 관을 엮어서 그의 머리에다 씌우고 자주색 겉옷을 입히며 (3) 말하기를 "유대인의 왕, 만세!"라고 하며 손으로 주를 치더라. (4) 그때 빌라도가 다시 나와서 그들에게 말하기를 "보라, 내가 그 사람을 너희에게 데려왔노라. 이는 내가 그에게서 아무런 잘못도 찾지 못하였음을 너희로 알게 하려는 것이라."고 하더라. (5) 그때 예수께서 가시관을 쓰시고 자주색 겉옷을 입고 나오시니 빌라도가 그들에게 말하기를 "이 사람을 보라!"고 하더라. (6) 그러므로 제사장들과 경비원들이 주를 보고 소리질러 말하기를 "십자가에 처형하소서. 십자가에 처형하소서."하니, 빌라도가 그들에게 말하기를 "너희가 그를 데려가서 십자가에 처형하라. 나는 그에게서 아무런 잘못도 찾지 못하였노라."고 하니라. (7) 유대인들이 그에

게 대답하기를 "우리에게는 율법이 있는데 우리의 율법에 따르면 그는 마땅히 죽어야 하나이다. 이는 그가 자신을 하나님의 아들이라고 했기 때문이니이다."라고 하더라. (8) 그러므로 빌라도가 이 말을 듣고 나서 더욱 두려워하여 (9) 다시 재판정 안으로 들어가서 예수께 말하기를 "네가 어디서 왔느냐?"고 하나 예수께서는 그에게 아무 대꾸도 아니하시더라. (10) 그 때 빌라도가 주께 말하기를 "네가 나에게 말하지 않느냐? 나에게는 너를 십자가에 처형할 권세도 있고 너를 놓아 줄 권세도 있다는 것을 알지 못하느냐?"고 하더라. (11) 예수께서 대답하시기를 "위에서 네게 주신 것이 아니라면 너는 나를 대적할 아무런 권세도 갖지 못하였을 것이니라. 그러므로 나를 너에게 넘겨준 자는 더 큰 죄를 진 것이니라."고 하니 (12) 이때부터 빌라도는 주를 놓아 주려고 애쓰나 유대인들이 소리질러 말하기를 "당신이 이 사람을 놓아 주면 당신은 카이사의 친구가 아니니이다. 자신을 왕이라고 하는 자는 누구나 카이사를 대적하여 말하는 것이니이다."라고 하니라.

*가시관*이란 당신의 인생에서 고난과 역경을 극복하고 어둠에서 빛으로, 고통에서 평화로 옮겨감으로써 얻게 되는 승리의 왕관을 상징한다. 이것은 영적인 인간의 승리이고 고상함,

사랑, 그리고 정신적 인식 속에서 형성된 힘이다. 당신 삶의 모든 부분을 신에 대한 믿음이란 옷으로 입히면 직관과 분별력은 커지게 될 것이다. 믿음을 가진 인간은 항상 힘으로 채워진다. 이것은 하나의 정신적 힘에 대한 믿음에 기초한 마음속의 지배력이다. 유일한 힘에 대해서 신뢰하고 믿어라. 그러면 우주적 규모의 왕관(가시관)을 쓰게 된다. 당신의 십자가(당신의 이상이나 신에 대한 개념)를 올려라. 그러면 당신은 마음속 대중들을 지배하는 주권자가 된다. 당신은 지금 자줏빛 예복, 왕의 옷을 입을 준비가 되었다.

7절의 *유대인*은 과거의 믿음에 지배받는 보통 사람, 혹은 신의 아들이라고 말하는 자는 신성모독이니 벌을 받아야 한다고 생각하는 사람을 상징한다. 현재의식에게는 어떤 생각과 믿음도, 느낌을 통해서 잠재의식에 각인시킬 수 있다는(십자가에 못 박을 수 있는) 것이 10절의 내용이다. 이것은 또한 기도와 명상, 그리고 신의 영원한 진리를 단언함으로써 잠재의식 속에 있는 모든 부정적 상태를 풀어 주거나 깨끗하게 할 수 있다.

11절은 창조할 수 있는 진정한 힘은 오직 잠재의식에게만 있고 현재의식에는 없다는 뜻이다. 모든 힘은 잠재의식 속에 있다. 현재의식이 단순히 하나의 개념을 선택하면 주관적인 느낌을 통해 잠재의식에 각인된다. 그리고 이렇게 각인된 것은 다시 현재의식에 영향을 미친다. 주관적 마음은 당신의 확신과 믿음과 느낌을 받아들인다. 그것들이 고귀하든, 비천하든 상관하지 않는다.

12절에서는 주관적 느낌에 의해서 카이사의 힘(현재의식 혹은 세속적 믿음)이 통제된다고 말한다. 우리의 이상을 왕의 위치까지 올리면, 우리는 카이사에 대항할 수 있다. 즉 세상에 반대할 수 있다. 진리를 새롭게 인식하고 마음이 계몽되면 세상의 모든 잘못된 믿음을 거부하거나 거절할 수 있고 따라서 카이사(세상 또는 인류의 믿음)를 거부할 수 있다.

잘못된 지식과 관점과 견해에 꽉 차있는 사람들의 마음, 즉 세상이라 표현된 것은 항상 진리와 대항한다. 자신의 마음이 원인이어서 실제 자신이 믿는 것을 경험한다는 사실을 깨달았을 때 내부원인의 원리를 알게 된다. 그리고 새로운 통찰과 새로운 이해의 빛으로 가득 차, 세상의 믿음을 정복하게 된다.

대제사장들이 대답하기를 "카이사 외에는 우리에게 왕이 없나이다."라고 하더라. 19:15 외부적인 계급과 전통에 얽매여, 세상에 의해 바뀌는 관습적인 종교의식, 형식, 예법만을 믿으면서 바깥세상의 힘을 구하는 지배적인 생각과 믿음은 대제사장으로 표현된다. 이런 사람들은 보통 하나님과 생명의 진리

를 듣지 않으려고 한다. 왜냐하면 그렇게 한다면 사람들을 장악하고 있는 자신들의 힘을 뺏기기 때문이다. 자긍심, 거만함, 과대평가, 우리가 버리길 꺼려하는 하나님에 대한 과거의 신학적 개념 등, 이런 내부의 의식상태는 또한 대제사장을 말한다.

(17) 주께서 자기 십자가를 지고 히브리어로 골고다, 즉 해골의 장소라고 하는 곳으로 가시니라. (18) 거기서 그들이 주를 십자가에 못 박더라. 그리고 주와 함께 다른 두 사람도 이쪽과 저쪽에 못 박고 예수를 중간에 두니라.

*골고다*란 해골, 또는 항상 십자가 형이 처해지는 장소인 우리 의식을 의미한다. 지금 당신이 원하는 모습을 느끼고 명백하게 상상할 때 당신은 골고다에서 죽는 것이다. 마음속 이미지에 관심과 흥미를 계속 불어넣으면 깊은 마음 안에 그 그림을 세세히 새기게 될 것이다. 안에 각인된 것은 외부로 나타나는 것이 법칙이기 때문에 당신은 이제 골고다에서 죽음을 맞이했다. 과거의 인간은 죽었고, 자신에 대한 새로운 모습과 평가는 부활한다.

*우리가 쓰는 왕관*은 우리의 이상 또는 우리 자신에 대한 새

로운 개념이다. 우리는 죽음의 순간까지, 즉 주관적 실체를 형성하고 그 생각을 완벽히 자신의 것으로 취할 때까지 왕관을 정신적으로 계속 쓰고 있어야만 한다. 당신 앞에 나타날 기쁨을 위해서 당신은 당신의 십자가를 지고 있다. 계속해서 좋은 소식을 듣고, 듣기 원하는 것만을 듣도록 하라. 의식 속에서 그것을 받아들일 때 과거의 사고는 죽고 새로운 것은 탄생한다. 이러한 변화를 유월절 또는 십자가에서의 죽음이라고 말할 수 있다.

18절에서는 두 명의 도둑 사이에 있는 예수, 즉 당신의 의식이 바로 당신이란 것을 말하고 있다. 이 장을 읽어 감에 따라, 당신은 당신 자신에게 다음과 같이 말하게 될 것이다. "이것은 옳다. 왜냐하면 내 자신에게 있어서 진실한 사실이기 때문이다." 두 *명의 도둑*은 현재의 당신과 당신이 되고자 하는 상태이다. 다시 말해서 당신과 당신 소망이다.

만약 관절염이 있다면 그 고통은 도둑이고 또한 오랜 기간 동안 가지고 있던 건강에 대한 소망도 또한 도둑이다. 소망이 이루어질 때 구원자를 나타낼 수 있다. 완벽한 건강을 계속 소망한다면 우리는 그 완벽한 건강의 기쁨을 우리에게서 빼앗기게 된다. 두 *명의 도둑*, 즉 "나는 아직 원하는 상태가 되지 않았다." 와 "내가 원하는 상태"는 항상 우리와 함께 있다. 우리의 의식(예수)은 이 두 상태 사이에 있다. 한 도둑은 다음과 같이 말한다. "주여, 주께서 주의 왕국에 임하실 때 나를 기억하소서." 누가복음 23:42 그리고 들려오는 답변은 다음과 같다. "오늘 네가 나와 함께 낙원에 있으리라." 누가복음 23:43 이 두 구절은 기도의 진정한 방법을 설명한다.

주는 당신의 정신적 인식이다. *기억하다* 란 정신적으로 일치시키고 당신의 신이자 주인이자 창조의 최고의 힘인, 그 유일한 힘에게로 향하는 것이다. 마치 약혼한 커플이 설레는 마음으로 결혼을 원하듯이 당신은 소망에 대해서 열광적인 흥분을 갖고 의식 속에서 소망을 구애求愛하게 된다. 당신이 확신을 가지고 신에게 향하면, 신 또한 당신에게 향하고 요청에 응답한다. 그렇게 함으로써 과거의 틀은 죽고 새로운 것은 탄생한다. 이것이 낙원 또는 평화, 당신 이상과 하나됨이다.

이 장의 19절과 20절에서는 다음과 같이 말한다. *또 빌라도가 명패를 써서 십자가 위에 붙였으니 '유대인의 왕 나세렛 예수'라고 쓰여 있더라. 그것은 히브리어와 헬라어와 라틴어로 쓰여 있더라.* 이것은 기도의 세 단계를 의미한다. *히브리어는* 당신의 정신적인 힘이나 신을 의미하고, *헬라어는* 신적인 사고 또는 소망을 의미하고, *라틴어는* 당신이 갈망하는 상태에 있다는 느낌 그리고 그것의 성취를 의미한다. 히브리어는 신의 언어를 상징하고, 헬라어는 지성의 언어를, 라틴어는 영적 교섭을 상징한다. 또 다른 방식으로 말하면 히브리어는 신이나 당신 의식을 창조의 권능으로 인정하고, 헬라어는 당신 이성 속에 있는 소망이나 계획을 의미하고, 라틴어는 당신이 그 계획을 명상함으로써 상응하여 일어나는 감정을 의미한다. 이것이 이루어진 모든 기도 속에서 일어나는 창조의 과정이다. 당신 계획들에게 날개를 달아 주고 활기를 주어라. 그러면 그것들은 당신 안에서 살게 된다.

(23) 그때 병사들이 예수를 십자가에 못 박고 나서 주의 겉옷을 들고 네 조각으로 나누어 각자 한 조각씩 가지며, 또한 주의 속옷도 가지니, 그 속옷은 잇지 않고 위로부터 통으로 짠 것이라. (24) 그러므로 그들이 서로 말하기를 "그것을 찢지 말고 누가 가질 것인지 제비를 뽑자." 하니 이는 '그들이 자기들끼리 내 옷을 나누고 내 속옷도 제비를 뽑나이다.' 라고 말한 성경을 이루려 함이라. 그러므로 그 병사들이 이런 일들을 하더라.

이 절들은 오직 하나의 신과 하나의 진리를 알지 못하고 진리를 많은 부분으로 분리시키며 오감에 의지하고 있는, 혼란스럽고 분쟁적인 세속적 마음을 가리킨다. 인간이 자신을 변화시키기 위해서는 과거의 사고와 느낌의 틀을 버려야 한다. 이것은 인간에게 고통스러운 일이다. 습관적으로 과거의 것을 고수하려고 하고 진리가 아닌 미신을 위해서 기꺼이 죽으려고 한다.

인간은 이음매 없는 옷(유일한 신, 하나의 진리)을 분리해서 잘못된 신을 셀 수 없을 정도로 많이 만들었고, 자신들의 이상한 견해와 잘못된 이론으로 주변을 오염시켜 왔다. 그는 지팡이, 돌 등의 온갖 외적인 힘들을 경배해서 수많은 교파, 교리, 독단, 견해, 믿음들을 가지게 되었다.

겉옷을 네 조각으로 나누어 란 세상을 상징하는데, 여기서 숫자 넷은 우리의 눈으로 볼 수 있는 형체를 지닌, 창조된 현상을 의미한다. *병사들은* 계몽되지 않고 갱생되지 않은, 인간의 마음속에서 항상 일어나는 전쟁을 상징한다. 인간은 율법의 문자만 놓고 서로 싸우고 있을 뿐, 만물에 생명을 주는 사랑의 정신은 부족하다. 우리는 사랑과 선함의 관점에서 행동해야 한다. 그러면 종교가 다르다는 이유로 언쟁하지 않을 것이다.

그 속옷은 잇지 않고 위로부터 통으로 짠 것이라. 이것은 무한한 존재가 우리 모두를 감싸고 있다는 것이다. 우리는 하나

님이 시간과 공간의 환상을 통해서 움직일 때 입는 겉옷이다. 무한한 존재는 하나이고 분리될 수 없다. 거기에 두 개의 힘은 있을 수 없다. 왜냐하면 하나는 다른 하나를 상쇄(相殺)시키고 질서, 조화 대신에 혼란을 가져오기 때문이다. 두 개의 무한함을 가진다는 것은 수학적으로도 불가능하다. 무한을 증가시키거나 분리할 수 없다.

24절에서는 사람들이 제비를 뽑는다고 한다. 인간은 우연, 사건, 불운, 재난 등을 믿는다. 하지만 법칙과 질서의 세계 속에서 우연이라는 것은 없다.

(28) 이 일 후에 예수께서는 이제 모든 일이 이루어진 것을 아시고 말씀하시기를 "목마르다."고 하시니 이는 성경이 이루어지게 함이라. (29) 거기에 식초를 가득 찬 그릇이 놓여 있는데 그들이 식초를 해면에 적셔서 우슬초 가지에 꿰어 주의 입에 대니라.

목마르다 란 내적 평화와 성스러운 존재의 힘을 마시고자 하는 강렬한 소망을 말한다. 지금 당신은 당신의 최고의 이상에 대해 목말라 있을 거라고 확신한다. 하나님 평화의 강물이 마음속으로 밀려오게 하라. 이것은 하늘에서 내려 온 이슬이다.

당신은 지극히 높은 곳으로부터 오는 향기를 분비할 것이고 훌륭하고 고양된 느낌은 뒤따를 것이다. 그때 당신을 괴롭히는 것들은 당신 안에 있는 끝없는 빛에 의해서 사라질 것이다.

식초를 해면에 적셔서 우슬초 가지에 꿰어 란 물론 상징적인 표현으로, 마음을 깨끗하게 하는 과정을 말한다. 부정을 없애는 우슬초 가지는 동양에서 전통적으로 이용됐다. "우슬초 가지가 그에게 전해진다는 것은 나에게는 상징적인 것으로 보인다... 갈대는 왕권과 신의 법칙을 의미한다." (알렉산드리아. 디오니소스 주교의 누가복음 번역에서)

동양에서는 발효가 많이 되어서 식초 같이 시큼한 술과 미르다*동아프리카, 아라비아 산(産) 수지(樹脂)의 일종으로 향료, 동양에서 약재로 사용를 섞은 것을 알코올중독자의 원기를 회복시키기 위해서 사용했다. 이것은 인간이 세상의 모든 잘못된 믿음들을 버리고 신과 그의 법칙에 대한 새로운 개념이 부활하는 것을 의미하는 과도기적 과정을 상징한다.

30절에서 *다 이루어졌다* 란 아멘, 이루어진 기도 또는 영혼에 대한 조용한 인식을 의미한다. 현재의식과 잠재의식 속에 우리의 확신에 도전하는 것이 없게 될 때, 다 이루어진 것이다. *다 이루었다.* 이 구절이 의미하는 궁극적인 것은 인간이 그의 제한, 한계의 꿈에서 완전히 깨어나는 것이다. 그는 여기서 끝없는 존재 속으로 녹아 들어가는 융해점融解點에 도달한다.

다음과 같은 질문을 자주한다. "왜 예수님은 십자가에서 다음과 같이 말했는가? '엘로이, 엘로이, 라마 사박타니.' 해석하면 "나의 하나님, 나의 하나님, 어찌하여 나를 버리셨나이까?" 경외서인 베드로 복음에는 십자가에서 그리스도가 죽으면서 "나의 힘, 나의 힘, 그대는 나를 버렸는가?"라고 외쳤다고 기록되어 있다. 성서백과사전에서의 그 원문은 오직 고대 시리아어만을 알고 있던 유대율법학자에 의해서 변형되었을 거라고 말한다. 아람어*샘 어족의 하나인 *사박타니*는 계속 유지하라는 의미이다.

어릴 때 나는 선생님에게 왜 예수님은 '나와 아버지는 하나이다.'라는 것을 알고 증명하면서 이러한 질문을 할 수 있는지에 대해 질문했다. 아마 그 대답을 짐작할 수 있을 것이다. 구태의연한 반응인 "그런 어리석은 질문하지 마라."였다.

예수님은 시편 22장을 인용했다. 그러나 번역자는 히브리어와 아람어를 번역하면서 실수를 했다. 히브리어 *사박타니*는 버리다는 의미가 아니고 찬송하다는 의미이다.

버리다에 맞는 것은 아작타나라는 단어이다. 실제 의미는 "나의 하나님, 나의 하나님, 당신께서는 저를 찬송했습니다."이다. *사박타니*의 어근인 *사박*의 의미는 찬송하다이

다.(strong concordance에서)

경외서에 쓰여 있는 또 다른 번역인 "나의 힘, 나의 힘, 그대는 나를 버렸는가?"에서 버리다에는 포기하다, 풀어주다, 해방하다, 자유롭게 하다는 의미가 있다. 영적인 인간은 세상 사람들의 믿음과 외부 사물의 힘에 대해서는 거부하고 버리면서 그의 모든 영광과 존경을 최고의 하나의 힘인 하나님에게만 준다. 그는 그 외의 것에 대해서는 알지 못한다. 이와 같은 관점에서 그의 인간적인 의지는 완전히 버려지게 되고 지금 그가 있는 곳에서 질서, 아름다움, 완전성, 완벽성, 그리고 신의 빛을 가져오게 하는 성스러운 명령(저자 주: prayer is the answer 참조) 아래에 있게 된다. 이 드라마는 당신 안에 있는 신의 탄생을 다루고 있다.

(34) 그 병사들 중 하나가 창으로 주의 옆구리를 찌르니 거기서 피와 물이 나오더라. (36) 이런 일들이 일어난 까닭은 "주의 뼈가 하나도 꺾이지 아니 하리라."는 성경을 이루려 함이라.

성서백과사전은 체내에서 피와 물이 나오는 것은 불가능하다고 지적한다. 다시 말해서 죽은 사람에게서 *피와* 물은 나오지 않는다. 그렇게 생각하는 것은 어리석다. *피와 물*은 신의 은총(사랑과 지혜)을 전달하는 통로를 표현한 전문용어이다. 여인이 아이를 낳을 때 피와 물을 배출한다. 이것의 상징적 의미는 정신적 재탄생이나 우주적 의식이다.

뼈가 하나도 꺾이지 아니 하리라 란 생명은 하나이고 분리될 수 없다는 것과 살아있는 전능의 영혼과 하나됨을 상징한다. *아무런 뼈(사고)도 부서지지 않는다* 란 우리에게 분리감이 사라지고, 완전함과 영원한 존재와 하나됨을 느끼게 되었다는 의미이다. 우리는 상상 속에서 불완전한 그림을 가져서는 안 되고 완전함과 완벽함을 항상 유지해야 한다. 그러면 우리 신체나 의식의 뼈는 하나도 부서지지 않을 것이다.

성서에서 말하는 십자가에 못 박힘은 신비적 관점에서 보면 신이나 절대적 존재가 인간이 되는 것을 말한다. 무한한 존재가 절대적 상태에서 상대적 상태로 넘어간 것이고, 무형의 존재가 정형화된 것이다. 형태가 없는 존재가 모양, 크기, 그리고 차원次元에 의해서 자신을 제한했다. 태어난 모든 아이들은 신이 인간으로 태어난 것이고, 아이들의 주관적 마음 깊은 곳에는 신의 모든 영광이 있다. 우리는 우리 안에 있는 신의 힘을 부활시키고 모든 장애물과 우리에게 적대적인 것을 제거함으로써 우리의 신성을 나타내기 위해 존재한다.

성서 언어사전에 따를 때 십자가에서 예수 그리스도의 못 박힘은 신성한 희생의 상징이다. 다시 말해 신성한 에너지와 속성들이 물질의 형태로 구속되고 속박되는 것을 말한다. 신은 우리 모두와 만물에게 생명을 주었다. 신은 당신 안에 존재한다. 그리고 구원의 모든 과정은 이렇게 당신 안에 존재하는 것을 밖으로 끄집어내는 것에 있다.

지식과 이해의 확장을 통해서 당신 안에 감금되어 있는 신의 힘과 자질을 해방시킬 때 모든 공포와 의심, 잘못된 개념들을 정복한다. 정신적으로 상승함에 따라 결국 신과 일치감을 느낀다. 당신은 신이 의도하는 인간이 될 것이고 신의 아들로서 할 수 있는 모든 일들을 할 수 있게 될 것이다. 귀머거리의 귀를 트이게 할 수 있고 소경의 눈도 뜨게 할 수 있을 것이다. 그리고 삶의 매순간마다 신을 찬미하게 될 것이다.

사도 바울은 *내가 그리스도와 함께 십자가에 못 박혔으나 그럼에도 나는 살아 있노라**갈라디아서 2:20 참조 라고 말했다. 이것을 문자 그대로 받아들이는 사람도 있는가? 그는 자신이 빛 속으로 건너간 것에 대해 말하고 있다. *그리스도*라는 단어는 당신의 생명 속에서 작용하는 신의 존재와 힘을 의미한다. 당신이 신의 빛에 의해서 계몽될 때 그리스도와 더불어 십자가에 못 박히게 된다.

요한복음 19장

하나님께서 요한에게 말씀드리기를, 그대는 내가 고난을 받았다는 말을 들었는가, 하지만 나는 고난을 받지 않았다. 그대는 내가 창에 찔렸다는 말을 들었는가, 하지만 나는 구타 조차 당하지 않았다! 그대는 내가 매달린 채 죽었다는 말을 들었는가 하지만 그렇지 않다. 그러므로 내 안에 있는 그대여 보아라 언어(로고스)의 죽음을. Act of John, second century 에서

어떻게 하나님이 고난을 받을 수 있단 말인가? 어떻게 하나님이 살해당할 수 있단 말인가? 물론 이것은 고통이라는 환영임에 틀림없고, 말씀의 죽음이다. 우리가 잠과 최면 상태에서 깨어나지 않는 한 신은 우리 안에서 죽어 있는 것처럼 보인다.

당신 배 안에서 신이 주무시고 계시는가? 당신은 대양에 떠 있는 배다. 인생에 있어서 폭풍이 닥칠 때 흥분해서는 안 된다. 신은 바로 그곳에도 계시기 때문이다. 그를 깨워라! "잠에서 깨어나고 죽음으로부터 일어나라. 그러면 그리스도가 그대에게 빛을 주리라."

38절에서 아리마대 요셉이 예수의 시체를 가져갔다고 한다. *아리마대 요셉*은 고도로 숙련된 상상력이나 의식의 높은 상태를 의미한다. 우리의 이상을 무덤 안에 두어야만 한다. 즉, 우리의 관념을 두어야 하는 곳이 내면 깊은 곳의 무덤 같은 상태란 뜻이다.

돌(확신)은 무덤을 봉인한다. 바로 이곳에 우리는 예수님, 즉 우리의 새로운 이상을 둔다. 과거는 죽었고, 잊혔고, 아무것도 기억되지 않는다. 보라! 나는 모든 것들을 새롭게 만들었다!

요한복음 20장

(1) 그 주의 첫날 아직도 어두운데 막달라 마리아가 일찍 무덤에 와서 돌이 무덤에서 옮겨진 것을 보고 (2) 그녀가 달려가서 시몬 베드로와 예수께서 사랑하신 다른 제자에게 와서 그들에게 말하기를 "사람들이 주를 무덤에서 가져갔는데 우리는 그들이 어디에다 주를 모셔 두었는지 모르겠노라."고 하니 (3) 베드로와 그 다른 제자가 나가서 무덤으로 향하더라. (4) 둘이서 함께 달리는데 다른 제자가 베드로보다 더 앞서 달려가 먼저 무덤에 와서 (5) 몸을 구부리고 들여다 보니 세마포가 놓인 것을 보았으나 안으로 들어가지는 아니하더라. (6) 그때 그를 따라온 시몬 베드로가 와서 무덤으로 들어가 세마포 옷이 놓여 있는 것을 보니 (7) 주의 머리에 둘렀던 수건이 세마포와 함께 놓여 있지 않고 그것만 한쪽에 개어져 있더라. (8) 그때 먼저 무덤에 온 다른 제자도 들어가서 보고 믿더라. (9) 이는

그들이 주께서 죽은 자들로부터 다시 살아나셔야 한다는 성경을 아직 알지 못하였기 때문이라. (10) 그리고 나서 제자들은 자기들의 집으로 다시 돌아가니라.

막달라 마리아는 사랑은 구원을 가져온다는 진리를 상징한다. 가끔 세리稅吏나 매춘부가 먼저 진리를 깨닫게 된다. 매춘부는 사회에서 낮은 계층에 속하기 때문에 잘못된 자만심이나 에고가 없다. 따라서 자신들의 부족함을 잘 알고 있다. 이렇게 그들의 마음속에는 낯선 손님의 부드러운 발걸음을 받아들일 수 있는 빈 자리가 있기 때문에 진리를 갈망하고 찾고자 한다면 새로운 관념을 쉽게 받아들일 수 있다. 그러면 그녀는 성스러운 명령 아래에 놓이고 무한한 존재가 자신을 인도할 거라고 믿는다. 그녀는 하나님의 방식이 좋다는 것, 정말 좋다는 것을 안다. 하나님의 무한한 사랑과 영광에, 법칙의 작용이 더해져 그녀를 비참한 상황에서 건져내고 그녀의 가슴에 빛과 사랑을 안겨준다.

돌이 무덤에서 옮겨진 것 이란 마음의 새로운 태도, 잘못된 믿음의 돌을 굴려내는 정신적 힘에 대한 인식을 상징한다. 그리스도의 부활의 진정한 의미는 내면 깊은 곳에 있는 건강, 평화, 기쁨, 행복을 소생시키는 것이다. 인간의 믿음은 건강, 지

혜, 평화가 갇혀있는 무덤이다. 인간의 견해와 잘못된 사고는 심리적으로 두르고 있는 의복이다. 삶의 새로운 해석과 새로운 지적 태도가 돌을 굴러내게 하는 *천사*이다.

인간이 하나님의 힘에 대해서 알게 될 때 떼를 이루고 있는 과거 신조와 공포를 붕괴시킬 수 있다. 그리고 죽음을 초래하는 믿음으로부터 자신을 자유롭게 하는 진리로 오를 수 있다. 이제 지팡이가 없어도 걷는다. 이것이 건강의 부활이자 그리스도의 부활이다. 죽음으로부터 부활은 세계 각지에서 매일 일어나고 있다.

이 장에서 *제자*들이란 우리 마음의 기능, 우리의 지적 태도를 의미한다. *제자들에게 목격된 예수*에서의 예수(당신 소망)란 주관적 마음에서 현재의식으로 오르는, 상승하는 우리의 개념을 의미한다.

7절에서 *주의 머리에 둘렀던 수건*이란 새로운 상태의 표현을 의미한다. 만약 얼굴이 수건에 덮여 있다면 누군지 알아보지 못한다. 인간이 심리적 관점에서 자신의 옷을 벗으면 하나님을 발견하게 된다.

당신의 진정한 실체는 마음이고 영혼이다. 당신은 하나님의 집이고 당신이 기도하는 것들은 당신의 진정한 실체의 왕국 안에 이미 존재한다. 수건을 걷어내라. 즉 당신의 이익good을 부정하는 감각들이 들어오지 못하도록 문을 닫고 의식 안에서 당신의 소망의 실체를 즐겨라. 그러면 그것은 이루어진다. 오래된 것을 버리고 새 것을 입어라!

(11) 그러나 마리아는 무덤 밖에서 울고 섰더라. 그녀가 울다가 몸을 구부려 무덤 안을 들여다 보다가 (12) 흰 옷을 입은 천사가 앉아 있는 것을 본지라. 예수의 시체가 놓여 있던 곳에 하나는 머리 쪽에, 또 하나는 발 쪽에 앉아 있더라.

*무덤에서 앉아 있는 두 천사*는 현재의 평화 상태와 새로운 소망을 상징한다. 우리의 기도가 이루어졌을 때 우리는 잠시 만족한다. 그러나 즉시 더욱 큰 소망이 생기게 된다.

(19) 그리하여 그 주의 첫날, 그 날 저녁에 제자들이 모인 곳에는 유대인들을 두려워하여 문들이 잠겨 있었는데 예수께서 오셔서 그 가운데 서서 그들에게 말씀하시기를 "너희에게 평강이 있으라."고 하시니라.

예수께서 제자들에게 나타나 말씀하신다는 것은 마음(관념)의 기능을 훈련하는(말씀하는) 것을 상징한다. 그래서 우리는 진리를 받아들일 태세를 갖춘다. 해결책 또는 이루어진 기도를 상징하는 예수는 지금 나타났고 마음의 기능들은 그런 사실을 인식하고 있다. 해결책이 떠오를 때 다음과 같이 속삭인다. "당신에게 평강이 있으라."

(20) 이 말씀을 하신 후 주께서 그들에게 손과 옆구리를 보여 주시니, 제자들이 주를 보고 기뻐하더라.

이것의 의미는 우리의 모든 신체적, 정신적 기능들은 이루어진 기도에 대해서 기뻐한다는 것이다. 우리는 감격으로 끓기 시작한다. 당신의 동경과 갈망은 지금 잠시 동안은 충족되었다. 마음속의 새로운 상태는 항상 그것과 상응하는 객관적인 것을 외부에 세운다.

(22) 그들에게 숨을 내쉬며 말씀하시기를 "성령을 받으라."

숨은 생명을 상징한다. 우리가 마음속에서 더 이상 분열되지 않고 하나가 되었을 때 성령(완전한 영혼)을 받게 된다. 이제 우리의 영(느낌)은 우리의 소망과 하나이다. 그래서 우리는 다시 하나인 완전한 상태, 평화 속에 거하게 되었다. 인간과 그의 소망이 따로 분리된 상태였다가 소망과 하나가 되면 성령, 즉 인생에서 목표와 하나가 되는 느낌을 받게 된다. 그는 생명의 숨을 자신의 소망에 불어 넣음으로써 그것과 하나가 되었고, 그 정신적 상태에서 살고 움직이고 자신의 존재를 두었다.

(24) 그러나 열둘 가운데 하나인 디두모라 불리는 도마는, 예수께서 오셨을 때 그들과 함께 있지 아니하였더라. (25) 그러므로 다른 제자들이 그에게 말하기를 "우리가 주를 보았다."고 하나 그가 그들에게 말하기를 "내가 주의 손에 있는 못자국을 보고, 또 내 손가락으로 그 못자국에 대어 보고, 나의 손으로 주의 옆구리에 넣어 보기 전에는 결코 믿지 않겠노라."고 하더라.

도마는 의심하는 자라고 불린다. 이것은 당신 안에 있는 기능으로서 바르게 훈련시킨다면 하나님의 진리에 의심하는 모든 소문과 싸운다. *그의 손을 옆구리에 넣어 보다* 란 실체를 만지고 신성한 해결책만을 받아들인다는 의미이다. 이것이 제자들 중에서 그만이 손가락으로 *그 못자국에 대어 보고 예수님을 만지다*, 즉 해결책을 만지게 되었다는 이유인 것이다.

요한복음 21장

(1) 이런 일들 후 예수께서 티베랴 바닷가에서 다시 제자들에게 자신을 보이시니 이런 모양으로 보이시더라. (2) 거기에는 시몬 베드로와 디두모라고 하는 도마와 갈릴리 카나 사람 나다나엘과 세베대의 아들들과 주의 다른 두 제자들도 있었는데 (3) 시몬 베드로가 그들에게 말하기를 "나는 고기 잡으로 가노라." 하니 그들이 그에게 말하기를 "우리도 너와 함께 가겠노라." 하고 나가서 즉시 배에 오르니라. 그들은 그날 밤 아무것도 잡지 못하더라. (4) 이미 아침이 되었는데 예수께서 바닷가에서 계시나 제자들은 그분이 예수신 줄 알지 못하더라. (5) 그때 예수께서 그들에게 말씀하시기를 "자녀들아, 너희에게 먹을 것이 있느냐?"고 하시니, 그들이 대답하기를 "없나이다."라고 하더라. (6) 주께서 그들에게 말씀하시기를 "그물을 배 오른편에 던지라. 그러면 찾으리라."고 하시더라. 그러므

로 던졌더니 고기 수가 많아서 그물을 끌어올릴 수가 없더라. (7) 그때 예수께서 사랑하시던 제자가 베드로에게 말하기를 "주시다."라고 하니, (베드로가 웃옷을 벗은 채로 있다가) '주시다.' 라는 말을 듣자 어부의 겉옷을 걸치고 바다 속에 뛰어들더라. (8) 다른 제자들은 작은 배로 왔는데 (육지에서 그리 멀지 않은 이백 큐빗쯤이므로) 고기가 든 그물을 끌고 왔더라. (9) 그리하여 그들이 육지에 닿아서 보니 거기에 숯불이 있고 그 위에 생선이 놓여 있으며 빵도 있더라. (10) 예수께서 그들에게 말씀하시기를 "방금 잡은 생선을 좀 가져오라."고 하시더라. (11) 시몬 베드로가 배에 올라가서 그물을 육지에 끌어올리니 큰 고기들로 가득 찼는 데, 일백 쉰 세 마리더라. 그렇게 많았으나, 그물은 찢어지지 아니하였더라. (12) 예수께서 그들에게 말씀하시기를 "와서 먹어라." 하시니, 그가 주신 줄 아는 고로 제자 중에 아무도 감히 "누구시니이까?"라고 묻는 자가 없더라.

고기를 잡는 것에 관한 이야기다. 우리 모두는 어부다. 왜냐하면 우리의 문제에 대한 해결책을 우리 내부 깊은 곳에서 끌어내야하기 때문이다. 여기서 *어부*는 내부의 마음 상태, 정신적 기능, 마음의 태도이다. *우리가 타는 배*는 물론 우리의 마음이고, 우리는 항상 우리 마음속에서 여행하고 있다. 우리가 문제에 직면하게 되면 그것을 해결하기 위해서 심리적으로 움직이기 시작한다. 해결책과 탈출구를 찾게 되는 것을 성서에서는 고기를 잡았다고 표현한다.

아인슈타인 박사는 자신의 잠재의식 깊은 곳에서 많은 지식을 찾아냈다. 그는 자신의 문제에 대한 해결책이 내부에 있다는 것을 알았다. 마음을 차분히 하고 해결책에 대해서 여러 관점에서 생각하고 어떤 안내의 소리가 오는 것을 조용히 듣는다. 그리고 모든 것들을 종합하면 완전한 해답은 가끔 그의 마음속으로 찾아왔다. 때로는 문제에 대한 해답을 차분히 생각한 후, 내부의 무한한 지성이 해답을 줄 거라는 것을 알고 믿음과 확신을 지닌 채 자신의 문제를 마음 깊숙한 곳으로 떠넘겼다. 이것을 부화(孵化) 과정이라고 불렀다. 잠재의식은 그의 요청을 받아들이고 잠시 머물러 있는 듯 보인다. 그리고 모든 사실들이 모아지면 그것들을 현재의식에게 내보낸다. 현재의식, 즉 표면적인 마음이 차분해질 때 깊은 내부의 마음으로부터 지혜, 인도, 그리고 문제의 해결책을 받을 수 있다. 이러한 해답은 마치 토스터에서 토스트가 나오듯이 마음속으로 튀어 들어온다.

며칠 전 밤에 변호사인 친구가 중요한 서류를 잃어버렸다.

나는 시편 91장의 진리를 생각하면서 마음을 차분히 한 채, 그가 그것을 찾았다고 나에게 말하는 것을 상상했다. 나는 그 목소리를 상상 속에서 여러 번 들었다. 잠시 후 나의 주관적 자아가 나의 귀 속에서 "그의 매형 차"라고 속삭이는 것을 들었다. 이것은 주관적인 지혜가 말하는 것을 듣게 되는 투청력透聽力이고 오직 그것과 파장을 맞춘 사람만이 들을 수 있다. 다른 사람들은 들을 수 없다. 만약 당신이 차분함을 유지한 채 해결책이 바로 거기에 있다는 것을 알고 해결책에 대해서 귀 기울이면 어떤 문제라도 해결책을 들을 수 있고, 주관적인 세계 깊은 곳에서 찾아낼 수 있다. 나의 제안에 따라 변호사 친구는 매형에게 전화했고 놀랍게도 나중에 그 차 깔개 밑에서 서류를 발견했다. 그는 어떻게 해서 서류가 거기에 있게 되었는지 몰랐다. 그러나 주관적인 지혜는 어떻게 거기에 있게 되었는지 알고 있다.

많은 사람들은 한 밤 중에 헤매고 있다. 즉 인간의 어둠 속에서 그리고 마음의 법칙에 대한 무지 속에서, 그들에게 이익이 되는 모든 것들의 원천이 어디에 있는지 모른다. 무엇을 하던 간에 거기에는 올바른 방법과 잘못된 방법이 있다.

예를 들어 빵을 굽는데도 올바른 방법과 잘못된 방법이 있고, 글을 쓰거나 연설을 할 때도 마찬가지다. 생각하고 살아가는 데에도 올바르고 잘못된 방식이 있다. 만약 당신이 어떻게 건설적으로 생각하고 지적, 정신적 법칙과 조화를 이룰 수 있는가에 대해서 배우지 않았다면 어려움을 겪을 것이다. 만약 인생에 대해서 잘못된 태도를 가지고 있으면, 모든 것은 잘못될 것이다.

자신의 친구를 미워하는 어떤 소녀가 있었다. 그 아이는 원한을 가지고 있었다. 나의 설명을 듣고, 자신이 미워하던 친구를 위해 기도함으로써 다른 이를 향한 사랑과 선의와 자애라는 물고기를 낚는 것을 배웠다. 아이는 그 친구가 행복하고 올바른 길로 인도되고, 평화롭기를 진정 원하게 됐다. 이것을 자주 행했고 결국 그들은 가장 친한 친구가 되었다. 그 뒤 그 소녀는 예전에 미워하던 친구의 오빠와 결혼을 했다. 이것이 바로 오른편에서 고기를 잡는 것이다. 마음은 모든 종류의 고기, 즉 사고, 느낌, 정신적인 틀, 희망, 공포, 음모 등의 인간의 마음을 잡는 그물이다.

보편적인 잠재의식인 인류의 집단 무의식은 우리 모두에게 심어져 있다. 가끔 무시무시한 생각이 떠올라 놀랄 때가 있다. 의식 속에 떠다니는 파괴적인 사고와 이런 부정적 사고의 목을 쳐서 죽이고, 건설적인 상과 올바른 개념과 신의 사랑의 불로써 그것들을 태워 버려라. 옳게 생각하고, 옳게 행하고,

옳게 느끼고, 옳게 움직이고, 옳게 되고, 계속해서 배 오른편에서 고기를 잡아라. 당신의 정신적인 집으로 침입하는 모든 부정적인 것들을 거부하라. 그물(당신의 마음)을 보아라. 만약 썩은 물고기가 있다면 떼어서 버려라. 진실의 불과 과학적 사고로써 이런 부정적인 것들을 없애라! 이와 같은 것을 분명하고 단호하게 행하라. 그러면 당신은 훌륭한 어부가 될 것이다. 4절에서는 해결책이 항상 가까이 있다고 말한다. 진리는 어디에나 존재한다. 그들은 *예수신 줄 알지 못하더라* 라고 한다. 그들은 아직 진리를 인식하지 못하고 있다.

6절에서 *그물을 배 오른편에 던지라* 라는 명령은 문제의 해결책을 찾기 위해서 법칙을 옳게 이용하는 것을 의미한다. 그들의 그물(그들의 계획이나 소망)을 주관적 세계 속으로 던지면 많은 고기를, 즉 기도의 응답을 받는다. 신의 계량법은 주입된 것은 확대시켜서 표출시킨다. 잠재의식 속에 심어진 것들은 잠재의식에 의해서 항상 복리(複利)로 증가한다.

7절에서 *베드로*는 믿음을 상징한다. 베드로가 *바다 속에 뛰어 들다* 란 의식이 옳게 단련될 때 우리는 우리 목표가 이루어지는 것을 분명히 믿게 되고, 모든 면에서 성공하게 된다는 의미이다.

9절에서 육지는 실현을 의미하고, 숯불은 계몽의 불, 영혼의 온기, 그리고 안전감을 의미한다. 9절에서 *생선은 항상 거기에 놓여 있다* 의 의미는 우리가 이 세상에서 살아가면서 필요한 것들은 평화와 일치의 분위기에 의해서 우리에게 오게 된다는 것이다.

11절에서 일백 쉰 세 마리 고기가 잡혔다고 한다. 1에 5를 더하고 거기서 또 3을 더하면 9가 된다. 아홉 달 만에 여인은 아이를 낳는다. 이것의 의미는 우리가 옳은 방식으로 고기를 찾으면 소망은 우리에게 각인된다는 것이다. 아홉은 소유와 승리를 상징한다. 소유감은 아홉이고 그 다음 단계인 십은 소망의 실현이라는 옛 격언이 있다. 당신 친구가 당신에게 당신은 해낼 수 없다, 당신의 소망은 이루기가 불가능하다고 말한다면 내부로 들어가 당신 깊은 곳에서 신에 대한 확신과 믿음의 분위기를 끌어올려라. 그러면 소망을 실현하게 될 것이다. 이 얼마나 훌륭한 일인가!

다음 절들이 가장 중요한 부분들이다.

(15) 그리하여 그들이 식사를 끝마쳤을 때 예수께서 시몬 베드로에게 말씀하시기를 "요한의 아들 시몬아, 네가 이 사람들보다 나를 더 사랑하느냐?" 고 하시니, 그가 주께 말씀드리기를 "주여, 그러하옵니다. 주께서는 내가 주를 사랑하는 줄 아

시나이다." 라고 하니, 주께서 말씀하시기를 "내 어린 양들을 먹이라."고 하시니라.

양은 돌봐야 할 동물이다. 또한 양은 우리를 축복하는 분위기를 의미한다. *내 양들을 먹이고* 의 의미는, 우리는 반드시 우리가 원하는 것들을 먹이라는, 즉 그것들을 실감나게 생각하라는 것이다.

(18) 진실로 진실로 내가 네게 말하노니 네가 젊어서는 너의 허리띠를 스스로 두르고 원하는 곳으로 다녔어도 늙으면 네 팔을 벌리고 다른 사람들이 띠를 둘러 주며 또 원치 않는 곳으로 너를 데려가리라."고 하시더라.

이 절의 의미는 우리가 진리에 대해서 익숙하지 못하다면 우리의 믿음은 항상 강하지 않다는 뜻이다. 우리는 가끔 생각 없이 행동하고 기분 내키는 대로 행동한다. 하지만 우리가 정신적으로 성숙하다면 팔을 벌려 더 큰 힘과 더 많은 이해력을 갖게 된다. 우리는 더욱 단단하게 이 믿음이란 항구에 정박할 것이고 이런 마음의 태도는 우리가 감히 엄두도 내지 못하는 곳까지 가게 할 것이다.

(22) 예수께서 그에게 말씀하시기를 "내가 올 때까지 그를 머물게 하고자 한들 그것이 너와 무슨 상관이냐? 너는 나를 따라오라."고 하시니라.

이 절은 신비스런 창조에 대해서 언급하고 있다. 이것은 요한 또는 사랑을 상징한다. 우리는 우리의 이상을 사랑해야 한다. 그러면 예수 또는 해결책이 온다. 이 절은 또한 우리에게 우리 자신이 하는 일에 대해서 주의하라는 교훈을 준다. 가끔 사람들은 다음과 같은 말을 한다. "옆집에 사는 존은 어떤가? 그는 도둑이자 사기꾼인데도 잘 살고 있다." 비록 백만 불을 가지고 있어도 평화, 화합, 사랑, 건강에 있어서는 가난할 수 있다. 그것들을 돈으로 살 수 없다.

(25) 예수께서 행하신 다른 많은 일도 있으니, 만일 일일이 기록된다면 세상 그 자체에 라도 기록된 책들을 둘 수 없으리라고 나는 생각하노라. 아멘.

25절에서 우리 모두에게 말하고 있는 신비스런 자는 인간 예수를 말하는 것이 아니고 **나는** I AM 또는 하나님의 표현들을 말한다. 하나님이 생각하자 세상은 태어나게 되었다. 온 우주는 하나님의 사고에 의해서 만들어졌다. 우리가 살고 있는 이 좁은 세상에서 무한한 존재의 작업을 다 포함시킬 수 없다. 무한한 존재가 행한 것을 기록할 수 있는 책이 있을 수 있는가?

모든 사람들은 빛을 보아야 한다. 인간이 그의 진정한 자아에 대해서 깨닫게 되었을 때 끝없는 빛의 광휘를 보게 된다. 죄와 벌이 있는 곳에서 떠나, 우리는 신의 완벽성이 있는 끝없는 자유 속으로 들어가야 한다. 우리는 아놀드의 다음 시에 담긴 진리를 깨달아야 한다.

영혼은 죽지 않으며
결코 멈추지도 않으며
영원히 존재한다.
영혼의 시작과 끝은 환상이고,
태어나지도, 죽지도 변하지도 않는다.
영혼은 영원히 존재하며
죽음이 영혼에게 어떤 영향도 줄 수 없다.
영혼의 집이 죽은 것처럼 보일 뿐.

서른세개의계단 책

네빌 고다드 5일간의 강의 [네빌 고다드 지음]

네빌 고다드가 1948년에 5일간에 걸쳐 한 강의와 청중들과의 질문과 대답을 묶은 책이다. 시크릿으로 대중화된 '현현의 법칙'을 보다 깊게 다루고 있다. 이론에 대한 자세한 설명과 현실에 적용할 수 있는 자세한 방법을 설명한다.

세상은 당신의 명령을 기다리고 있습니다 (양장본) [네빌 고다드 지음]

네빌 고다드가 첫 책으로 냈던, [세상은 당신의 명령을 기다리고 있습니다. 원제 *At Your Command*]와 8개의 일반 강의를 묶어서 책으로 출간했다. 마음의 법칙 전반을 다루고 있다.

네빌 고다드의 부활 [네빌 고다드 지음]

네빌 고다드의 7권의 책을 한권으로 묶었다. 그의 강의를 들었던 청중들이 보내준 많은 경험담과 '현현의 법칙'에 대한 원리를 자세하게 기술하고 있다.

믿음으로 걸어라 (양장본) [네빌 고다드 지음]

저자가 생전 중요하게 여겼던 성경의 구절들을 하나씩 풀이하여 엮었다. 마치 시처럼 한 문장 한 문장이 영혼에 닿는 듯, 읽는 이로 하여금 깊은 울림을 준다.

모줌다, 왕국의 비밀 (양장본) [모줌다 지음]

그리스도의 참뜻을 알리기 위해 인도에서 온 영적스승 모줌다. 그가 전해주는 쉽고도 간결한 그리스도의 메시지를 한 권의 책으로 묶었다. 동양의 지혜와 그리스도의 메시지가 모줌다에 의해 밝혀진다.

네빌 고다드 라디오 강의 [네빌 고다드 지음]

네빌 고다드가 로스앤젤레스 라디오를 통해 강연했던 자료들과 1968년이후 강연을 모았다. 이전까지의 책들이 "법칙"에 치중했었다면 이 책은 "법칙"과 "약속"을 적절히 잘 혼합했다. "약속"은 마치 꽃이 피어나듯이 우리 인간 안의 완벽한 자아도 삶과 경험을 통해 완벽하게 피어난다는 내용을 담고 있다.

네빌링 [리그파 지음]

저자가 네빌고다드의 강의를 읽고 삶에서 적용해본 것을 바탕으로 잠재의식과 상상의 법칙을 설명한다. 많은 실수를 고백하고, 그것으로 인해 새롭게 깨닫게 된 경험들을 기록했다.

클레멘트스톤의 절대 실패하지 않는 성공시스템 [클레멘트 스톤]

무일푼에서 미국 50대 부자가 된 클레멘트 스톤의 자전적 기록이다. 그는 자신의 자수성가의 비밀을 상상과 믿음이라고 말한다. 세일즈에서 경영에서 어떻게 그 비밀을 사용했는지 보여주는 책이다.

마음의 과학 (양장본) [어니스트 홈즈 지음]

미국의 신사상운동을 주도했던 홈즈는 종교과학이라는 단체를 설립하고, 체계적으로 자신의 학생에게 형이상학을 가르쳤다. 그 교과서가 된 책이다. 그는 이 책을 통해 인간이 왜 소우주라고 불리는지에 대한 이론적인 설명을 바탕으로, 현실에서 원리를 이용하여 문제를 해결하는 실천적 방법을 제시한다.

상상의 힘 [네빌고다드 지음]

네빌고다드의 소책자, Awakened Imagination과 Search와 그의 음성강의 THE UNALLOYED, THE POWER, FEEL AFTER HIM 세계를 한권으로 묶었다. 과연 상상은 힘을 갖고 있을까? 론다번, 조 바이틀리 등이 가장 존경하는 인물로 꼽았던 20세기 최고의 형이상학자인 네빌고다드의 강연을 통해 다시 한번 그 질문에 대한 해답을 찾아본다.

임모틀맨 1 [네빌고다드 지음]

임모틀맨은 네빌고다드가 세상을 떠나기 직전의 강의들을 마가렛 부름 여사가 묶은 책이다. 책에서는 우리가 삶이란 꿈을 원하는 모습으로 꾸는 방법인 "법칙"과 삶이란 꿈을 꾸고 있는 우리 내부의 거대한 자아가 깨어나는 "약속"에 대해 설명한다. "법칙"은 일상을 살면서 많은 소망을 지니고 있는 우리에게 삶을 어떻게 하면 바꿀 수 있는지에 대해 가장 실용적이고 효과적인 방법을 제시하고, "약속"은 항상 가슴 속 깊은 곳에서 언뜻 언뜻 던져지는 삶에 대한 근원적인 질문들에 대한 하나의 영감을 준다.

리액트 [네빌고다드 지음]

이 책은 네빌고다드가 반응에 중점을 두고 강의한 것을 묶은 것이다. 반응은 우리의 삶을 옭아매기도 하고, 반대로 우리의 삶에 자유를 줄 수도 있다. 이 책을 통해 우리는 반응을 관찰해서, 바꾸는 법을 배울 수 있다.

펴낸곳 서른세개의 계단

사색에만 빠진 철학은 삶과의 괴리를 만들고, 현실의 이익에만 눈을 돌린 자기계발은 삶의 의미를 잃고 방황하게 만듭니다. 그래서 실천적인 형이상학, 즉 현실에 도움이 되면서 삶의 의미를 명확하게 할 수 있는 책을 발간하고자 하는 것이 서른세개의 계단 출판사의 목표입니다. 계속 좋은 책을 발간하도록 노력하겠습니다.

당신 안의 평화

초판 3쇄 발행 2022년 7월 7일
지은이 조셉 머피
옮긴이 김 민
인쇄제본 상지사 P&B [Tel] 031.955.3636

발행처 서른세개의 계단
전화   070.7538.0929
이메일 pathtolight@naver.com
블로그 http://33steps.kr
ISBN   978-89-960939-7-8 03310